여자 심리
남자 생각

여자를 밝히고 남자를 밝히는
본격 연애 심리서!

여자 심리
남자 생각

여자를 밝히고
남자를 밝히는
본격 연애
심리서!

장야오징(绛妖精) 지음 | 최인애 옮김

다연
DAYEONBOOK

도대체 뭐가 문제인 걸까?

'사람들의 생활방식 및 행동 패턴 바꿔주기!'

이 책을 쓴 나의 목적이다. 이를 두고 혹자는 비웃을지도 모르겠으나 상관없다. 어차피 누군가는 용감히 나서야 한다. 언제까지고 하염없이 고인 물처럼 살게 내버려둘 순 없으니까.

달리 비유하자면, 요즘 사람들은 '나무판에 박힌 나사못' 같다. 박힌 자리를 박차고 나와 저 나사못에게 인사할 엄두도 내지 못하는 나사못, 그 나사못이 아무리 아름다울지라도 다가가는 건 둘째 치고 옴짝달싹할 용기조차 내지 못하는 나사못, 그나마 가장 가까이에 있는 이 나사못에게 용기를 내어 말을 걸어보지만 주변의 눈총만 받고 마는 나사못, 그런 나사못들…….

어쩌면 우리는 이런 환경에 너무 익숙해졌는지도 모른다. 그래서 또 다른 나사못들이 어떻게 생겼는지 보려는 시도조차 하지 않을 만큼 소극적으로 변해버린 건 아닐까? 가끔은 익숙한 영역을 넘어 더 멀리 튀어 나갈 용기를 가져야 하는데 말이다.

왜 우리는 다른 나사못을 알아야 할까?

4

대개 만나는 사람의 범위는 정해져 있다. 친구, 동료 등 늘 교류하는 사람의 수는 사실상 손꼽을 정도다. 그렇다 보니 정신없이 주중을 보내고 주말에 사람 좀 만나볼까 해도 여의치 않다. 이유 역시 제한적이다. 상대가 연인 혹은 부모님과 보내느라, 또는 출장 내지 밀린 업무로 인해 나를 만나줄 수 없는 것이다. 결국 전화통을 붙들고 이리저리 전화질만 하다가 황금 같은 주말을 날려버리기 일쑤다.

만약 지금의 인간관계가 조금 더 넓어진다면 어떻게 될까? 예컨대 다섯 개의 그룹에 속해 있다면? 그룹당 최소 세 명의 지인만 있어도 주말을 홀로 보낼 일은 없다. 제아무리 바쁘다고 한들 나와 주말을 유쾌하게 함께할 이가 한 명쯤은 있을 테니까.

공대생 출신인 그를 예로 들어보자. 그는 졸업하자마자 전공을 살려 취직했다. 입사 전, 친구가 그에게 우스갯소리처럼 말했다.

"학교에 득실득실 사내놈들 천지였는데, 이건 뭐 직장에서도 놈들뿐이겠네. 울고 싶겠어?"

그 역시 생각만으로도 암울해졌다. 하지만 어쩌겠는가, 자위할 수밖에! 취직하기 어려운 이 시대에 직장인이 되었다는 것만으로도 감사할 일이지, 하며……

눈 깜짝할 사이에 3년이 지나갔다. 어느새 그의 주변은 커플로 채워졌다. 물론 여전히 솔로인 사람은 그뿐이었다. 친구가 너무 눈이 높은 게 아니냐고 놀렸을 때, 그는 저도 모르게 발끈했다.

"눈이 높긴, 얼어 죽을! 나도 답답해. 대학 다닐 때 과에 여학생이라고는 손가락으로 꼽을 정도였는데 그나마 다 남자 친구가 있었어. 회사는? 더해! 여자가 딱 열 명인데, 그중 여섯은 서른다섯 살 이상에다 기혼이고, 둘은 애인이 있다고! 나머지 둘 중 하나는 두 번쯤 봤나 싶고, 다른 하나는 아무리 좋게 말하려 해도 도저히 그럴 수 없을 정도야! 이래도 내가 눈이 높다는 거냐?"

아마 이런 이유로 말미암아 갈수록 '솔로남', '솔로녀'가 많아지는 것 아닐는지?

물론 한 가지 더 중요한 이유가 있다. 아직까지도 많은 사람이 연애에 숙맥이라는 점이다!

여자는 여자대로 그들만의 내막이 있으니, 남자에게 먼저 접근하면 동성들에게 눈총을 받는다. 너무 헤프고 가볍다나 어쩐다나? 그런 시선을 견딜 여자는 그리 많지 않다. 남자는 그나마 나은 편이다. 서로 말을 걸어보라고 응원해주니까. 문제는 대범하게 나서서 말을 걸 만큼 용기 있는 남자가 별로 없다는 점이다.

남자와 여자는 결코 친구가 될 수 없다는 생각도 한몫한다. 이런 고정관념에 힘입어 많은 사람이 동성 친구만 사귄다. 그렇다 보니 해가 갈수록 남녀의 관계 문제를 더더욱 어려워하게 되는 것이다.

그러다 어찌어찌해서 마음에 드는 이성을 만나면 상대의 호감을 사기 위해 무조건 잘해주고 비위를 맞추는 데만 골몰한다. 그 외의 다른 방법을 모르기 때문이다. 학교에서 연애하는 법을 가르쳐주지 않을뿐더러 대개 부모님도 알려주지 않는다. 친구? 끼리끼리 모인다고, 친구나 나나 수준이 도긴개긴이다. 그러니 어렸을 때 어머니가 나를 대했던 그 방식대로 이성을 대할 줄밖에 모른다.

남자의 경우를 예로 들어보자. 맛있는 것을 사 먹이고, 갖고 싶은 것을 사 바치고, 좋은 것이 생기면 가장 먼저 그녀에게 헌납하는 식으로 말이다. 그러나 결과는 어떤가? 어쩌면 그리들 똑같은 말을 하는지 귀신이 곡

할 노릇이다!

"당신은 좋은 사람이야. 하지만…… 남자로 느껴지지 않아."

그때부터 고민에 빠진다.

'어쩌지? 그녀가 날 좋아하도록 만들려면 어떻게 해야 하지?'

궁리 끝에 귀결한다. 매일같이 그녀에게 전화를 하고, 문자를 보내고, 매달리기! 그녀가 아무런 답을 하지 않아도 포기하지 않는다. 왜? 어느 누구도 어떻게 사랑을 해야 하는지, 어떻게 해야 그녀의 마음을 잡을 수 있는지 알려주지 않았으니까. 하지만 진득하게 매달린 결과는 늘 참혹하게 마련이다. 그렇게 또다시 고민의 수렁에 빠진다.

'제기랄! 내가 뭘 잘못했기에 나를 좋아하지 않는 거야? 도대체 뭐가 문제인 거야?'

이에 대한 해답이 이 책 속에 있다. 요컨대 이 책은 '상대 이성이 나를 좋아하게 만드는 법', 나아가 '사람들이 나를 좋아하게 만드는 법'을 명쾌히 제시한 지침서다. 이 책을 통해 실생활에서 더 많은 사람이 남녀관계 및 인간관계의 지혜를 깨닫고 그 실전 방법을 실생활에서 활용할 수 있다면, 그래서 지금보다 더 행복해질 수 있다면 나는 더할 나위 없이 기쁠 것이다.

C | O | N | T | E | N | T | S

CHAPTER 9 오래가는   연애의 비결

여자 심리 남자 생각

CHAPTER 1

아무도 알려주지 않는

연애 비법

인연을 이어가는 강력한 힘, 이유

누구나 지하철에서 마음에 쏙 드는 이성과 조우한 경험이 있을 것이다. 물론 말을 걸어볼까 말까 주저하는 사이에 상대를 놓쳐버리고 이내 후회하기 일쑤였겠지만 말이다. 그다음 수순은 빠르다. 허무하게 기회를 날려버린 뒤 '다음번엔 인사라도 해봐야지' 하며 또다시 결심하는 것이다. 사실, 그렇다. 말 한마디 건다고 돈 드는 것도 아닌데 주저할 이유가 뭐 있겠는가?

친구 중 장난기가 굉장히 심한 녀석이 있다. 걸핏하면 농담을 해댔기에 여자 친구가 생겼다는 말을 들었을 때 순순히 믿을 수 없었다. 나는 그에게 여자 친구와 만난 경위를 상세히 밝히라고 추궁했다. 그가 털어놓은 전말은 이랬다.

그날 지하철을 타기 전에 주간지를 한 권 샀어. 그런데 장사 수완이 좋은 가게 주인이 휴대용 휴지를 서비스로 주더라. 곧 지하철에 타고 빈자리에 앉았지. 그때였어! 지하철 특유의 텁텁한 냄새 대신 은은한 향기가 느껴지는 거야. 옆에 그녀가 앉아 있었던 거지. 속으로 쾌재를 부르려는 순간, 갑자기 그녀가 기침을 했어. 이내 코까지 훌쩍대는데 듣기 거북할 정도였지. 자칫하다간 감기 옮겠다 싶어서 자리를 옮기려는 찰나 그녀와 눈이 마주쳤어. 그런데 오 마이 갓, 정말 예쁜 거야! 그 순간부터 쿵쾅쿵쾅 심장이 터질 것만 같았어. 드디어 내 운명을 만났구나 싶었지. 한이 분쯤 고민했나? 역시 이대로 지나치면 안 되겠더라고. 문제는 어떻게 운을 떼느냐 하는 것인데……. 난 잔머리를 굴리며 궁리하고 또 궁리했어. 그러다 문득 그녀가 여전히 기침을 심하게 하고 있다는 걸 깨달았지. 나는 애써 침착한 표정을 지으며 그녀에게 아까 받은 휴지를 정중히 건넸어. 내심 그녀가 필요 없다고 하면 어쩌나, 부들부들 떨면서 말이야. 만약 여기서 거절당한다면 더 이상 그녀를 알 기회가 없어지는 거잖아!

"이거 쓰세요."

그녀가 잠시 망설였지만 이내 고맙다며 휴지를 받아들었어. 그 순간 기뻐 죽는 줄 알았지. 하지만 태연한 척 미소 정도 지으며 한마디 했어.

"오늘 웬일로 주간지에 휴지를 끼워주나 했더니 이런 운명 같은 일이 있으려고 그랬나 봅니다."

말해놓고도 나 스스로가 너무 대견했어. 이 한마디로 내가 아무 여자에게나 집적대는 사람이 아니라는 점과 그녀와 내가 인연일지도 모른다는 점을 효과적으로 암시한 셈이잖아. 하지만 그녀는 내 말에 아무런 반응을 보이지 않았어. 잠시 당황했지만 다시 용기를 내서 물었지.

"감기 걸리셨어요?"

이번엔 반대로 내 머리를 쥐어박고 싶었어. 이 얼마나 바보 같은 질문이냐구! 그럼 기침하고 콧물 흘리는 사람이 위장병에라도 걸렸을까 봐? 다행히 그녀는 무시하지 않고 가볍게 고개를 끄덕여줬지. 나는 기회를 놓치지 않고 말을 이어갔어.

"요즘 같은 날씨에는 감기에 걸리기 쉽죠. 다음부터는 감기 걸리지 않게 조심하세요. 아, 그러고 보니 저랑 같은 역에서 타신 것 같은데 혹시 이 근처 사세요?"

이 질문은 나의 친절한 면모를 보여주는 동시에 서로의 공통점을 찾을 수 있는 회심의 일격이었지. 하지만 그녀는 또다시 못 들은 척하더라. 아마 이런 식으로 헌팅을 많이 당해봤던 게 아닌가 싶어. 여하튼 나는 재빨리 작전을 바꿔서 물었어.

"그나저나 휴지는 언제 갚으실 거죠?"

아, 인간의 잠재력이란 참으로 무한해! 만약 이 수를 떠올리지 못했다면 나는 다음 역에서 그녀를 영영 놓쳐버렸을 거야.

"어떻게 갚으면 될까요?"

떨떠름한 표정을 보니 연락처를 흔쾌히 줄 것 같지 않았지만, 어쨌든 나는 별 무리 없이 그녀의 전화번호를 받아냈어. 그러고는 다음에 만날 구실까지 만들어낸 거지.

그가 여기까지 이야기했을 때 우연찮게도 그의 여자 친구가 전화를 걸어왔다. 이후 자연스레 합석을 하게 됐다. 이런 천금 같은 기회를 놓쳐선 안 될 일! 나는 내친김에 그녀 입장에서의 인터뷰를 강행했다. 그녀에게도 내 친구를 만나게 된 경위를 캐물은 것이다. 그녀가 털어놓은 또 다른 전말은 이랬다.

며칠 동안 감기 기운이 좀 있었는데, 그날 지하철을 타자마자 콧물이 나기 시작했어요. 하필이면 휴지도 안 가지고 와서 고개를 숙인 채 훌쩍이고 있었지요. 콧물이 주르륵 흐르기라도 하면 얼마나 당황스러워요? 그런데 그때 웬 남자 손이 눈앞에 쑥 나타났어요. 시커먼 것이 꼭 곰발바닥 같아서 영 호감이 안 갔지요. 하지만 그 손에는 제게 가장 필요했던 것, 휴지가 들려 있었어요. 슬쩍 얼굴을 보니 딱히 나쁜 사람 같지는 않기에 고맙다며 휴지를 받았지요. 내게 휴지를 건네고는 이렇게 말하더군요.

"오늘 웬일로 주간지에 휴지를 끼워주나 했더니 이런 운명 같은 일이 있으려고 그랬나 봅니다."

그 말을 듣자 가뜩이나 별로였던 인상이 더 나빠졌어요. 제가 제일 싫어하는 남자 유형이 능글능글하게 말만 잘하는 사람이거든요. 그래서 대답을 안 하고 있었는데 이렇게 묻는 거예요.

"감기 걸리셨어요?"

그때는 정말 한마디 하고 싶었어요. "아니, 딱 보면 몰라요?"라고 말이에요. 하지만 꾹 참고 그냥 고개만 끄덕였죠.

"요즘 같은 날씨에는 감기에 걸리기가 쉽죠. 다음부터는 감기 걸리지

않게 조심하세요. 아, 그러고 보니 저랑 같은 역에서 타신 것 같은데 혹시 이 근처 사세요?"

사실, 전 말 많은 남자 싫어해요. 만약 뒷부분의 말만 하지 않았어도 훨씬 더 호감이었을 거예요.

"그나저나 휴지는 언제 갚으실 거예요?"

여기까지 이르렀을 땐 슬슬 화가 나더라고요. 고작 휴지일 뿐이잖아요. 이걸 갚으라는 게 말이 돼요? 그렇다고 "누가 갚는댔어요?"라고 쏘아붙일 수도 없었지요. 너무 예의가 없잖아요. 그래서 할 수 없이 대답했죠.

"어떻게 갚으면 될까요?"

그렇게 저는 이 시커먼 곰 같은 남자에게 전화번호를 건네주고 말았답니다.

여기까지 들은 나는 궁금증이 폭발하여 다시 물었다.

"호감이 없었다면서 왜 전화번호를 알려준 거죠?"

"어쨌든 도움을 받았잖아요. 상대가 괜찮다고 하면 몰라도 신세를 갚으라는데 안 갚자니 기분이 찜찜하더라고요. 어렸을 때부터 남에게 뭔가를 빌렸으면 반드시 갚아야 한다고 배운 것도 있고요."

그녀의 말에서 나는 헌팅에 필요한 핵심 노하우를 발견했다. 그것은 바로 '강력한 이유'다. 상대방이 당신에게 호감이 없어도 연락처를 알려줄 수밖에 없는 그런 확실한 구실 말이다. 내 친구의 사례는 우리에게 이유의 위대함을 알려준다. 이유가 존재하면 생면부지의 두 사람도 연락할 수 있다. 모든 여자가 첫눈에 한 남자를 놓고 자신의 운명임을 깨닫는 것은 아니다. 첫인상이 별로였다고 해서 연인으로 발전할 가능성이 아예 없는 것도 아니다. 그렇기에 두 사람 사이에 연락의 끈이 이어질 만한 이유가 있어야 한다. 그 이유를 상대방에게 주는 것이 바로 성공적인 헌팅 비결이다.

상대의 경계심을 누그러뜨리는 헌팅의 기술

사실, 길거리 헌팅은 성공률이 그리 높지 않다. 상대가 급한 일이 있을 수도 있고, 몹시 우울한 상태일 수도 있기 때문이다. 여성들이 길거리 헌팅을 안전하지 않다고 생각하는 것도 실패 요인 중 하나다. 막말로 당신이 사기꾼인지 아닌지 어떻게 알겠는가?

만약 당신이 잘생겼다면 직접 가서 자신 있게 말을 걸어도 된다.

"실례합니다. 그쪽이 정말 마음에 들어서 그러는데 혹시 연락처를 주실 수 있나요? 저기서 친구가 기다리고 있는데 이 기회를 놓치면 정말 후회할 것 같아서요."

그러면 대부분의 여성은 전화번호를 줄 것이다. 당신이 미인의 요청을 절대 거절하지 않을 것과 같은 이치다. 하지만 평범한 외모의 소유자인 당신이 운명의 여인을 길거리에서 발견했다면? 그렇다면 이 방법을 써보자.

먼저 상대의 왼쪽 전방 45도 방향에서 1.5미터 내지 2미터 정도 거리까지 다가간다. 이때 지나치게 가까이 가지 않도록 주의하며(너무 가깝게 서면 그녀는 당신을 경계하며 자연히 뒤로 물러날 것인데, 이러한 상황 전개는 매우 불리하다!) 얼굴에 미소를 가득 띠운다. 여자는 미소하며 말하는 남자에게 호감을 느낀다는 사실을 잊지 말자. 말소리는 두 사람만 들을 수 있을 정도가 적당하다. 길 가는 사람 모두에게 지금 헌팅 중이라고 고래고래 광고할 필요는 없으니까. 말을 걸 때는 상대의 걸음에 자연스레 보조를 맞춰도 되고 곁에서 멈춰 서도 된다. 예컨대 이런 식이다.

> 남 : 안녕하세요. 하고 계신 팔찌가 정말 예쁘네요(그녀가 몸에 걸친 것이라면 어떤 물건이라도 상관없다). 사실, 제 여동생 생일이 다음 주이거든요. 그런데 아무래도 적당한 선물을 찾을 수가 없어서요. 그런 팔찌를 선물하면 좋을 것 같은데 혹시 어디서 샀는지 알려주실 수 있나요?
>
> 여 : 아, 이거 ○○에서 샀어요.
>
> 남 : 괜찮으시면 연락처 하나 주실래요? 나중에 파는 곳을 못 찾을 경우에 대비해서요. 그 팔찌가 정말 마음에 들어서 그래요.
>
> 여 : 제 전화번호는 010-○○○○-○○○○입니다.

헌팅할 때는 말주변이 부족해도 괜찮다. 상대에게 자신이 선수가 아니라 순수한 호감을 갖고 다가온 사람이라는 인상을 줄 수 있기 때문이다. 오히려 너무 유창하게 말을 잘하면 "이런 식으로 여자를 꼬시냐?"는 날선 질문을 받게 될지도 모른다. 그런 점에서 더듬는 편이 차라리 낫다. "헌팅이 처음이라 긴장해서……"라는 변명이라도 할 수 있으니까.

이때 반드시 기억해야 할 점이 있다. 당신은 상대 여성이 아니라 팔찌가 마음에 든 것이다. 요즘 여성들은 굉장히 영리하다. 당신이 아닌 척하면서 속으로는 그녀의 전화번호를 노리고 있다면 당신의 눈빛에서 그 꿍꿍이를 단박에 읽어낼 것이다. 그래서 연기를 할 때는 자신이 먼저 진심이 되어 듣고 말하고 느껴야 한다. 잊지 마라! 이 순간, 당신은 연기자다!

또 한 가지, 매개체가 될 물건은 아무 데서나 쉽게 볼 수 없을 만큼 독특하고 개성적인 것이어야 한다. 만약 브랜드 로고가 커다랗게 박힌 가방을 어디서 샀느냐고 묻는다면 상대는 어느 백화점에서나 살 수 있다고 대답하고는 휙 가버릴 것이다.

서점에서의 헌팅도 마찬가지다. 서점에서 미인들은 대개 연애소설이나 악기 교본, 인테리어, 연극 혹은 아나운서 관련 서적 근처에 몰려 있다. 만약 상대가 기타 교재를 들고 있다면 가서 이렇게 운을 떼 보자.

"안녕하세요. 혹시 기타를 배우시나요? 이 책을 보고 계셔서요."

아마 대부분의 여성이 이상한 눈빛으로 당신을 볼 테지만 그래도 대답은 할 것이다.

"예, 기타 배워요."

그럼 이렇게 말하자.

"저희 누나도 기타를 하는데 악보를 좀 사오라고 하더라고요. 괜찮으면 몇 가지 추천해주실 수 있을까요?"

그런 뒤 상대가 악보를 골라주면 순수하게, 사심 없이 이 악보가 왜 좋은지를 물어보면서 대화를 이어간다. 그리고 어느 정도 분위기가 무르익으면 마지막으로 연락처를 물어본다. 너무 일찍 물어보는 것은 절대 금물이다.

특별히 이상형의 여성을 만나고 싶다면 그와 관련된 서적 근처에 가서 찾는 게 도움이 된다.

당신이 궁리할 때 그녀도 고민한다

이번에는 내가 남편을 만났을 때의 상황과 그때 대화를 가감 없이 소개해볼까 한다. 인간은 참 이상한 동물이다. 때로는 마땅히 어떻게 해야 할지 알면서도 막상 그 상황이 닥치면 전혀 엉뚱한 행동을 한다. 아마도 인간이라는 존재가 이성과 감성의 결합체이기 때문이리라. 여기에 남자, 여자로 갈리면 같은 상황을 놓고서도 전혀 다르게 서술하는 희한한 광경이 벌어진다. 이런 점을 염두에 두고 먼저 남편의 이야기를 들어보자.

그날은 오후 3시쯤 회의를 마치고 회사를 나왔습니다. 그 시간에는 거의 항상 길이 막혔기 때문에 차를 모는 대신 택시를 타기로 했죠. 택시를 잡으려고 도롯가에 서 있는데 갑자기 아름다운 여성이 눈에 들어왔습니다. 당장이라도 말을 걸고 싶을 만큼 아름다웠지요. 저는 신사란 참을성 있는 늑대여야 한다고 생각합니다. 그래서 섣불리 나서지 않고 기다렸습니다. 성급하게 다가가면 대놓고 헌팅하는 것처럼 보일 수도 있으니까요. 처음부터 나쁜 인상을 주고 싶지는 않았습니다.

시간이 흐를수록 저는 점점 더 초조해졌습니다. 어떻게 다가가야 할지 아이디어가 떠오르지 않았기 때문이지요. 이러다 택시 한 대라도 나타나면 그녀는 훌쩍 가버릴 것이었죠. 하지만 하늘이 도우셨는지 삼십 분이 지나도록 택시는 오지 않았습니다. 그때 '콜택시'라는 세 글자가 머리에 떠올랐습니다. 그 순간을 놓치면 영영 기회를 잃을 것이었기에 저는 용기를 내어 그녀에게 다가갔습니다.

"어디까지 가십니까?"

태연하게 묻기는 했지만 사실 그때 제 가슴은 터질 것만 같았습니다. 만약 그녀가 무시하기라도 하면 얼마나 민망하겠습니까?

"○○○까지 가요."

다행히 그녀는 대답해주었고 저는 당연히 그럴 줄 알았던 것처럼 자연스레 말을 이어갔습니다.

"보니까 그쪽도 꽤 오랫동안 택시를 기다리고 있는 것 같아서요. 제가 콜택시를 부르는 김에 한 대 더 부르겠습니다. 기다렸다가 콜 비용만 조금 더 내시면 됩니다."

"저도 전화해봤는데 차가 없다고 하던데요."

그녀는 제가 예상한 대로 대답했습니다. 그 덕에 미리 준비한 비장의 무기를 꺼내놓을 수 있었지요.

"걱정 마세요. 차는 이미 오고 있으니까요."

그렇습니다. 사실, 그녀에게 말을 걸기 전에 이미 택시를 불러놓았던 것입니다. 이러한 준비 덕분에 저는 침착할 수 있었습니다.

"아! 그럼 잘됐네요."

"여기서 택시를 자주 타시나 봐요. 이 주변은 택시 잡기가 힘들지 않나요?"

저는 다음 화젯거리를 던지면서 자연스레 그녀 쪽으로 걸어갔습니다. 이야기를 나누기에는 거리가 너무 멀었기 때문입니다.

"네, 이 시간대는 특히 힘들죠."

"잘 아시는 걸 보니 그쪽도 이 빌딩에서 일하시나 봐요?"

저는 그녀의 경계심도 누그러뜨리고 친근감도 쌓을 겸 이 질문으로 나도 같은 빌딩에서 일하고 있다는 사실을 넌지시 알렸습니다.

"네."

"저는 이십팔 층에 있는 금융사에 다닙니다. 그쪽은요?"

그리고 또 한 번, 나는 제대로 된 직업을 가진 괜찮은 사람이라는 점을 전달했습니다. 외모야 보면 아는 것이지만 능력과 신분은 알 수 없으니까요.

"저는 오 층에서 일해요. 언론사 다니고요."

"어쩐지! 분위기가 꼭 그럴 것 같더라고요."

이 대목은 그녀와 나눈 대화 중 제가 유일하게 실수한 부분입니다. 원래는 그녀를 치켜세우려는 의도였지만 막상 내뱉고 보니 꼭 비꼬는 말 같더군요.

"이 시간에 퇴근을 다 하시고, 금융 일 하신다면서 꽤 한가하시네요?"

그녀는 싸늘한 표정으로 이렇게 맞받아쳤습니다. 다른 사람이었다면 그 말에 돌처럼 굳어버렸을 겁니다. 저도 심장이 덜컹했지만 애써 웃으며 위기를 넘겼습니다.

"저처럼 어느 정도 경지에 이른 사람들은 한가한 편입니다. 하하하!"

나 잘났다고 자랑하려는 것이 아니었습니다. 그저 이상한 사람으로 보이고 싶지 않았을 뿐이죠. 다행히 그녀는 제 말을 농담으로 받아주었고 이후의 대화는 매우 유쾌하게 흘러갔습니다. 헤어질 무렵 저는 그녀에게 명함을 주며 말했습니다.

"다음번에도 택시가 안 잡히면 저한테 전화를 주세요."

"그럴게요."

"아, 그런데 저희가 미국계 회사라서 명함에 연락처가 없네요. 괜찮으시면 전화번호를 직접 불러드려도 될까요?"

사실, 명함은 연락처가 있는 것과 없는 것 두 종류였습니다. 일부러 없는 명함을 준 것이지요. 이렇게 우리는 자연스럽게 전화번호를 교환할 수 있었습니다.

나는 왜 남편에게 전화번호를 알려주었을까? 남편의 이야기에서 그 이유를 발견했는가? 그가 생각한 성공 포인트와 내가 연락처를 알려주기로 결심한 지점은 다소 다르다. 사실, 내 마음을 움직인 것은 그가 무의식적으로 취한 행동 몇 가지 때문이었다.

그날은 9월 30일이었다. 일이 정오에 일찌감치 끝났지만 그 시간에는 택시가 잘 잡히지 않았기 때문에 나는 일부러 기다렸다가 오후 3시쯤에 사무실을 나섰다. 그러나 웬일인지 그날따라 도통 택시가 보이지 않았다. 잠시 후 안 되겠다 싶어서 지하철을 탈 요량으로 막 자리를 뜨려는데, 갑자기 내 오른편에서 잘생긴 남자가 나타났다. 그를 본 순간 나는 택시가 올 때까지 무조건 기다리기로 작정했다. 그 전에 이 남자가 제발 말을 걸어주길 간절히 바라면서 말이다. 물론 내가 먼저 말을 붙일 수도 있지만, 너무 나대는 여자로 보이고 싶지 않았다. 기쁘게도 잠시 후 그의 목소리가 귓가에 울렸다.

"어디까지 가십니까?"

"○○○까지 가요."

"그럼 콜택시를 부르시는 게 어떨까요? 제가 불러드리죠."

"저도 불러봤지만 이 근처에는 차가 없다고 하던데요."

내가 한 대답이지만 어쩜 이렇게 바보 같은지! 하지만 어쩔 수가 없었다. 그와 대화를 이어가기 위해서는 무슨 말이든 해야 했다.

"여기서 택시를 자주 타시나 봐요. 이 주변은 택시 잡기가 힘들지 않나요?"

"네, 이 시간대에는 특히 힘들죠."

나는 그가 내 말에 담긴 의도를 제대로 헤아려주길 바랐다. 나는 이 근처에 자주 와요, 그러니 어서 전화번호를 물어봐요, 어서(여기서 알 수 있는 사실 하나. 남자들이 어떻게 전화번호를 받을 수 있을까 고민할 때, 여자들은 어떻게 하면 남자가 먼저 전화번호를 묻게 만들까 고민한다)!

"잘 아시는 걸 보니 그쪽도 이 빌딩에서 일하시나 봐요?"

"네."

남자는 남녀관계에서 항상 칼자루를 쥐고 싶어 한다. 그 사실을 알기에 나는 내가 지나치게 주도적으로 보이지 않도록 조심했다.

"저는 이십팔 층에 있는 금융사에 다닙니다. 그쪽은요?"

이런, 나는 원래 금융 쪽 사람을 별로 선호하지 않는데!

"저는 오 층에서 일해요. 언론사 다니고요."

"어쩐지! 분위기가 꼭 그럴 것 같더라고요."

여태껏 나에게 이와 비슷한 말을 한 사람이 어림잡아 800명은 될 것이다.

"이 시간에 퇴근을 다 하시고, 금융 일 하신다면서 꽤 한가하시네요?"

사실, 나는 그때 머릿속으로 금융과 관련해 알고 있는 모든 지식을 열심히 뒤져보고 있었다. 어떻게든 공통 화제를 찾아야 대화를 계속할 수 있기 때문이다. 그러다 문득 중국금융공사에서 일하는 친구가 지독한 워커홀릭이라는 점이 떠올랐다. 그래서 같은 일을 하는 그는 친구에 비해 여유 있어 보인다는 점을 칭찬하려고 했는데 결과적으로는 비꼬는 말처럼 들리고 말았다. 이게 무슨 실수란 말인가! 하지만 다행히 그는 기분 나빠하지 않고 재치 있게 대화를 이어갔다.

"저처럼 어느 정도 경지에 이른 사람들은 한가한 편입니다. 하하하!"

이후의 대화는 물 흐르듯 순조롭고 유쾌했다. 잠시 후, 그가 명함을 내밀었다.

"다음번에도 택시가 안 잡히면 저한테 전화를 주세요."

"그럴게요."

"아, 그런데 저희가 미국계 회사라서 명함에 연락처가 없네요. 괜찮으시면 전화번호를 직접 불러드려도 될까요?"

나는 최대한 자연스럽게 휴대전화를 꺼내서 그의 번호를 입력하고 내 연락처도 알려줬다. 서로 연락처를 교환하자마자 연출이라도 한 듯이 택시가 도착했고, 나는 아쉬운 마음을 뒤로한 채 차에 올랐다. 어차피 찬 바람 부는 길 위에서 종일 이야기를 할 수도 없는 노릇이니 적절한 때에 떠나는 것도 지혜 아니겠는가.

사실 그를 처음 본 순간, 나는 그가 무슨 말을 하든 다 받아줄 수 있을 만큼 마음의 문이 열린 상태였다. 그와 나 사이에 다소 거리는 있었지만 하얀 와이셔츠에 까만 정장을 입은 그는 충분히 신사로 보였고, 꽤 호감이 가는 모습이었으니까. 헌팅을 할 때 당신이 어떤 말을 하는지는 그리 중요하지 않다. 여자는 대부분 첫인상만으로 벌써 당신을 상대할지 무시할지를 결정해버리니까.

그러나 아무리 첫인상이 좋아도 그가 성급히 다가와 말을 걸었다면 나는 그를 선수나 바람둥이로 여기고 무시했을 것이다. 헌팅에서는 타이밍이 중요하다. 당신이 아무리 잘생겼어도 앞뒤 없이 들이댄다면 상대는 거부감을 보일 수밖에 없다. 하지만 남편은 적당한 때에 적절한 이유를 가지고 대화의 포문을 열었고, 이것이 결정적 한 수로 작용했다. 그가 적당한 타이밍에 적절하게 말을 건 덕분에 우리는 누가 보아도 어색하지 않을 만큼 자연스레 연락처를 교환할 수 있었다. 물론 그 과정이 자연스럽게 이뤄지도록 둘 다 내심 무던히 노력했지만!

내 남편도 그랬지만, 남자들은 최대한 헌팅이 아닌 것처럼 행동해야 상대에게 좋은 인상을 남길 수 있다고 생각한다. 그러나 남자들이여, 지나치게 머리를 굴리지 마시라! 여자의 입장에서 말하자면 길에서 말을 거는 남자의 진짜 속내쯤은 눈 감고도 훤히 보인다. 단순히 길을 묻자는 것인지, 아니면 헌팅을 하려는 것인지 '촉'이 온다는 말이다. 그러니 동기를 감추려 애쓰지 말고 차라리 그 노력을 상대 여성이 자연스레 대화에 응할 수 있는 무대를 마련하는 데 기울여라. 상대에게 대화에 참여할 수 있는 합리적인 이유, 자연스러운 무대를 만들어주라는 것이다. 무조건 다가가서 "어이, 아가씨! 다리가 참 예쁩니다, 연락처 좀?"이라고 말하면 백이면 백 다 당신을 피하지 않겠는가?

여기서 여성 독자를 위한 작은 팁 하나! 앞서 말했듯 남자는 남녀관계에서 늘 주도권을 쥐고 싶어 한다. 남자의 사랑은 정복감과 성취감, 성, 책임감으로 이뤄진다. 그중 하나라도 빠지면 안 되고 순서 역시 뒤집히면 안 된다. 남자의 정복욕을 자극하는 여성이 인기 많은 이유도 여기에 있다. 이런 여성은 남성에게 주도권을 넘겨주면서 적절히 관계를 이어갈 줄 안다. 그러므로 여성들이여, 마음에 드는 남자가 있다면 먼저 그의 정복욕을 자극하라.

좋은 첫인상과 적절한 타이밍, 합리적인 이유, 그리고 주도권! 이 정도

처음 보는 이성에게 말을 거는 것은 쉬운 일이 아니지만
삶의 모든 우연에는 반드시 필연성이 존재한다.

는 남편과 나의 이야기를 읽으면서 다들 추측해냈으리라 믿는다. 그러나 정작 남편이 성공할 수 있었던 결정적 요인은 따로 있다. 그것은 바로 '거리'다. 남편은 대화를 능숙하게 주도한 것 못지않게 거리를 훌륭히 활용함으로써 우리의 첫 만남을 성공적으로 이끌었다.

나에게 첫마디를 건넸을 때 그와 나의 거리는 3미터 정도였다. 내가 반응을 보이자 그는 대화를 나누면서 1.5미터 거리까지 좁혀왔고, 전화번호를 교환할 때는 20센티미터 정도까지 다가왔다. 그 이상으로 멀어지면 서로의 휴대전화 화면을 볼 수 없었기 때문이다. 다른 사람과 연락처를 교환하는 경우 사람들은 무심코 상대방의 휴대전화 화면을 볼 수 있는 위치까지 다가선다. 실제로 들여다보지는 않더라도 그만큼 거리를 좁혀 서게 된다. 남편은 이런 식으로 나의 경계심을 자극하지 않으면서 자연스레 사적인 거리 안으로 들어왔고, 친근감을 형성하는 데 성공했다.

만약 상대 여성에게 처음부터 너무 가까이 다가가면, 즉 1미터 내로 들어가게 되면 그녀는 무의식적으로 몸을 뒤로 뺄 것이다(대부분 당신이 다가가는 방향의 반대 방향으로 움직인다). 일단 몸이 피하기 시작하면 그때부터는 무슨 말을 해도 소용이 없다. 그녀의 마음속에 펼쳐진 자기방어막이 '사기꾼'이라는 경고등을 깜박거리고 있을 테니까.

여기에 또 한 가지 중요한 요소가 있다. 상황이다. 당시 나는 언제 올지도 모르는 택시를 기다리며 매우 무료한 상태로 있었다. 그런 상황에서는 상대가 아주 못 봐줄 차림만 아니면, 또 앞서 지적한 몇 가지 잘못만 범하지 않는다면 누구에게든 호의적이게 마련이다. 지루함을 면하게 해주었으니 오히려 고마워했을지도 모른다.

처음 보는 이성에게 말을 거는 것은 쉬운 일이 아니다. 하지만 삶의 모든 우연에는 반드시 필연성이 존재한다. 그러니 말을 걸까 말까 주저하게 될 때마다 이 사실을 기억하자. 당신이 그녀에게 어떻게 말을 걸까 궁리하고 있을 때, 그녀 역시 어떻게 하면 당신이 먼저 말을 걸게 만들까 고민할지도 모른다는 사실을!

과묵한 남자가 호감형인 이유

학원은 여러 이성을 만날 수 있는 아주 좋은 공간이다. 게다가 과목만 잘 선택하면 미인을 만날 확률 또한 꽤 높아진다. 예를 들어 보컬 학원 같은 경우, 한 타임에 일고여덟 명 정도로 수강 인원이 적을 뿐 아니라 훈훈한 미녀가 많다. 고급 영어반, 소수 언어 학원이나 가이드, 영양사, 인적자원관리 등의 일을 가르치는 기능 훈련 학원도 숨겨진 여신의 보고다.

나 역시 대학 시절에 다녔던 여행 가이드 학원에서 수차례 헌팅 표적이 된 적이 있다. 그중 두 사람에게 특히 좋은 인상을 받았기에 여기서 공유해볼까 한다.

그날은 여행 가이드 시험을 등록한 날이었다. 등록비를 낸 뒤 양손 가득 교재를 받아들고 나가려는데 하필 당겨야 열리는 문이었다. 할 수 없이 한 손에 책을 몰아서 들고 힘겹게 문을 잡아당겨 조금 열었을 즈음, 반대편에서 한 남자가 문을 밀고 들어왔다. 그 바람에 나는 문에 부딪혀서 들고 있던 책을 몽땅 떨어뜨렸다. 순간 화가 났지만 아무 말 없이 책을 줍고 있자니 상대 남자도 '양심적'으로 나를 돕기 시작했다. 고맙다고 말했지만 사실 전혀 고맙지 않았다. 어쨌든 그의 잘못이 아닌가. 남자는 죄송하다며 사과를 했고, 그제야 고개를 들어보니 꽤 준수한 용모의 청년이 눈에 들어왔다. 그는 친근하게 웃으며 가이드 공부를 하느냐고, 어쩌면 동기일지도 모르겠다고 말했다. 혹시 이 사람이 수작을 거는 것인가 싶어서 별말 없이 웃어 보였는데, 그런 생각을 한 것이 무색하게도 그는 더 이상 말을 붙이지 않고 가버렸다. 그때 나의 솔직한 심정이란? 놀랐다!

며칠 후, 첫 수업이 있는 날이었다. 무슨 수업이든 처음 몇 번은 열의에 불타올라 되도록 앞에 앉는 것이 나의 습성인지라 그날도 기숙사 친구들까지 죄다 끌고 와 계단식 강의실의 세 번째 줄을 차지하고 있었다. 다른 동기들도 삼삼오오 앉아 있었는데 수업이 시작되기 직전, 누군가가 내 책상을 똑똑 두드리며 물었다.

"여기 자리 있어요?"

고개를 들어보니 어쩐지 눈에 익은 남자가 서 있었다. 빈자리라고 대답하고는 가방을 치우면서 '어디서 봤지?' 하고 있는데 그가 말했다.

"기억 못 하네요? 그날 책 줍는 것 도와줬었는데……."

그제야 퍼뜩 그날이 떠올랐다.

"아, 그때!"

그와 나는 그렇게 대화를 나누기 시작했다. 학원이 있는 곳이 대학가이고 둘 다 활동 범위가 비슷하다 보니 화제도 끊이지 않았다. 우리는 근처의 어느 식당이 맛있는지부터 동네에 떠도는 이상한 소문까지 쉼 없이 수다를 이어가다 자연스레 전화번호를 교환했다. 그리고 연락을 주고받으며 다음부터 서로 돌아가며 자리를 맡아주기로 했다.

또 하나의 케이스. 언젠가 수업에 좀 늦게 들어간 적이 있었다. 그날따라 뒤쪽까지 빈자리를 찾을 수가 없어서 황망하게 서성이고 있는데, 갑자기 맨 뒷줄에 앉아 있던 남자가 일어나더니 내게 자리를 양보해주었다. 나는 미안했지만 그의 호의를 받아들였다. 수업 시간 내내 서 있을 자신이 없었기 때문이다. 그는 내게 자리를 내주고 언제 그랬냐는 듯 강의에 집중했다. 수업이 끝난 후, 나는 그에게 노트를 빌려달라는 핑계를 대며 먼저 연락처를 건넸다.

앞에서 강조했듯 헌팅할 때는 합리적인 이유를 가지고 접근해야 한다. 그렇지 않으면 상대는 당신을 귀찮은 파리나 질 나쁜 늑대 정도로 생각할 수 있다. 낯선 이가 별 이유도 없이 말을 걸면 상대는 본능적으로 거부감을 느끼기 때문이다. 물론 모두가 그렇지는 않겠지만 대부분이 그렇다. 그래서 가장 좋은 헌팅 방법은 상대가 당신과의 대화를 당연하게 여길 만큼 합당한 구실을 제공하는 것이다.

헌팅에서 말을 많이 할 필요는 없다. 많은 사람이 헌팅을 잘하려면 말을 많이 해야 한다고 생각하는데 사실 그렇지 않다. 대개의 경우 여자는 오히려 말이 적은 남자에게 호감을 느낀다. 이 점이 잘 드러나는 예가 바로 두 번째 헌팅남의 사례다. 만약 그가 내게 자리를 양보한 후 이를 빌미로 계속 말을 걸었다면 나는 절대로 먼저 노트를 빌려달라고 하지도, 전화번호를 알려주지도 않았을 것이다. 그러기는커녕 대놓고 수작을 부린다는 생각에 불쾌해졌을 것이다. 하지만 그는 아무 말도 하지 않았고 나는 오히려 그의 과묵함에 호감을 느꼈다.

사랑은 용감한 자의 것

내가 진행하는 인터넷 강의 수강생 중 매우 소심한 남학생이 있다. 어찌나 부끄럼을 타는지 처음 보는 여자는 물론 같이 수업을 듣는 여학생과 말만 섞어도 얼굴이 벌겋게 달아오른다. 당연히 소심하거나 수줍어하는 것이 죄는 아니다. 하지만 사랑의 영역에서만큼은 다르다. 여자는 수동적이고 수줍어해도 용서받지만 남자가 그랬다가는 기회조차 잡기 힘들다.

그러나 소심하다고 사랑할 자격마저 없는 것은 아니리라. 성격상 그에게 길거리 헌팅은 전혀 맞지 않았다. 그래서 나는 그와 좀 더 깊이 있는 대화를 나눈 뒤 맞춤 해결책을 제시했다. 열흘 후, 그가 잔뜩 흥분한 목소리로 낭보를 전했다. 한 여성과 벌써 두 번이나 데이트를 했다는 것이다. 아직은 서로 호감을 갖고 있는 정도지만 이대로라면 좋은 결실을 맺을 수 있을 것 같다고도 했다. 그는 어떻게 그 여성과 알게 되었을까?

그녀와 처음 만난 날, 그는 영어 시험을 보기 위해 등록처 앞에 서 있었다. 길게 늘어선 줄 끝자락에 서서 주위를 둘러보는데 마침 바로 뒤에 선 아가씨가 눈에 들어왔다. 그는 그녀가 굉장히 마음에 들었지만 선뜻 말을 걸 용기가 나지 않아 애만 태웠다. 그렇게 15분쯤 흘렀을까. 갑자기 그의 머릿속에 기적처럼 내가 해준 조언이 떠올랐다(나는 그의 성격을 고려해서 이런 상황, 예를 들어 15분 이상 줄을 서거나 기다리고 있을 때 쓸 만한 방법을 가르쳐준 적이 있었다).

남 : 혹시 이 시험 처음 보세요(장담컨대 그 순간, 그의 얼굴은 붉게 달아오르고
　　목소리 또한 부들부들 떨렸을 것이다)?

여 : 아뇨, 한 번 봤어요. 그런데 점수가 별로여서 한 번 더 보려고요(그녀 역
　　시 긴 기다림에 지루해져 있었을 터! 이런 상황에서 여자들은 상대가 심각하게
　　비호감이지만 않으면 대개 대화에 응해준다).

남 : 저는 처음인데 요새는 이 시험도 점수가 중요한가 봐요.

여 : 네. 그냥 예전처럼 합격, 불합격으로 나오는 편이 좋았어요. 그랬으면
　　점수 때문에 시험을 또 볼 일도 없었을 거예요.

첫 대화가 순조롭게 흘러가자 한결 긴장이 풀린 그는 시험에 대해 이 것저것 묻기 시작했다. 그녀 역시 친절하게 대답해주며 상당히 긍정적인 반응을 보였다. 여기서 힘을 얻은 그는 자연스레 시험 외의 다른 이야기도 하기 시작했다. 그 와중에 내 수업에서 배운 대화 기술을 활용했는데, 그녀에게서 참 재미있는 분이라는 칭찬을 듣고 깜짝 놀랐다. 그도 그럴 것이 지금까지 누구에게도 재미있다는 말을 들어본 적이 없으니까. 한층 자신감이 생긴 그는 적극적으로 대화를 주도했다. 영어 공부 방법, 관련 자료, 학교에 관한 이야기를 나누다 보니 어느새 줄이 짧아졌고 두 사람이 응시 등록을 할 차례가 되었다. 등록을 마친 후, 그는 그녀에게 근처 카페에 잠시 들렀다 가자고 권했고 그녀는 흔쾌히 승낙했다. 두 사람은 차를 마시며 함께 스터디를 하기로 결정하고 연락처를 교환했다. 그렇게 둘의 인연이 시작된 것이다.

내 말을 믿으라! 그는 정말로 수줍은 사람이었다. 그런 그도 용감하게 나서서 인연을 만들었는데, 당신이라고 못할 이유가 어디 있겠는가?

줄을 서는 여러 경우의 상황이 있을 것이기에 그때그때 맞춰서 적당한 말로 대화의 포문을 열면 된다. 물론, 줄을 서게 된 이유와 관련된 화제를 고르는 것이 가장 좋다. 예를 들어 테마 파크라면 얼마나 기다렸는지, 어디를 돌아봤는지 물을 수 있다. 이런 식으로 대화를 나누며 심리적 거리를 좁힌 후 다음에 어디를 갈 것인지를 묻고 서로 나눠서 줄을 서지 않겠느냐고 권해보자. 기다리는 시간을 줄일 수 있다는 합리적 이유를 제시하는 것도 잊지 말자. 실제로 나는 이 방법으로 친구를 사귄 적이 있다. 놀이공원에서 기다리는 게 너무 지루해서 서로 도와 시간을 절약해보자는 뜻으로 말을 걸었는데, 이야기를 나누다 보니 마음이 맞아 결국 친구가 된 것이다.

이 방법은 여러 상황에서 다양하게 응용해볼 수 있다. 이제부터 상황이 왔을 때 주저하지 말고 도전해보자!

맞선을 성공으로 이끄는 비결

대부분의 여자는 맞선 상대에게 까다로운 기준을 적용한다. 키는 얼마 이상이어야 하고, 집과 차가 있어야 하며, 직업은 어떠해야 한다는 식으로 말이다. 그리고 상대가 기준에 조금만 미달하면 이래서 맞선으로는 괜찮은 남자를 못 만난다고 단정해버린다. '괜찮은 사람이라면 벌써 짝을 찾았지, 맞선까지 나올 리가 있겠어?'라고 생각하는 것이다.

여자는 맞선에 대해 많든 적든 심리적 저항감을 느낀다. 혼자 힘으로 이성을 만나지 못하는 사람이나 맞선을 본다는 생각에 자존심 상해 하기도 한다. 이런 부분은 연애 코칭을 받는 사람은 분명히 어딘가 부족할 것이라는 오해와 일맥상통하는 면이 있다.

맞선에서는 상대가 이런 부정적 인식을 버리도록 돕는 것이 최우선 과제다. 그러려면 일단 맞선의 시간을 최대한 줄이고, 만남을 맞선 같지 않은 상황으로 변화시켜야 한다. 과연 맞선 같지 않은 상황이란 무엇일까?

알다시피 맞선 자리에서는 보통 대대적인 호구 조사가 이뤄진다. 무슨 일을 하는지, 어디에 사는지, 집은 자가인지 전세인지, 차는 있는지 등등……. 사실, 맞선이라는 것의 심리적 저항감을 만드는 가장 큰 요인은 바로 이처럼 상대의 '존재'가 아닌 '소유'에 관한 탐색 행태다. 따라서 맞선을 통해 진짜 인연을 찾고자 한다면 '조건'에서 '진심'으로 그 무게중심을 옮겨야 한다.

그렇다면 맞선에서 무슨 이야기를 해야 할까? 맞선 상대와 그 분위기에 맞춰 가볍고 일상적인 대화로 포문을 열자. 상대방의 기분을 편안하고 즐겁게 만들어주는 것이 무엇보다 중요하다. 그러려면 기업 면접을 방불케 하는 호구 조사보다는 소소한 농담이나 신변잡기 같은 이야기가 효과적이다. 다소 허술해 보여도 상대를 웃게 할 수 있는 이야기라면 뭐든 상관없다. 물론 이야기는 그때그때 상황과 이슈에 따라 적절히 고르면 된다. 핵심은 대화를 유쾌하게 이끄는 것임을 기억하자.

또 한 가지, 맞선 자리에서는 아무리 대화가 즐거워도 25분 안에 자리를 정리하는 것이 좋다. 분위기가 좋았다면 다음에 만날 약속을 미리 잡고, 헤어지기 전 상대와 모바일 메신저나 SNS 친구를 맺는다. 그 뒤 다음 만남 전까지 당신이 해야 할 일이 있다. 상대의 SNS를 둘러보는 것이다. 이는 상대를 이해하는 과정이다. 당사자의 페이지에 내용이 많지 않다면 친구들의 페이지도 둘러본다. 상대가 친구에게 남긴 댓글을 통해서도 많든 적든 상대에 대한 정보를 얻을 수 있기 때문이다. 무슨 노래를 즐겨 듣는지, 좋아하는 연예인은 누구인지, 무엇에 흥미를 느끼며 평소 어떤 일을 자주 하는지 등 조각조각 얻어낸 정보들은 상대를 이해하는 밑바탕이 된다.

이렇게 준비를 한 뒤 다시 상대를 만나면 지난번보다 이야깃거리가 훨씬 풍성해질 수 있다. 그뿐만 아니라 상대에게 자신의 어떤 특징을 어 필해야 할지도 명확해진다. 똑같은 특징이라도 상대에 따라 장점이 될 수도, 단점이 될 수도 있다는 점을 기억하자.

물론 두 번째 만남에서는 시간에 구애받지 않고 보통의 데이트를 즐 기면 된다. 이쯤 되면 당신이 맞선에 대한 상대의 부정적 인식을 충분히 누그러뜨렸을 테니 말이다. 이후에는 더 이상 맞선남과 맞선녀가 아닌 평범한 연인으로서, 평범한 연애의 흐름에 따라가면 될 것이다.

여자 심리

남자 생각

CHAPTER 2

상대의 마음을 읽는

신호

상대의 관심 신호를 놓치지 마라

첫 데이트를 한 이후 그녀가 돌연 연락을 받지 않거나 받더라도 시큰 등한 반응을 보인다. 데이트를 할 때 분명 즐거웠는데 다음 약속을 잡기가 도통 쉽지 않다. 그녀가 좋아할 만한 선물을 보냈는데도 반응은 여전히 썰렁하다.

이렇듯 그녀의 마음은 이미 식어버렸는데 정작 그 이유조차 알 수 없을 때, 남자는 괴롭다. 그보다 더 힘든 것은 그녀의 변덕이다. 이랬다저랬다 하는 그녀의 머릿속은 불가사의한 세계 그 자체다. 대체 무슨 생각을 하는지, 나를 좋아하긴 하는 건지 그 머릿속이 심히 궁금하다. 의문은 의문을 낳고, 결국 어찌해야 할지 답을 찾지 못한 채 자꾸만 미궁 속으로 빠져든다.

이런 문제가 생기는 원인은 하나다. 상대의 IOI(Indicators of Interest : 관심 신호)를 제대로 읽지 못했기 때문이다. IOI를 바르게 읽는 것! 이는 연애 기술의 기본 중 기본이다. 우리는 IOI를 통해 상대가 내게 매력을 느끼는지의 여부를 알 수 있다.

IOI, 관심 신호

IOI란 여성이 당신에게 흥미가 있거나 매력을 느낄 때 발산하는 신호다. 이 신호를 제때 눈치채지 못하고 돌부처처럼 그 어떤 반응도 보이지 않으면 여자는 이내 당신을 향한 마음을 접을 것이다. 여자는 아무리 호감을 느껴도 상대가 아무런 반응을 보이지 않으면 자신을 좋아하지 않는 것으로 단정하고 포기해버린다. 물론, 당신의 관심 밖에 있는 여자라면 IOI를 못 읽어도 상관없다. 문제는 당신 역시 그녀를 좋아할 경우다. 단지 눈치가 없어서, 혹은 어떻게 마음을 표현할지 몰라서 우물쭈물하다가 그녀의 관심이 사그라진다면 이 얼마나 안타까운 일인가! 게다가 여자는 웬만해선 두 번 기회를 주지 않는다. 이미 마음이 돌아선 그녀를 되돌리기란 무척 어렵다. 그녀가 아무 이유 없이 차가워졌다고 생각하는가? 사실은 그렇지 않다. 단지 당신이 무슨 잘못을 했는지 모르고 있을 뿐이다.

IOI는 강도에 따라 세 종류로 나눌 수 있다.

약한 IOI

당신에게 흥미가 있을 때 하지만 아직 친구가 되고 싶은 정도는 아닐 때, 여자는 약한 IOI 신호를 보낸다. 물론 차후에 신호의 강도가 더 세질 가능성은 충분하다.

- 자세를 고쳐 앉는다.
- 말투나 어감에 신경을 쓴다.
- 머리카락을 만지작거린다. 당신에게 미소를 짓는다. 게임 등을 함께할 것을 먼저 제안한다.

만약 그녀가 위에 언급한 행동이나 표현을 한다면 기회를 놓치지 말고 재미있는 이야기 등을 하며 당신의 장점을 최대한 어필하자. 미세한 신호를 놓치지 않고 잡아서 호감도를 높이는 게 중요하다. 그래야 당신에 대한 그녀의 IOI를 증폭시킬 수 있다.

중간 IOI

IOI 신호가 중간 정도로 높아졌다는 것은 당신의 매력이 그녀에게 작용하기 시작했다는 의미다.

- 곁을 지나갈 때 몸을 돌려 당신을 마주보거나 가볍게 건드린다.
- 무언가를 빌려달라거나 시간을 묻는 등 먼저 말을 건다.
- 여럿이서 대화를 나눌 때 말수가 많아진다(당신의 주의를 끌기 위해서).
- 당신의 이름 및 나이를 묻는다.
- 당신을 칭찬한다.

- 다 마신 컵을 당신의 컵 옆에 놓는다.
- 이야기 도중 무심결인 듯 당신의 팔을 터치한다.
- 대화가 끊겼을 때 먼저 화제를 찾아 제시한다.
- 몰래 미소를 짓는다.

강한 IOI

다음의 신호들은 특히 중요하다.

- 당신이 손을 잡으면 그녀 역시 맞잡는다.
- 당신의 말에 적극적으로 반응하며 심지어 썰렁한 농담조차도 잘 받아 웃어준다.
- 당신을 터치한다.
- 당신과 친밀감을 형성하려고 애쓴다.
- 당신을 자주 바라본다.
- 항상 당신 근처에 있다.

여자가 IOI 신호를 보낼 때는 곧바로 적절한 반응을 보여주어야 한다. 그렇지 않으면 그녀는 당신이 자신에게 관심이 없다고 생각할 것이다.

IOI에 응답하는 방법

- 대화가 끊겼을 때 먼저 화제를 찾는다.
- → 대화에 적극적으로 임한다.

- 당신을 터치한다.

→ 그녀 쪽으로 몸을 기울이며 둘만 나눌 수 있을 정도의 목소리로 말을 건다.

- 다 마신 컵을 당신의 컵 옆에 놓는다.

→ 그녀의 컵으로 물을 마신다(같은 컵을 사용함으로써 친밀도 상승).

- 항상 당신 근처에 있다.

→ 대화를 하면서 그녀의 어깨를 가볍게 두드리는 등 그녀를 의식하고 있음을 보여준다.

실수를 두려워하면 '좋은 오빠'밖에 못 된다

실제 생활에서 IOI는 어떻게 나타날까? 다음은 내게 인터넷 강의를 듣는 한 수강생의 생생한 경험담이다. 이 사례를 통해 혹시 나도 주변머리 없는 '둔탱이'는 아닌지, 여자의 신호를 놓친 적은 없는지 생각해보자.

저와 그녀는 같은 고향 출신입니다. 저는 스물다섯의 신체 건강한 남성으로, 비교적 내성적입니다. 그녀는 저보다 다섯 살 어리며 예술학교를 졸업했습니다. 그녀를 만나기 전까지 소위 '썸'만 세 번 정도 탔는데 전부 '좋은 오빠' 딱지만 받고 끝났습니다. 회사에는 제가 일 년 먼저 들어왔는데 업무상으로 부딪힐 일이 많다 보니 금방 친해졌어요. 그렇게 반년쯤 지났을까, 어느 순간부터 그녀가 다시 좋아졌습니다. 그 후로는 그녀가 있는 자리라면 친목 모임이든 사내 활동이든 가리지 않고 무조건 참석했지요.

그러던 어느 날, 동료들과 노래방에 가기로 했습니다. 물론 그녀도 함께였죠. 다 같이 버스를 타고 이동했는데 내리자마자 비가 쏟아지더군요. 마침 그녀가 우산을 챙겨 왔다며 함께 쓰자고 했어요. 저는 얼른 우산을 받아들었습니다. 우산을 같이 쓰고 가며 우리는 정말 많은 이야기를 나눴습니다. 주로 그녀가 말하고 저는 듣는 쪽이었지만요.

(만약 그에게 호감이 없다면 그녀는 그를 못 본 척하거나 다른 사람과 우산을 나눠 썼을 것이다. 대화 중 여자가 말이 많다는 것은 전형적인 IOI다. 반대로 관심 없는 사람과 이야기를 할 때는 대부분 단답형이다)

우리는 천천히 걸었고 조금씩 무리와 멀어졌습니다.

(천천히 걷는 것 역시 IOI다. 좀 더 오래 같이 있고 싶다는 의미이기 때문이다)

노래방에서 그녀는 전공자답게 가수 뺨치는 노래 솜씨를 선보였습니다. 저로 말하자면 겨우 음치만 벗어난 수준이었죠. 아무튼 즐겁게 놀고 돌아가려는데 그녀가 잠시 화장실에 다녀오겠다며 제게 가방을 맡겼어요.

(보통은 가방을 여자 동료에게 맡기지, 남자 동료에게 부탁하지 않는다)

그녀는 동료들이 전부 나간 뒤에야 화장실에서 나왔습니다. 우린 집에 어떻게 가느냐고 묻기에 버스나 택시를 타자고 대답했죠. 그런데 내려와 보니 동료들이 우리를 기다리고 있더군요. 같이 가자면서요. 그렇게 함께 걸어가는데, 갑자기 여자 동료 몇이 우리에게 국수는 언제 먹여줄 거냐며 장난을 치기 시작했습니다. 순간 등에 식은땀이 주르륵 흘렀습니다. 뭐라고 대답해야 할지 모르겠더군요. 제가 당황하는 모습이 우스웠는지 동료들은 더 짓궂게 굴었습니다. 결국 그녀가 나서서 우린 그저 보통 친구일 뿐이라고 말한 뒤에야 상황이 정리됐지요.

(다른 사람조차 훤히 알 정도로 그녀는 분명하게 호감을 표시했다. 여기서 가장 큰 문제는 동료들이 장난을 걸었을 때 그녀가 상황을 수습하도록 둔 것이다. 그가 조금만 센스를 발휘해서 '국수 타령하기 전에 축의금부터 내라'는 식으로 재치 있게 대응했다면 얼마나 좋았겠는가! 동료들의 장난에 그녀가 바로 반박하지 않고 가만히 있었다는 것 역시 강력한 IOI다. 어쩌면 그녀는 그가 자신들의 관계를 명확히 말해주길 기다렸는지도 모른다. 그가 대응만 잘했더라면, 동료들의 놀림을 기회로 삼아 자신의 마음을 고백했더라면 그날 두 사람은 연인으로 맺어졌을 가능성이 높다. 하지만 그는 아무 말도 하지 못했고, 결국 그녀가 나서는 난처한 상황이 벌어졌다)

다음 날은 휴일이었습니다. 이야기를 하던 중 그녀가 방을 보러 갈 것이라고 하더군요. 우리 회사는 숙식을 제공했는데 일정 지역 내에서 원룸을 빌리면 월세를 주는 식이었습니다. 다음 날 열한 시쯤, 저는 그녀에게 전화를 걸어서 이것저것 다른 이야기를 하다가 슬쩍 본론을 꺼냈습니다. 내가 그 지역을 잘 아니까 같이 점심을 먹고 방을 보러 가자고 했던 것이죠. 그녀는 흔쾌히 알았다며 방금 일어났으니 씻고 난 뒤에 연락하겠다고 했습니다. 한 시간쯤 뒤, 저는 연락을 받고 그녀의 숙소로 갔습니다. 그날 그녀는 정말 예뻤어요. 하얀 원피스에 하이힐을 신고 연하게 화장을 한 모습이 그야말로 여신이 따로 없었죠. (그와 만나기 위해 한껏 치장을 했다는 것, 이 역시 강력한 IOI다. 이럴 때는 그녀의 아름다움을 칭찬하고 또 칭찬해야 마땅하다)

우리는 함께 걸었습니다. 살짝 스킨십도 있었는데, 뒤에서 차가 올 때 그녀의 어깨를 안아서 안전한 쪽으로 이끄는 식이었죠. 그러다 도중에 어제의 짓궂은 여자 동료를 만났는데 또 국수가 어쩌고 하며 놀려대서 식은땀을 한 바가지 흘렸습니다. 그날은 정말 많은 대화를 나눴습니다. 자기 형제자매 이야기부터 대학 시절의 추억까지 쉬지 않고 재잘대는 그녀가 어찌나 귀엽던지……. 방을 다 둘러본 후, 그녀는 피곤하다며 제 숙소에서 잠시 쉬었다 가도 되냐고 물었습니다. 숙소로 올라간 우리는 마침 집에 있었던 룸메이트와 함께 TV를 보며 한 시간쯤 수다를 떨었습니다. 그런 뒤 그녀를 집까지 데려다줬습니다. (여자는 관심 없는 남자에게 절대로 어떤 곳에 같이 가자고 먼저 권하지 않는다. 집처럼 사적인 공간은 더더욱 그렇다)

일주일 후, 돌아온 주말에도 우리는 만나서 밥을 먹었습니다. 몇 주 동안 연속으로 그랬지요. 거의 제가 먼저 데이트 신청을 했습니다. 주중에는 그녀가 같이 퇴근하자고 할 때가 많았고요. 그러면 저는 길을 조금 돌아가더라도 그녀를 집까지 데려다줬습니다. 그래봤자 십 분 정도 더 걸릴 뿐이니까요. 이런 날이 한두 달쯤 이어졌을 겁니다.

우리는 어느새 많이 가까워져 있었습니다. 그녀가 먼저 제 팔짱을 끼기도 했죠.

(두 달이 넘도록 관계를 명확하게 규정하지 않은 것은 치명적인 실수다. 그녀가 먼저 신체 접촉을 할 정도로 감정이 무르익지 않았는가! 이때가 바로 관계를 명확하게 할 적기다. 남자가 이 시기에 아무 행동도 하지 않으면 여자는 그것만으로도 마음에 상처를 입는다)

그러던 어느 날이었습니다. 그녀가 저와 동료 몇에게 같이 점심을 먹자더군요. 패스트푸드점에서 간단히 식사를 하는데 그녀가 갑자기 폭탄선언을 했습니다. 회사를 그만두겠다는 겁니다. 이미 사직서도 냈다고 하더군요. 그야말로 뒤통수를 맞은 것 같았습니다. 정신이 없어서 그날은 몇 마디 제대로 나누지도 못했습니다. 무슨 말을 해야 할지도 몰랐지요. 며칠 후, 저는 밥 먹자는 핑계로 그녀를 불러냈습니다. 고백을 할 생각이었지요. 하지만 밥을 먹는 내내 우물쭈물하다 결국 말도 꺼내지 못하고 말았습니다.

(이쯤 되면 그녀가 가여울 지경이다. 그렇게 적극적으로 IOI를 보내고, 기다리다 지쳐 최후의 통첩까지 날리며 초강수를 뒀는데도 좋아한다는 말 한마디 듣지 못하다니! 게다가 이 둔한 남자는 이 지경이 될 때까지도 제대로 상황조차 파악하지 못하고 있다. 그녀가 받았을 상처가 얼마나 컸을지 가히 상상이 간다)

그날도 대화를 주도한 것은 그녀였습니다. 새침데기 여동생이 어떻다는 둥 새언니가 어쨌다는 둥 끊임없이 이야기를 하더군요. 하지만 뭔가 붕 뜬 느낌이었습니다. 대화가 계속 겉도는 느낌이랄까요. 생각해보면 이전의 대화도 늘 그랬던 것 같았습니다. 이런 상황에서 어떻게 하면 우리 관계를 진전시킬 수 있을지 도무지 알 수가 없었습니다.

(그는 대화를 이어가려는 노력을 조금도 하지 않고 그녀 혼자 고군분투하는데, 무슨 진전이 있겠는가? 그녀가 보낸 수많은 IOI 중 단 몇 가지에만 제대로 반응했어도 두 사람은 이미 연인이 되고 남았을 것이다. 아무런 미사여구 없이 "너, 내 여자 친구 해라"라고만 해도 될 판이었단 말이다)

그날 밤, 저는 그녀에게 메일을 썼습니다. 그동안 우리 사이에 있었던 일과 추억들을 일일이 적었지요. 다음 날 바로 답장이 왔습니다. 제 감정은 잘 알지만 지금의 좋은 관계를 깨고 싶지는 않다고 하더군요. '이 일로 서로 어색해지지 않기를 바란다', '당신에게 맞는 짝을 만나길 진심으로 기원한다'는 말도 적혀 있었습니다. 저는 절망했습니다.

(군사적으로 표현한다면 이는 '우회전술'이다. 실제 마음과 반대로 말하고 어떻게 반응하는지를 보는 것이다. 자신을 정말 좋아하는지 알기 위해 남자의 진심을 시험하는 것이라고도 할 수 있다. 비록 거절하기는 했지만 아마 그녀는 그가 다시 한 번 강하게 고백하길 바랐을 것이다. 여태껏 무수한 IOI를 보낸 끝에 기껏 받은 것이 달랑 메일 한 통이라니, 여자 입장에서는 자존심이 상해서라도 튕길 수밖에 없다. 생각해보자. 상대의 생일에 비싼 스마트폰을 선물했는데 내 생일에는 기껏 길에서 산 열쇠고리를 받는다면 기분이 어떻겠는가? 게다가 상대가 선물에 대한 감사 인사까지 바란다면?)

회사를 그만둔다던 그녀는 그 이후에도 잘만 다녔습니다. 고향으로 돌아가지도 않았고요. 이유는 모릅니다. 솔직히 묻고 싶은 마음도 없었습니다.

(그녀가 회사를 그만두겠다고 한 것은 순전히 그를 압박해서 고백하도록 만들기 위한 수단이었다. 하지만 그녀의 기대와 달리 그는 아무 행동도 취하지 않았다)

그 후로 한 달 동안 단 한 번도 그녀에게 먼저 연락하지 않았습니다. 회사에서 마주쳐도 간단히 목례만 하고 지나쳤고요. 그녀는 종종 메시지로 안부 인사 정도는 하더군요. 다른 동료들에게 제 근황을 물어본다는 소식도 가끔 들렸습니다. 하지만 전 업무가 아닌 일로는 그녀와 마주치지 않으려 애썼습니다. 정말 우울한 나날이었지요.

그러던 어느 날, 그녀가 친목 활동을 계획했는데 사람 수가 부족하다며 제게 같이하지 않겠느냐고 물었습니다.

(그녀는 여전히 그와 잘해볼 생각이 있었다. 그래서 친목 활동까지 계획한 것이다)

조금 망설여졌지만 굳이 싫다고 하는 것도 아닌 듯해서 일단 알겠다고 했습니다. 남자 동료 몇 명도 불렀지요. 원래는 다 같이 등산을 갈 예정이었는데 어쩌다 보니 남자 중 가겠다고 한 사람이 저뿐이라 결국 취소되고 말았습니다. 그래도 뭔가 편해졌는지 그때부터 다시 같이 퇴근하자며 연락을 하더라고요. 처음엔 다시 기회가 온 줄 알았죠. 하지만 제 착각이었습니다. 그 후로 두 번 약속을 했는데 두 번 다 절바람맞혔거든요.

그 후로는 더 이상 기대하지 않기로 했습니다. 그녀가 아파서 일주일

간 병가를 냈을 때도 모른 척했고, 그녀의 생일이나 명절에도 연락을 하지 않았습니다. 더 이상 그녀를 마주할 자신이 없었어요. 그러기엔 너무 혼란스러웠거든요. 그래서 일부러 더욱 일에 매달렸고 쉬는 날에는 종일 TV만 봤습니다. 마침 노래 경연 프로그램이 한창 인기 있을 때라 보면서 열심히 따라 한 덕에 노래가 그럭저럭 들어줄 만큼 늘었다는 게 성과라면 성과일 거예요.

그녀에게 고백하고 거절당한 후로 어느 정도 시간이 흘렀습니다. 요즘 그녀는 특별한 날, 예컨대 밸런타인데이 같은 날이 되기 며칠 전부터 괜히 제게 말을 겁니다. 업무적으로 이것저것 도와달라고도 하고, 교통카드를 빌려달라거나 당장 현금이 없다며 돈을 빌려달라는 식으로 말이죠.

(사실, 그녀는 한 번 튕겨봤을 뿐이었다. 그렇지 않으면 온갖 핑계를 대면서 여전히 그의 주변을 맴돌 이유가 있겠는가? 하지만 그는 여전히 그녀의 신호를 놓치고 있다)

위 사례를 보면서 아마 대부분이 남자의 무신경함에 답답함을 느꼈을 것이다. 그러나 그를 욕하기 전에 자신을 먼저 돌아보자. 당신은 그녀 앞에서 어떻게 행동했는가? 남자는 좋아하는 여자가 생기면 그녀 앞에서 되도록 실수하지 않으려고 애쓴다. 하지만 실수하지 않는 데만 지나치게 신경 쓴 나머지 정작 상대가 보내는 신호를 놓칠 때가 많다. 먼저 긴장을 풀고 그녀의 눈빛과 목소리, 몸짓언어에 집중해보자. 신호만 제대로 읽어도 위 사례와 같은 안타까운 엇갈림을 막을 수 있으니까.

여자는 싫어하는 남자에게는 가짜 신호조차 보내지 않는다.

사실, 당신은 그녀의 마음을 모른다

IOI에도 진짜와 가짜가 있다. 물론 상대방에게 매력을 느낄 때 여자는 무의식적으로 IOI 신호를 보낸다. 이 신호만 잘 읽어도 그녀의 마음속에서 무슨 일이 벌어지는지 짐작할 수 있다. 그러나 때로는 모종의 목적을 달성하기 위해 고의적으로 IOI 신호를 이용하기도 하는데, 이를 가짜 IOI라고 한다. 진짜와 가짜를 구별하고 싶다면 다음의 항목을 유심히 살펴보자.

• 눈(눈은 가장 중요한 단서다. 몸짓언어 중 가장 꾸미기 어렵기 때문이다)

눈은 마음의 창이며 눈빛은 자신의 내면세계를 외부로 드러내는 가장 진실한 경로다. 여자가 남자에게 매력을 느끼면 눈빛부터 반짝인다. 빛이 허락되는 환경이라면 그녀의 동공이 어떻게 변하는지를 유심히 살펴보자. 당신의 말이나 행동, 혹은 분위기에 따라 커졌다 작아지기를 반복할 것이다.

• 대화 참여 정도(가짜 IOI라면 당신의 이야기에 반응하고 참여하는 정도가 낮다. 기본적으로 당신이 무슨 말을 하든 크게 신경 쓰지 않는다)

여자가 당신의 말에 집중하고 있는지를 알려면 듣는 자세를 살펴보자. 마치 자신이 이야기의 주인공이라도 된 양 저도 모르게 고개를 끄덕이거나 긴장하거나 탄성을 지르거나 미소를 짓는다면 그녀는 이미 당신의 이야기에 완전히 몰입한 것이다.

당신이 이야기를 할 때 몸을 앞으로 기울이고 빈번히 당신의 눈을 들여다보는 것도 그녀가 흥미를 느끼고 있다는 증거다. 아이처럼 순진하게 질문을 던지거나 다른 사람이 당신의 말에 딴죽을 걸 때 먼저 나서서 당신을 변호하는 것 역시 좋은 징조로 볼 수 있다. 심지어 썰렁한 농담에도 웃어준다면 100퍼센트 진짜 IOI다.

• **터치**(가짜 IOI에는 신체 접촉이 나타나지 않는다)

당신에게 정말로 흥미가 있다면 여자는 무의식중에 당신을 터치할 것이다. 찻잔을 내려놓으며 손을 스치거나 웃으면서 허벅지를 가볍게 때리는 식으로 말이다.

• **신체 언어**(가짜 IOI에는 주로 과장된 신체 언어가 나타난다)

당신과 대화할 때 상대가 여성적 매력을 지나치게 어필한다면 이는 가짜 신호일지도 모른다. 여기에는 목덜미나 어깨를 어루만지거나 머리카락을 쓸어 올리고, 목걸이나 어깨끈을 만지작거리는 등 당신의 주의를 끌려는 행동이 모두 포함된다.

• **목소리의 변화**(가짜 신호일 확률이 높다)

목소리가 갑자기 부드러워지고 말의 속도가 느려지며 단어를 신중하게 고른다.

• 순응도(가짜 IOI라면 순응도가 낮다. 예를 들어 당신이 포옹을 시도하면 잠깐은 응했다가도 곧 이런저런 핑계를 대며 당신의 품을 빠져나올 것이다)

순응도란 신체 접촉을 시도했을 때 이를 받아들이는 정도를 말한다. 진짜 IOI라면 순응도가 높은 편이다. 당신이 그녀를 가볍게 터치하면 그녀역시 당신을 터치하고, 장난처럼 포옹을 해도 밀어내지 않는다. 그러나가짜 IOI라면 당장은 응하는 것처럼 보여도 곧 이런저런 핑계를 대며 금세 빠져나갈 것이다.

사실, IOI에서 중요하게 보아야 할 것은 감정이다. 여자는 싫어하는남자에게는 가짜 신호조차 보내지 않는다. 그래서 엄밀히 말하면 가짜IOI란 없다. 어떤 의미에서는 그것도 일종의 진짜다.

관건은 당신이 상대의 IOI가 얼마나 많은지를 잘 파악하는 데 있다.상대가 IOI를 보내는 이유는 많든 적든 당신에게 관심이 있기 때문이다. 그러나 당신이 쌓여가는 IOI를 제대로 읽지 못하거나 섣불리 '밀당'을 시도하면 진짜 신호조차 가짜로 변하고, 그녀의 마음도 차갑게식어버릴 것이다.

한 장으로 보는 IOI와 IOD

IOD(Indicators of disinterest : 무관심 신호)는 IOI와 반대되는 개념이다. 다음 표는 IOI와 IOD의 구체적인 예를 비교 정리한 것이다.

이 표는 남녀 모두에게 유용하다. 남자의 경우 이 표를 보고 여자가 자신에게 관심이 있는지 없는지를 구분할 수 있고, 여자라면 좋아하는 남자에게 노골적이지 않게 자신의 감정을 표현하는 법을 배울 수 있다.

교제 중에도 긴장감과 매력을 유지하려면 IOI와 IOD를 번갈아 사용하는 게 좋다. 빈도는 IOI 세 번당 IOD 한 번, 혹은 IOI 다섯 번 당 IOD 세 번 정도가 적절하다.

만약 여자가 IOI를 지나치게 많이 보이면 남자는 흥미를 잃을 수 있다. 도전 의식이 생기지 않기 때문이다. 반대로 IOI가 너무 적으면 아예 접근할 용기도 생기지 않는다. 남자가 IOI를 너무 많이 보내면 여자는 그가 좋은 사람이지만 매력적이지는 않다고 생각할 것이다. 반대로 IOI를 거의 보이지 않으면 자신에게 흥미가 없다고 단정할 수 있다. 그렇기 때문에 적정선을 찾아 유지하는 것이 가장 중요하다.

관심 신호(IOI)	무관심 신호(IOD)
다가온다	피한다
옷매무새나 화장 상태 등을 자주 체크한다	별로 신경 쓰지 않는다
얼굴을 만지거나 쓰다듬는다	팔짱을 낀다
머리카락을 만지작거린다	손을 내젓는다
당신에게 집중한다	다른 데 신경이 가 있다
당신에게 적극적으로 호응한다	무반응이다
남몰래 웃어 보인다 / 귓속말을 한다	비우호적이다 / 조소를 보낸다
자기 장점을 어필한다 / 당신에게 관심을 집중한다	흥미가 없다 / 여러 사람에게 관심을 분산한다
당신을 터치한다	당신을 밀어낸다 / 닿기를 거부한다
호감을 표시한다	당신에게 부정적이다
먼저 대화를 시작한다	대화가 자주 끊긴다
당신 쪽으로 몸을 기울인다	몸을 멀찍이 빼거나 뒤로 기대앉는다
당신을 바라본다	다른 곳을 바라본다
당신과 친해지려고 노력한다	당신과 엮이려고 하지 않는다
스킨십을 허용한다	스킨십을 거절한다
눈이 반짝인다 / 동공의 변화가 있다	눈빛이 어둡다 / 눈을 피한다
당신이 제시한 화제에 관심을 보인다	화제를 돌린다 / 화제에 흥미를 보이지 않는다
다른 사람이 당신을 공격하면 변호하고 나선다	냉담하게 수수방관한다
머리카락, 목덜미를 만진다 / 어깨끈을 정돈한다	고개를 숙이고 손가락을 만지작거린다
목소리가 상냥하게 변한다	목소리가 낮게 가라앉는다
말의 속도가 느려진다 / 단어를 신중하게 고른다	말투에 짜증이 묻어난다
당신의 몸짓언어와 비슷하게 움직인다	온갖 핑계를 대며 거리를 둔다
했던 말을 또 해도 처음 듣는 양 흥미를 보인다	했던 말을 또 하면 바로 지적한다
당신과 만날 때마다 한껏 치장하고 나온다	대충 입고 나온다
당신에게 궁금한 것이 많다	당신에게 궁금한 것이 없다
통화할 때 할 말이 없어도 끊지 않는다	당신의 전화 자체를 반기지 않는다
무리 속에서도 늘 당신의 의견을 묻는다	무리 속에 있으면 당신을 무시한다
당신과 있으면 천천히 걷는다	당신과 있으면 빨리 걷는다
남들이 둘의 관계를 놀려도 웃기만 할 뿐 부정하지 않는다	남들이 놀리면 바로 아니라고 부정한다
자신에게 남자 친구가 없음을 자주 내비친다	남자 친구가 있다고 한다
자신의 스케줄을 당신에게 알려준다	늘 시간이 없다고 한다
만나면 쉽게 헤어지고 싶어 하지 않는다	되도록 빨리 헤어지고 싶어 한다
스마트폰을 잘 보지 않는다	스마트폰만 들여다본다

상대 남자가 먼저 다가오게 만드는 관계의 기술

앞서 언급했지만 남자가 어떻게 말을 걸까 고민할 때, 여자는 어떻게 하면 자신한테 말을 걸도록 만들까 고심한다. 다음은 그런 고민을 하는 여성들에게 내가 주로 조언하는 내용이다.

이런 장면을 상상해보자. 당신은 분위기 좋은 바에서 술을 마시며 친구 서넛과 이야기하고 있다. 그런데 그 순간 꽤 멋진 남자가 시야에 들어온다. 친구들도 괜찮다고 느꼈는지 서로 눈빛을 교환한다. 그런데 갑자기 그가 당신에게 관심이 있다는 강렬한 '촉'이 온다. 이때 당신이라면 어떻게 하겠는가?

실제로는 많은 여성이 일부러 그의 존재를 무시하는 척하며 그가 먼저 다가와주길 바란다. 앞으로 그와 함께 만들어갈 달콤한 나날을 상상하면서 말이다. 하지만 안타깝게도 이런 꿈같은 일이 현실로 나타나는 경우는 많지 않다. 그렇다면 대체 어떻게 해야 할까?

첫 번째로 해야 할 작업은 역시 눈빛 교환이다. 상대를 하염없이 바라보라는 것이 아니다. 그랬다가는 그에게 어딘가 좀 모자란 여자로 보일 수 있다. 시선을 자연스레 움직이면서 한 번씩 강렬하게 응시하고, 눈이 마주치면 피하지 않고 가볍게 미소를 지어 보이자. 그런 뒤 수줍은 듯 고개를 숙이거나 몸을 돌린다. 이러는 편이 뚫어질 듯 쳐다

보는 것보다 훨씬 매력적인 인상을 남길 수 있다. 일정한 간격으로 위의 동작을 반복하면 그에게 뒤편의 화면을 보고 있다든가 다른 사람을 쳐다보고 있다는 등의 쓸데없는 오해를 사지 않고 효과적으로 시선을 교환할 수 있다. 이런 식으로 서너 번쯤 반복하자. 만약 그가 당신에게 정말로 관심이 있다면 다가올 것이다. 그러나 상대가 무시무시할 정도로 둔한 남자라면 당신이 아무리 눈이 빠져라 신호를 보내도 눈치조차 채지 못할 가능성이 있다.

그다음으로 해야 할 일은 그가 접근해올 수 있도록 공간을 비우는 것이다. 친구들과 떼로 있는 여자에게 그 장벽을 뚫고 접근할 만큼 간 큰 남자는 의외로 많지 않다. 그가 다가올 수 있도록 적당히 빈틈을 만드는 것은 당신의 몫이다. 아니면 친구 하나만 대동해서 사람이 적은 곳으로 이동하자. 이때 주의할 점은 최근 실연을 했거나 나쁜 일이 있어서 기분이 저조한 상태인 친구는 피하라는 것이다. 이런 친구가 곁에 있으면 그가 다가왔을 때 오히려 불쾌한 상황이 생길 수도 있다. 또는 핑계를 대고 혼자서 화장실을 가는 것도 괜찮다. 남자들은 의외로 수줍음이 많다. 당신이 아무리 마음에 들어도 확실한 기회가 생기지 않는 이상 말을 걸 용기를 내지 못할 것이다.

신호도 보내고, 빈틈도 만들었는데 여전히 그가 말을 걸어오지 않는다면 어떻게 해야 할까? 그때는 춤을 추기 시작하라. 자리에서 일어나 비교적 탁 트인 곳으로 가서 머리카락부터 발끝까지 모든 세포를 깨워 춤추는 것이다. 이 모든 과정은 반드시 우아해야 한다. 걷는 자세부터 춤추는 모습까지 남들과 다른 우아함이 풍겨야 한다. 지금 당신은 한 남자를 유혹하고 있는 중이다. 출근하거나 쇼핑할 때처럼 대충 걷거나 움직여서야 되겠는가! 이때만큼은 모델로 빙의하여 걸을 때도 런웨이를 걷듯, 허리를 쭉 펴고 턱을 가볍게 든 도도한 자세를 유지하자(하이힐은 당신의 우아함을 배가시켜줄 것이다. 잊지 말고 하이힐을 신어라). 춤에 자신이 없다면 샴페인 한 잔을 들고 그가 볼 수 있는 곳에 서서 리듬에 따라 가볍게 몸을 흔드는 정도도 좋다. 가끔 그와 눈이 마주치면 살짝 미소를 짓는 것도 잊지 말자. 이 정도까지 했는데도 그가 다가오지 않는다면? 목표를 바꿔라. 더 이상 그에게 시간을 투자하는 것도 아깝다!

마침내 그가 다가왔을 때는 어떻게 해야 할까? 먼저 환하게 미소하며 환영한다는 뜻을 그에게 보여준다. 그의 첫마디는 아마 바보 같겠지만, 재치 있게 대답해서 유쾌한 분위기를 만드는 센스를 발휘하자. 다음으로 그는 당신의 환심을 사기 위해 옷, 신발, 장신구, 피부 등을 칭찬할 것이다. 이때 칭찬에 너무 도취되지 말고 가볍게 웃으며 고맙다고 한 뒤 화제를 바꾼다. 날씨, 문화, 예술, 재테크, 음악, 연예계 가십 등 다방면으로 화제를 옮겨가며 이야기한다. 그러다 보면 자연히 그가 어떤 사람이고 무슨 일을 하는지 알 수 있다. 그를 어느 정도 파악한 후에는 그가 자신 있을 만한 분야로 대화를 이끌어간다. 그에게 스스로를 뽐내면서 강한 자신감과 성취감을 느낄 수 있는 기회를 주는 것이다.

이렇게 대화를 이어가면서 틈틈이 여성적 매력을 어필하는 것도 잊지 말자. 만약 다리에 자신이 있다면 잠시 대화가 끊겼을 때 양해를 구한 뒤 화장실에 다녀오자. 이런 식으로 그에게 자신의 각선미를 감상할 기회를 줄 수도 있다. 가느다란 허리가 매력 포인트라면 이야기를 하면서 무심한 듯 허리에 손을 올리거나 몸을 살짝 움직여서 허리 곡선을 드러내자(이 때 조심할 것은 타이밍이다. 그가 한창 열중해서 말하고 있는데, 이런 행동을 하면 그는 당신이 자신과의 대화가 지루해서 그런 것이라고 오해할 수 있다).

마지막으로 IOI 신호를 보낸다. 물론 그가 당신을 헤픈 여자라고 생각할 만큼 노골적으로 신호를 보내는 것은 금물이다. 그가 당신에게 매력을 느끼도록, 또 당신이 그를 특별하게 대하고 있다는 점을 알 정도로만 완급을 조절하여 신호를 보내자.

나와 상대 사이에 묘한 감정이 흐르게 하라

첫 접근 성공 뒤, 둘 사이에 유의미한 상호작용이 이뤄지게 마련이다. 여기서 유의미한 상호작용이란 문자나 모바일 메신저를 이용해 연락을 주고받는 것을 말한다. 상호작용이 순조롭게 지속되다 보면 상대도 어느새 경계심이나 수줍음을 내려놓고 조금씩 마음의 문을 열게 된다. 이런 식으로 서로의 심리적 거리를 좁혀가는 것이 중요하다.

연락은 그녀와 헤어진 후 바로 하는 게 좋다. 문자나 모바일 메신저로 알게 되어 기쁘다는 뜻을 전하자. 물론 답장이 오지 않을 수도 있다. 어쨌든 이 연락의 목적은 그녀에게 호감을 가지고 있다는 점을 표현하는 것이다. 그러니 반응이 없더라도 섣불리 낙심하지는 말자.

호감 표시

수많은 연애 코치가 좋아하는 감정을 지나치게 드러내지 말라고 조언한다. 장기적으로 관계를 유지해가면서 적당한 때에 좋아하는 티만 살짝 내라는 것이다. 하지만 입장을 바꿔서 생각해보자. 당신이 여자라면 한가할 때만 자신을 찾는 남자와 계속 상대하고 싶을까? 자신을 확실히 좋아해주는 사람에게 호감을 갖는 법이다. 그러므로 처음부터 그녀에 대한 호감과 좋아하는 감정을 확실히 표현해야 한다. 실제로 내게 상담을 요청한 여자들은 모두 믿음직하고 자신만 좋아해주는 남자를 찾고 있었다. 따라서 초반에는 그녀에게 '내가 좋아하는 사람은 너뿐이야'라는 메시지를 확실히 전달해야 한다.

관계 진전

그녀와 연락을 지속하는 첫 번째 목표는 관계 진전이다. 만약 그녀에게 보낸 문자가 '뭐해?', '밥 먹었어?' 등 단순한 질문들로 점철되어 있다면 당장 그만두는 편이 좋다. 이런 식으로는 그녀에게 호감을 얻기는커녕 지루한 사람이라는 딱지가 붙기 십상이다. 또한 상대방이 당신과의 대화에 응하기는 해도 적극적이지 않은 경우가 있는데, 이럴 때는 적극성과 호응도를 최대한 끌어올리고 둘 사이에 묘한 감정이 생기도록 이끌어야 한다. 예를 들어보자.

여 : 나 살찐 것 같아.

남 : 보기에 그렇다는 거야, 아니면 진짜로 뱃살이 잡힌다는 거야?

여 : 나 진짜 살찐 것 같다니까!

남 : 그럼 만나자. 만나서 보고 판단해줄게.

또 슬쩍 몇 마디를 흘려서 둘 사이의 대화를 야릇하게 이끌 수도 있다.

남 : 그러고 보니 너 누구랑 되게 닮은 것 같은데?

여 : 누구?

남 : 잠깐만, 생각이 날 듯 말 듯한데……. 에잇, 까먹었다. 너만 보면 머릿속이 하얗게 된다니까?

여 : 설마, 과장이 너무 심하다!

남 : 아, 생각났다. 너 영화 〈제인 에어〉 봤어(아무 영화나 대도 상관없다)?

여 : 아니, 안 봤는데…….

남 : 거기 여주인공이 진짜 예쁘고 섹시하거든!

여 : 야, 칭찬이 너무 과한 거 아냐?

남 : 생각났어. 조안 폰테인인데, 너 그 여자네 베이비시터랑 되게 닮았다.

여 : …….

그녀가 당신과의 문자를 재미있다고, 즐겁다고 느끼게 만들어야 한다. 그래야 매일 당신의 연락을 기다릴 테니까.

시간 조절

첫 만남 이후 곧바로 문자를 보낸다. 만약 그날의 만남이 매우 즐거웠다면 문자를 보내고 그녀가 자기 전에 전화를 걸어도 된다.

다음 날에도 문자를 먼저 보내되, 답을 보내는 시간 간격을 5분에서 10분, 2시간, 1시간 등으로 조절한다. 당연히 당신이 고의적으로 시간을 조절하고 있다는 사실을 상대방이 눈치채지 못하게 해야 한다. 만약 대화가 기대 이상으로 순조롭게 흘러간다면 몇 차례 문자가 오간 뒤 통화를 시도해도 좋다. 물론 무작정 전화부터 걸지 말고 그녀에게 지금 통화할 수 있는지를 먼저 물어보는 센스를 발휘하자.

그녀가 당신에게 호의적이라면 당신의 문자에 적극적으로 응할뿐더러 단답형이나 습관적인 'ㅋㅋㅋ'이 아닌, 길고 상세한 답문을 보낼 것이다. 이 경우라면 매일 연락해도 되고, 바로 다음 데이트 약속을 해도 된다. 구체적인 방법은 이후에 소개하겠다.

만약 그녀의 반응이 뜨뜻미지근하다면 앞서 언급한 대로 답장 보내는 빈도를 조절해보자. 그런 뒤 그녀가 적극적으로 대화에 응할 때를 기다려서 기회가 오면 적절히 대화를 이끌어가자.

'내가 좋아하는 사람은 너뿐이야' 라는
메시지를 확실히 전달하라.

자기 PR

서로 알게 된 이후 그녀는 당신이라는 사람을 파악하기 위해 전방위적인 조사에 착수할 것이다. 당신의 SNS나 개인 홈페이지를 샅샅이 훑고, 어떤 사람과 친구인지 살펴보는 식으로 말이다. 여자는 당신에게 들은 말을 자신의 눈으로 확인해보고 싶어 한다. 그러니 그녀가 당신에 대해 알고 싶어 할 때, 괜히 사생활을 들먹이며 왜 궁금하냐고 토를 달지 말고 기꺼이 오픈하자(물론 그 전에 미리 준비가 되어 있어야 한다).

종종 여자는 도무지 어떻게 대답해야 할지 모를 말을 하기도 한다. 이런 순간을 대비해서 긴단한 대처법을 소개할까 한다. 여자가 남자에게 대답하기 곤란한 말을 하는 데에는 여러 이유가 있다. 실상 대부분은 안타깝게도 상대에게 전혀 관심이 없거나 대화를 그만두고 싶은 경우다. 부디 다음의 몇 가지 예시를 참고해서 난관을 헤쳐 나아가는 지혜를 얻기 바란다.

예시 1

여 : 나 이제 목욕하러 갈 거야.

남 : 앗, 나 구경해도 돼?

여 : 뭐래니, 색마!

남 : 그러지 마, 내가 널 보고도 부처님처럼 굴면 네 매력이 사라진 게 아닌지 불안해질걸?

예시 2

여 : 하하하.

남 : 뭘 그렇게 웃기만 하니. 나 같은 훈남을 잡은 게 기뻐서 그런 거야?

예시 3

남 : 노래방 갈래?

여 : …….

남 : 아니면 보드게임?

여 : …….

남 : 여보세요, 예쁜 아가씨! 이런 대도시에 살면서 현대 문물을 즐길 줄 모르다니! 인생은 짧아. 그러니 오늘 재미있게 놀아야지. 나랑 놀자, 응?

예시 4

여 : 나 바빠서 오래 이야기 못 해.

남 : 에이, 거짓말. 피노키오가 거짓말해서 코 길어진 거 몰라?

예시 5

남 : 뭐 먹을래?

여 : 아무거나.

남 : 그럼 세 가지 중에 골라봐(구체적인 선택지를 제시하는 것이 핵심이다).

예시 6

여 : 아무거나 먹자니까.

남 : 샤브샤브 먹을래?

여 : 먹을 때 너무 더워.

남 : 숯불고기는?

여 : 옷에 냄새 배잖아.

남 : 그냥 차나 한 잔 마실까?

여 : 차는 별로 생각 없어!

남 : 그럼 뭐 먹고 싶어?

여 : 글쎄, 아무거나?

남 : 너 쌍둥이자리지? 네 안에 두 명의 아이가 싸우고 있어서 결정을 못
　　내리는 거야. 난 냉면 먹고 싶은데 어때? 싫지 않으면 좋은 거다, 알았
　　지? 가자!

예시 7

여 : 아, 땀나.

남 : 요새 덥지도 않은데 무슨 땀을 그렇게 흘려? 혹시 너…… 안 돼, 난 순
　　진하다고!

예시 8

여 : 나 방금 일어났어.

남 : 역시 미인은 잠꾸러기구나.

위의 대화 예시들은 인터넷 채팅 때도 활용할 수 있다.

다음은 통화할 때 참고할 만한 예시다.

예시 1

남 : 다음부턴 너랑 얘기할 때 돈을 받아야겠어.

여 : 어떻게 받을 건데?

남 : 네가 정해봐. 시간당 받을까, 단어당 받을까?

여 : 데이터 사용량대로 받아, 그럼.

남 : 오케이, 알았어. 기다려봐, 영화 한 편 보낼 테니까.

여 : 헐!

예시 2

남 : 다음부턴 너랑 얘기할 때 돈을 받아야겠어.

여 : 그럼 이젠 너랑 얘기 안 해.

남 : 걱정하지 마. 넌 특별하니까 VIP급으로 할인해줄게.

여 : 고맙네. 그렇게 잘해주려고?

남 : 아, 그렇다고 너무 파격 할인을 바라지는 마라. 싸다고 나랑 매일 얘기하
　　다가 나한테 홀랑 반할라. 그건 그렇고 너 이번에 개봉한 그 영화 봤어?

여 : 아니, 아직……. 늦었다, 나 이제 잘래. 나중에 또 얘기하자.

남 : 그러게, 시간이 벌써 이렇게 됐네. 나도 내일 아침에 회의 있어서 빨리
　　자야 돼. 자, 그럼 우리 같이 자자!

여 : (당황한 표정의 이모티콘)

남 : 아니 무슨 오해를 하기에 그런 표정이야. 같은 시간에 자자고, 같은 시
　　간에. 같은 침대 말고! 너 은근히 엉큼하다.

여 : (땀 흘리는 이모티콘)

목소리에 자신 있다면 잠들기 전 통화에 주력하라

전화 통화의 방식도 기본적으로 문자 및 모바일 메신저 대화와 비슷하다. 다른 점이 있다면 전화를 통한 소통은 상대의 감정이나 반응을 훨씬 생생하게 알 수 있기 때문에 미리 준비한 대화 기술을 활용할 여지가 더 크다는 것이다. 일단 전화 통화를 하기로 마음먹었다면 그녀를 쉴 새 없이 웃기거나 그녀가 계속 말하게 만들 재주가 있어야 한다. 그럴 재주가 없다면 적어도 그녀가 당신과의 대화에 흥미를 잃지 않도록 다양하고 재미있는 이야기를 미리 준비해야 한다. 만약 "뭐해?", "밥 먹었어?" 하는 말뿐이라면 차라리 전화를 하지 않는 게 낫다. 그녀를 즐겁게 해줄 자신이 없다면 전화는 꿈도 꾸지 마라! 어설프고 지루한 통화는 호감도만 떨어뜨릴 뿐이니까.

또 한 가지, 많은 사람이 간과하는 중요한 요소가 있다. 바로 목소리다. 만약 당신이 듣기 좋은 목소리를 가졌다면 문자보다는 전화를 자주 활용하자. 특히 잠자기 전이 좋다. 잠들기 전 멋진 목소리로 노래를 불러준다면 얼마나 낭만적이겠는가. 다음은 전화 통화에서 쓸 수 있는 대화 기술이다.

남 : 지금 TV 보고 있어?

여 : 아니, 왜?

남 : 얼른 뉴스 좀 틀어봐. 미국 백악관이 폭격 당했어! 건물은 완전히 무너지고 워싱턴도 봉쇄됐대. 사망자가 열아홉 명에 부상자가 서른두 명, 실종자 열한 명······.

여 : 진짜야?

남 : ······ 거기에 속은 사람 한 명!

이런 대화는 그녀에게 재미있는 사람이라는 인상을 줄 수 있기 때문에 기억해둘 만하다.

적절한 통화 타이밍

첫 만남 이후 문자를 보냈는데 상대방이 매우 적극적이고 긍정적으로 응답한다면 곧장 전화를 해도 된다. 이런 때는 오히려 통화가 감정을 상승시키는 데 도움이 된다.

낮에 주로 문자나 모바일 메신저로만 연락한다면 자기 전에는 반드시 전화로 밤 인사를 해야 한다. 만약 두 사람의 관계가 상당히 친밀해졌다면 아침 인사도 거르지 말자. 하루의 시작과 끝을 함께한다는 것은 생각보다 로맨틱한 일이다.

마지막으로 적절한 타이밍에 전화를 끊자. 더 이상 할 말이 없어질 때까지 통화를 질질 끄는 것은 금물이다. 한창 대화가 재미있을 때 마무리해야 상대에게 다음 통화에 대한 기대감을 줄 수 있다. 거기에 상대로 하여금 당신을 더욱 알고 싶다는 궁금증과 신비감까지 느끼게 할 수 있다.

공개된 댓글 열 개보다 사적인 대화 한 줄이
더 의미 있다

많은 사람이 범하는 오류 중 하나! 바로 SNS에 댓글 달기다. 물론 의미 있고 시의적절한 댓글은 친밀도 상승에 도움이 된다. 문제가 되는 것은 두 사람이 서로 아는 사이라는 사실을 동네방네 소문내겠다고 작정한 사람처럼 그녀가 게시물을 올리는 족족 댓글을 다는 행위다. 심지어 그나마도 웃는 표정의 이모티콘이나 'ㅋㅋㅋ'으로 점철되어 있으면서 그녀가 답이 없는 것을 이상하게 여긴다. 웃는 이모티콘 하나 달랑 써놓고 대체 무슨 답을 기대한단 말인가?

내 친구 중 친구 사귀기 어플로 여자를 만나는 녀석이 있다. 일단 프로필을 보고 마음에 들면 말을 걸어 인사부터 하는데, 상대 여자는 대개 좋든 싫든 응답을 해주는 편이다. 그러면 곧장 자기소개를 시작으로 이름부터 하는 일, 직장까지 쭉 읊는다. 그러고는 상대에게도 이름, 직업, 좋아하는 음식 등을 묻는다.

한번은 친구가 요새 '썸' 타는 여자라며 둘이 나눈 대화를 내게 보여줬는데, 나는 단번에 가망이 없다고 잘라 말했다. 근거는 다음과 같았다. 첫째, 그녀가 한 줄을 보내면 그는 최소한 세 줄 이상으로 답했다. 둘째, 그는 그녀와 알게 된 날부터 일주일 동안 그녀가 올린 모든 게시물에 댓글을 달았는데, 전부 뭐라고 답하기 애매한 것들이었다. '이 치마 정말 예쁘다(웃는 표정)', '나 너 봤는데(억울한 표정)' 하는 식으로 말이다. '썸녀'의 SNS에 댓글을 달면서 왜 이런 표정을 짓는 것일까? 이러니 그녀가 답을 할 마음이 들겠는가?

물론 안 지 얼마 안 됐을 때는 자주 연락할 필요가 있다. 하지만 누구나 볼 수 있는 SNS 댓글보다는 좀 더 사적인 수단, 즉 문자나 모바일 메신저를 사용해야 한다. 만약 그녀가 SNS에 분위기 좋은 레스토랑에 다녀왔다고 글을 올리면 댓글을 다는 대신 메시지를 보내자. '어제 갔던 레스토랑, 음식은 어땠어? 분위기가 마음에 들어서 한번 가보려고 하는데'라는 식으로 말이다. 그럼 90퍼센트 이상이 답을 보내올 것이다. 적어도 대답할 수 있는 질문을 보냈으니 반감을 살 일도 없다. 그녀가 대답한다는 가정 아래 가상 대화를 이어가보자.

여 : 응, 괜찮았어.
남 : 좋았다는 거야, 나빴다는 거야? 그저 그랬다면 안 가려고.
여 : 그냥 보통이었어.

79

남 : 분위기 좋은 레스토랑들이 맛은 그저 그런 경우가 많더라. 언제 시간 나면 나랑 밥 먹으러 가자. 분위기도 괜찮은데 음식이 진짜 맛있는 곳을 알거든. 분위기와 음식, 두 마리 토끼를 모두 잡은 보기 드문 맛집이야.

상대의 SNS 게시물에 전부 댓글을 다는 것이 관심의 표현이라고 생각해서 정성을 들이는 사람이 많다. 하지만 딱히 뭐라 대답할 말도 없는 댓글 폭탄은 상대에게 테러일 뿐이다. 실제로 한 여성은 내게 자신의 SNS마나 훑고 다니면서 스토커처럼 댓글을 다는 남자 때문에 짜증이 난다고 하소연했다. 오죽하면 그녀의 친구들까지도 어쩌다 저런 사람과 얽혔냐며 혀를 찼다고 한다.

물론 아예 댓글을 달지 말라는 것은 아니지만 댓글은 가끔 한두 개 달면 족하다. 상대와 친해지고 싶다면 댓글보다는 사적인 메시지를 활용하자.

관심 상대의 SNS 게시물에 다는
댓글 폭탄은 상대에게 테러일 뿐이다.

여자 심리

남자 생각

CHAPTER 3

첫 데이트 성공을 위한

필승전략

상대가 거절할 수 없는 데이트 신청

데이트와 관련해서 자주 듣게 되는 고민을 정리하면 대략 다음과 같다.

- 정말 마음에 드는 여자를 만났는데 어떻게 데이트를 신청해야 할지 모르겠어요.
- 그녀와 나는 늘 여러 친구와 함께 만나요. 둘이서 따로 만나고 싶은데 어떻게 해야 할까요?
- 나를 좋아하는 것 같은 여자애가 있는데, 데이트를 통해 확인할 방법 없을까요?

여기, 이 모든 고민을 한 방에 해결할 방법을 제시한다. 그동안 수많은 사람의 고민을 해결해온 나이니 믿어도 좋다. 다들 자기 문제가 제일 심각하다고 말했으나 내가 볼 때 진짜 문제의 핵심은 단 하나다. 바로 여자를 이해하지 못한다는 것!

능동적 데이트 신청

데이트 신청은 자신감 있게, 능동적으로 해야 한다. 두 사람 사이에 이미 좋은 감정이 형성됐다면 사실 어려운 점이 없다. 그러나 아직 그 정도로 관계가 형성되지 않았다면 데이트를 신청할 때 상대가 도무지 거절할 수 없는 이유를 대야 한다.

남 : 오늘 저녁에 같이 밥 먹자.

여 : 나 좀 피곤한데…….

남 : 내가 차로 모실게. 잘생긴 오빠의 에스코트는 덤이다. 어차피 밥은 먹어야 하잖아. 가자!

때때로 여자는 당신이 싫어서가 아니라 데이트를 신청하는 태도가 충분히 간절하지 않아서 거절하는 경우도 있다. 다음의 예를 보자.

남 : 자주 같이 노는 애들이 있는데 너도 오라고 하더라.

여 : 걔들이 누군데?

남 : 뭐, 다 내 친구들이야.

여 : 그럼 안 갈래.

남 : 그러지 말고 와라, 진심으로 와달라고 하는 거야. 물론 네가 안 와도
　　우리는 재미있게 놀겠지만······.

당신이 여자라면 이런 초대에 응하고 싶겠는가? 만약 대화를 이렇게
바꿔보면 어떨까?

남 : 자주 같이 노는 애들이 있는데 너도 오라고 하더라.

여 : 걔들이 누군데?

남 : 뭐, 다 내 친구들이야.

여 : 그럼 안 갈래.

남 : 그러지 말고 와주라. 다들 커플로 오는데 나만 혼자란 말이야. 응?

여 : 아, 그런 거야?

남 : 응. 내 옆에 있어줘. 너 안 가면 나도 안 갈래.

　남자의 지인들이 모이는 자리에 나갈 때 여자가 가장 두려워하는 일
은 소외당하는 것이다. 그렇기 때문에 무엇보다도 먼저 자신이 늘 곁에
있을 것이며 즐거운 시간이 되리라는 점을 강조함으로써 이런 걱정을
해소해줘야 한다. 일단 걱정이 사라지면 상대는 자연스레 당신의 요청
을 받아들이게 되어 있다.
　또 한 가지, 어떠한 상황에서든 당신과 상대는 동등하다는 점을 기억
해야 한다. 먼저 데이트를 신청한다고 해서 당신이 상대보다 못한 위치

에 있는 것은 절대 아니다. 물론 진심과 간절함이 있어야 하지만 그렇다고 비굴할 정도로 저자세를 취하며 상대를 높여줄 필요는 없다. 게다가 지나친 저자세는 오히려 상대의 흥미를 떨어뜨린다. 실제로 내 수강생 중에 거의 구걸하다시피 데이트 신청을 한 사람이 있었다. 그 과정이 얼마나 지질했는지는 여기에서 밝히지 않겠다. 어쨌든 결국 상대 여성으로부터 알았다는 대답을 받아내긴 했는데, 단 조건이 있었다. 내일 비가 내리면 만나주겠다는 것이었다. 다음 날, 그는 하루 종일 비만 기다렸다. 하지만 비는 밤 열 시가 넘어서야 겨우 내리기 시작했다. 그는 기쁜 마음으로 그녀에게 전화를 걸어서 만나자고 했다. 그러자 그녀는 어이없다는 듯 대답했다.

"무슨 소리니, 벌써 밤 열 시인데. 난 막 자려던 참이었어!"

왜 저자세를 취하지 말라는지 알겠는가? 입장을 바꿔보면 금방 이해된다. 누군가가 밥 한 끼 같이 먹자며 비굴할 정도로 매달리는 모습을 상상해보자. 함께하고 싶은 생각이 오히려 사라지지 않겠는가?

'듣자 하니' 데이트 신청법

이 데이트 신청법은 내가 고안한 것이 아니라 친구가 알려준 것이다. 듣자마자 매우 기발하다고 생각해서 18세부터 27세까지의 여성을 대상으로 실험해봤는데, 대부분 매우 호의적인 반응을 보였다. 단, 클럽이나 술집에 가본 적이 없는 여성은 제외된다.

"듣자 하니 너 오늘 저녁에 홍대에서 한잔할 거라며?"

(내용은 어떤 것이든 상대의 호기심을 자극할 수 있으면 된다)

"뭐라고? 아닌데. 누가 그래?"

(99퍼센트는 아마 이런 반응일 것이다. 왜냐하면 그녀 자신도 전혀 모르는 일이니까)

"애들이 다 그러던데?"

"아니, 어떻게 나도 모르는 일을 다른 사람이 안대?"

"다들 그러더라. 네가 오늘 저녁에 ○○(자신의 이름)랑 홍대에서 한잔할 거라고."

(재치 있게 접근해서 간접적으로 데이트 신청을 한다)

"하하, 너 지금 나한테 데이트 신청한 거야? 그래, 그래서 우리가 몇 시에 만난다고 하디?"

(상대가 데이트 신청을 받아들이고 더 나아가 약속을 구체적으로 잡고 있다)

"아홉 시라고 하는 것 같던데. 네가 엄청 섹시하게 입고 나올 거라고 하더라."

('듣자 하니' 화법을 사용해서 끝까지 유머러스함을 유지한다)

"하하하, 알았어. 저녁에 봐!"

모바일 메신저 데이트 신청법

요즘에는 모바일 메신저를 이용해 연락을 주고받는 일이 일상적이다. 물론 '썸'도 모바일 메신저를 타고 이뤄진다. 하지만 즐겁게 대화를 잘 나누다가도 막상 데이트를 신청하려고 하면 손가락이 떨어지질 않는다는 사람이 많다. 자칫 잘못 운을 뗐다가 아예 연락조차 하지 못하게 될까 봐

겁이 난다는 것이다. 만약 당신도 그런 처지라면 다음의 데이트 신청법을 써보자. 단, 상대가 27세 이상의 커리어우먼이라면 시도하지 않는 게 좋다. 왜냐하면 성숙한 여성에게는 이 방법이 유치하게 느껴질 뿐만 아니라 이런 식으로 접근하는 당신조차 철없는 사람으로 보일 수 있기 때문이다.

남 : 너 어제 몇 시에 잤어? 새벽 3시? 5시?

여 : 나 어제 12시에 잤거든.

남 : 오오! 생각보다 엄청 성실한데?

여 : 여보세요, 내가 언제 불성실한 적은 있고? 내가 얼마나 착한 애인지는 온 동네 사람이 다 아네요.

남 : 그래그래, 착하다. 이리로 온! 칭찬의 의미로 오빠가 맛난 사탕 줄게.

   (데이트 신청을 위해 미리 복선을 깐다)

여 : 뭐야, 사탕 껍질 그림자도 안 보이는데. 못 믿겠어!

남 : 바보야, 우리 둘이 멀리 떨어져 있는데 당연히 안 보이지. 다음에 만나면 꼭 줄게.

   (간접적으로 데이트를 신청한다)

여 : 알았어. 약속한 거다.

   (데이트 신청 성공!)

며칠 후, 그녀에게 전화를 걸어서 일상적인 대화를 나누다가 자연스레 사탕 이야기를 꺼낸다.

"오빠는 말이다, 한 번 한 약속은 꼭 지키는 사람이야. 너를 위해 이미 사탕을 준비해뒀지. 나 이번 주에 쉬니까 만나자. 사탕 받아야지."

이렇게 하면 정식 데이트 신청도 성공한 것이다.

상대가 먼저 데이트를 신청하게 만드는 법

대부분의 경우 데이트를 신청하는 쪽은 남자다. 물론 그렇다고 나쁠 것은 없지만 주야장천 데이트를 신청하기만 해서는 관계에 진전을 이룰 수 없다. 때로는 특별한 수를 사용해서 상대의 마음을 엿볼 필요가 있다. 그중 하나! 그녀가 먼저 데이트를 신청하게 만드는 것이다. 이 방법을 통해 그녀가 당신을 진지하게 생각하는지 아니면 자기 편의에 따라 이용하는지를 알 수 있다. 만약 당신과의 관계를 진지하게 생각하지 않는다면 그녀는 분명 당신에게 아무런 투자도 하지 않을 것이다. 그렇다면 어떻게 해야 할까? 여기, 세 가지 방안을 제시한다. 자신에게 맞는 것을 골라 실행해보자.

상황 1

"내일 나 밥 사줘라."

"그래, 알았어."

"그냥 대답하는 거야, 아니면 진심이야?"

(데이트 신청을 할 때 여자가 '알았어, 시간 나면'이라고 대답하며 계속 회피하는 경우가 있다. 이 문장은 그런 경우를 사전에 방지한다는 점에서 중요하다)

"너한테 밥 한 번 사는 게 뭐 그리 어렵겠어. 산다니까."

"시간하고 장소는?"

(세부 사항을 정함으로써 상황을 더욱 구체적이고 현실적으로 만든다)

"일곱 시, 명동에서 봐."

"좋아. 그럼 그때 보자!"

상황 2

"내일 나 밥 사줘라."

"왜?"

"왜가 어디 있어? 그냥 사줄 수도 있는 거지. 앗, 설마 인색하게 굴 셈이야?"

(일반적으로 여자는 어떤 일에서든 합리적이고 타당한 이유를 찾는다. 남자에게 밥을 사는 일도 그렇다. 이런 경우, '인색하게 굴 셈이냐'라는 말은 당신의 성공 가능성을 높여준다. 보통 여자는 자신이 인색하고 쩨쩨한 사람으로 보이는 것을 가장 싫어하기 때문이다)

"내가 그런 사람으로 보이니? 밥 사준다, 사줘."

"진짜 그러고 싶은 거야, 아님 마지못해 대답하는 거야?"

"진짜로 사줄게. 뭐 어려울 게 있다고."

"시간하고 장소는?"

"일곱 시, 강남에서 봐."

"좋아. 그럼 그때 보자!"

상황 3

"그러고 보니 너 나한테 밥 사준 적이 한 번도 없는 것 같다."

진심과 간절함이 있어야 하지만 그렇다고 비굴할 정도로
저자세를 취하며 상대를 높여줄 필요는 없다.

"그랬나? 알았어, 내가 한 번 쏠게. 뭐 먹고 싶어?"

(보통 여자는 이렇게 대답한다)

"요새 다들 주머니 사정도 어려운데 간단하게 먹자. 분식 같은 거 어때?
먹고 나서 영화는 내가 보여줄게."

(물론 여자의 경제 상황이 어렵지 않을 수도 있다. 하지만 이렇게 말하면 상대는 미
안해서라도 당신의 요청을 거절하기가 어려워진다)

미인은 능동적인 남자를 좋아한다

수동적 데이트 신청이란 상대방이 데이트를 신청하도록 계속 신호를
보내는 것이다. 그런데 그 신호를 놓쳐서 능동적으로 데이트 신청을 하
지 못한 사람이 부지기수다. 여자 입장에서는 명백한 사인을 보냈는데,
정작 남자는 사인의 진짜 의미를 깨닫지 못한 채 기회를 놓치니 곁에서
지켜보는 사람이 다 답답할 지경이다. 그녀의 말과 행동에 담긴 의미를
정말 몰랐느냐고 물으면 남자들은 하나같이 고개를 저으며 말한다.

"정말 몰랐어요. 알았다면 당장 기회를 잡았겠지요!"

외모와 인품, 능력까지 갖춘 이른바 '완벽녀'는 이성관계에서 능동적으로 나서는 경우가 드물다. 실제로 미인이라고 하면 왠지 절대 먼저 연락하는 일도 없고 수동적이며 무관심할 것 같은 이미지가 있다.

사실, 그들에게 이런 이미지가 생긴 데는 유교적 가치관의 탓이 크다. 우리는 어려서부터 어른들에게, 혹은 사회 전반적인 분위기로부터 어떤 관념을 주입받는다. 낯선 사람과 이야기하지 말라거나 속지 말라는 식의 관념 말이다. 특히 여자는 늘 삼가며 쓸데없이 나서거나 자신을 드러내지 말고 조신해야 한다고 교육받는다. 또한 자신이 원하는 바가 있어도 그것을 간접적으로 표현해야지, 직접적으로 드러내는 것은 천박하다고 배운다. 이러한 문화는 현대까지 이어져서 서양의 가치관이 유입된 지금에도 무시 못할 힘을 발휘하고 있다.

일부 여성은 과거에 비해 훨씬 개방적이다. 말소리도 크고 낭랑하며, 차림새도 비교적 자유분방하고 노는 것을 좋아한다. 그러나 대부분의 여성, 특히 비교적 교육을 잘 받고 자란 양갓집 규수들은 아직도 전통적인 가치관을 뼛속 깊이 고수하고 있다. 당연한 얘기지만 이런 여성일수록 헌팅에 대한 부정적 인식과 경계심이 강하다. 또한 이성관계에서도 능동적으로 나서지 않는 편이다. 여자는 늘 조심하고 신중해야 한다는 생각에 행동 하나하나 신경을 쓰고 적극적으로 보이기를 꺼린다. 게다가 미인이라면 자기 가치에 대한 자신감까지 더해져서 더욱 수동적으로 변한다. 나 정도 되는 미인을 얻으려면 당연히 남자가 좀 더 능동적으로 나서야 한다고 생각하는 것이다. 모든 미인이 그렇지는 않겠지만 대다

수가 이렇게 생각한다.

그리고 남자의 경우에는 대개 충분히 대담하지 못하거나 체면을 완전히 내려놓지 못해서 데이트 신청에 실패한다. 처음 운을 뗐을 때 상대의 반응이 '기대한 것만큼' 적극적이지 않으면 상대가 자신에게 호감이 없다는 생각에 지레 겁먹고 더 이상 능동적으로 나서질 않는 것이다.

하지만 당신이 미처 알아차리지 못했을 뿐이지, 어쩌면 '완벽녀'는 당신에게 신호를 보내고 있었는지도 모른다. 그렇다면 '완벽녀'의 신호란 어떤 것일까?

먼저 미모까지 갖춘 '완벽녀'라면 자연히 찾는 사람도, 만나자고 하는 사람도 많고 스케줄도 빡빡할 것이다. 비어 있는 시간이 적다는 뜻이다. 그렇다 보니 진짜 흥미를 느끼는 사람이 아니라면 문자나 연락에 일일이 답하거나 대화하지 않는다. 그런데 그런 그녀가 당신이 문자를 보내면 비교적 빠른 시간 내에 답하고, 당신과의 통화에 집중하며 즐거워하는 모습을 보인다면 신호를 보내고 있다고 봐야 한다. 이 정도야 일상적인 연락 아니냐고? 아니다. 그녀의 입장에서는 매우 능동적으로 나선 것이다. 겉으로 보이는 모습과 달리 미인일수록 오히려 전통적인 가치관이나 스스로가 만든 틀에 영향을 받는 경우가 많다는 점을 기억하자.

수동적 데이트 신청 해독하기

앞서 언급했듯이 미인은 주로 수동적 접근과 암시를 이용하며 상대방이 능동적으로 데이트를 신청해주길 바란다. 그렇기 때문에 미인이 보내는 데이트 신청의 암시를 잘 찾고 해석하는 것이 중요하다.

이번 장에서는 실제 대화와 그것을 해석한 내용을 살펴보고 여성들이 어떤 식으로 암시를 보내는지 알아보자. 이런 부분을 미리 알고 준비하는 것은 매우 중요하다. 왜냐하면 한 번 놓친 기회는 대개 다시 돌아오지 않기 때문이다. 같은 기회를 여러 번 주는 사람도 있지만 단 한 번으로 끝내는 사람도 있다. 때로는 한 번의 기회를 놓친 것이 일평생 후회로 남기도 한다. 그런 후회를 남기지 않기 위해서 다음의 이야기를 마치 자신이 당사자가 된 것처럼 감정을 이입해 읽어보기 바란다. 그래야만 더 많은 부분을 이해하고 내 것으로 만들 수 있다.

그녀의 이야기

그가 저녁에 만나자고 연락해 왔다. 하지만 당장 바쁜 일이 있었기에 이렇게 답문을 보냈다.

'오늘 저녁은 안 될 것 같아.'

그는 짧게 '알겠다'고 답해 왔다.

저녁 7시쯤 되었을까. 생각보다 일이 빨리 정리된 덕에 여유가 생겼다. 나는 그가 연락했던 것을 떠올리고 전화를 걸었다. 사실, 그와 만나고 싶었다. 그러나 내가 먼저 데이트 신청을 해본 적이 없었기 때문에 막상 전화를 걸어놓고도 직접적으로 만나자고 말하지 못했다. 대신 우리 사이에는 이런 대화가 오갔다.

나 : 지금 어디야? 뭐해?

그 : 집 근처에서 밥 먹고 있어. 넌 어디야?

나 : 나 ○○에 있어.

그 : 밥 먹었어?

나 : 응, 먹었어.

분위기가 무겁게 가라앉았다. 사실, 그 순간에 나는 마음속으로 '응, 밥 먹었어. 지금 시간도 났어. 나한테 시간 있냐고 물어보지 않을래?'라고 중얼거리고 있었다. 그가 다시 한 번 만나자고 청해주기만을 기다리고 있었다. 왜냐하면 내가 먼저 전화를 걸어서 그에게 내가 어디 있는지를 알려줬기 때문이다. 그에게 뭐하냐고 물어본 것도 그가 내게 같은 질문을 해주길 바라서였다. 이 정도면 나로서는 충분히 적극적으로 나선 셈이었다. 하지만 우리 사이에는 침묵만 흐를 뿐이었다. 잠시 후, 그가 말했다.

그 : 좀 있다 어디 가?

나 : 오빠가 자기 친구들 소개해준다고 오라고는 했는데, 글쎄 잘 모르겠어
　　(말은 이렇게 했지만 실제로는 가도 그만, 안 가도 그만이라는 뉘앙스를 담았다).

그 : 그래…… 그럼 가봐. 괜히 나 신경 쓰지 말고…….

나 : 아, 알았어…….

만약 '그'가 '나'의 소극적 데이트 신청 신호를 바르게 읽었다면 두 사람의 대화는 이런 식으로 끝나지 않았을 것이다. 일상생활에서 '완벽녀'가 먼저 데이트 신청을 하는 일은 결코 많지 않다. 그러니 기회가 왔을 때 제대로 해석하고 꽉 붙들어야 한다.

두 번째 이야기를 읽어보자. 위 이야기가 데이트 신청 중에 생긴 오해와

잘못된 해석에 관한 것이라면, 이번 이야기는 매우 모범적인 성공 사례다. 여기서 중점을 두고 봐야 할 부분은 남자가 데이트를 신청한 방식이다.

아래 대화에서 남자는 스키 타러 가자는 말로 운을 뗐다. 하지만 여자는 딱히 가고 싶어 하지 않는 상황이다. 그러나 그는 몇몇 방식을 활용해서 상대가 자연스레 데이트 신청에 응하도록 이끌었다.

일례로 그는 두 사람이 만나야 하는 매우 합리적인 이유를 제시했다. 이는 '완벽녀'에게 데이트를 신청할 때 특히 신경 써야 할 부분이다. 합리적인 이유를 제시하면 상대는 덮어놓고 거절하지 못할뿐더러 더 나아가 당신과의 만남을 자연스러운 일로 여기게 된다. 바로 이 점이 중요하다. 그러니 "우리 어디 가자, 시간 있니? 어떻게 할래?" 하는 식의 무성의한 데이트 신청은 지양하자.

남 : 오늘 저녁에 스키 타러 갈래?

여 : 누구누구 가는데?

남 : 여럿한테 연락해봤는데 다들 바쁘다네.

여 : 그럼 나도 바쁘다고 해야지.

　　(다들 바쁘다고 했는데 그녀 혼자 시간이 있다고 할 수는 없지 않은가)

남 : 그러지 말고 같이 가자. 가는 길 오는 길 내가 다 차로 모실게. 그 김에 그 프로젝트 얘기도 좀 하고!

　　(여기서 주목할 것은 데이트 신청을 하면서 합리적인 이유를 제시한 점이다. 이렇게 하면 '내가 왜 이 사람과 만나야 하는가'라는 상대의 의문을 매우 효과적으로 해소할 수 있다)

여 : 나 오늘 여섯 시나 되어야 끝날 텐데.

남 : 알았어, 그럼 여섯 시에 데리러 갈게. 어디로 가면 돼? 회사? 집?

여 : 뭘 그렇게 서둘러? 내가 다 정신이 없네.

　　(사실 그녀는 아직 마음의 결정을 내리지 못했다)

남 : 여섯 시까지 집 앞으로 갈게.

　　(이날은 금요일이었다)

여 : 글쎄…… 일단 내가 일 끝나고 다시 연락할게.

보통 이런 반응이 나오면 대개는 포기하게 마련이다. 다시 연락하겠다는 말은 일반적으로 긍정보다는 부정의 의미가 더 강하기 때문이다. 그래서 확실히 거절당할 것이 두려워서, 혹은 상황이 껄끄러워지는 것을 피하기 위해 지레 물러서는 경우가 많다. 그러나 그는 물러서지 않았다. 오히려 상대가 함께 갈 것으로 가정하고, 그 가정을 사실로 만들었다.

5시 50분 경, 그녀의 스마트폰에 문자 한 통이 도착했다. 그였다.

'나 도착했어. 너희 집 앞이야. 어디야?'

상대가 확답을 하지 않았는데도 그가 이렇게 할 수 있었던 까닭은 두 가지다. 첫째, 함께 어디를 가자고 미리 말해둔 상태였기 때문이다. 둘째, 그녀가 확실히 거절하지 않았기 때문이다. 게다가 그는 대화 중에 합리적인 이유도 제시했다. 차로 데리러 가겠다고 한 것이나 긴히 할 이야기가 있다고 한 것이 바로 이에 해당한다. 이 모든 요소가 합쳐져서 그가 이 순간 그녀의 집 앞에서 기다리고 있어도 전혀 이상하지 않은 상황이 만들어진 것이다. 만약 이런 요소들이 없었다면 그의 행동은 충동적이고 무모하게 보였을 가능성이 높다.

　거듭 강조하지만 데이트 신청을 할 때는 상대가 고개를 끄덕일 만한 합리적인 이유를 제공해야 한다. 그래야만 다소 저돌적으로 나가도 상대가 받아들일 여지가 생긴다. 또한 위 이야기 속 남자의 마지막 행동처럼 충분히 기초를 다진 후에 과감하게 행동하는 것은 오히려 남자다움을 보여줌으로써 가점 요인이 될 수 있다.

　이제 수동적 데이트 신청에 대해서는 어느 정도 이해했으리라 믿는다. 물론 실제 생활에서는 능동적으로 데이트 신청을 하거나 이를 위한 복선을 깔아야 하는 경우가 훨씬 많다. 만약 자신의 상황이 여기 소개된 사례와 비슷하지만 전혀 다른 결과를 맞이했다면 다음 장을 유심히 읽어보기 바란다.

데이트 복선 깔기,
첫 번째 만남을 두 번째 만남으로 이어가려면

　'데이트 복선 깔기'란 상대와 만나는 중에 다음번 만남을 위한 구실을 미리 마련해두는 것을 말한다. 이렇게 하면 길고 어려운 탐색 과정을 거치지 않고 곧장 전화해서 다음 데이트를 잡을 수 있다. 물론 먼 첫번 만남에서 상대의 호감을 얻을 만큼 즐겁게 대화를 이끌지 못했다면 '데이트 복선 깔기' 역시 그저 시도로 끝날 공산이 크다.

규모가 큰 모임에 가면 아는 사람과 모르는 사람이 있게 마련이다. 그러면 대부분은 아는 사람 주변만 맴돌며 그들과 어울린다. 하지만 이래서는 새로운 친구나 인연을 만나기 어렵다. 다행히 나의 학생인 A는 용기 있게 틀을 깨고 나서서 새로운 인연을 만드는 데 성공했다.

어느 날, 그는 친구들과 함께 어느 모임에 참석했다. 그곳에서 그는 마음에 드는 여성을 발견했는데, 친구들 중에도 그 아가씨를 아는 사람이 없었다. 그는 용기를 내어 먼저 그녀 옆에 앉아서 함께 술을 마시며 가볍게 대화를 나누기 시작했다.

그 : 평소 즐기는 음식이 있어요?

그녀 : 음식은 별로 가리지 않아요. 보통 그때그때 친구가 먹자는 대로 먹는 편이에요.

그 : 아, 그럼 일본 요리는 어때요?

그녀 : 엄청 좋아하죠.

그 : 제가 일본식 철판 요리를 정말 특색 있게 잘하는 가게를 알거든요. ○○로 입구에 있는 은행 옆 계단으로 내려가면 보이는데, 처음 가본 사람은 잘 못 찾아요. 가게 간판도 없고 심지어 문에 손잡이도 없거든요. 그럼 여기를 어떻게 들어가느냐? 돌로 된 문 왼편을 보면 석판 두 개가 세워져 있고 가운데 붉은 빛다발이 보여요. 그 빛다발 속에 손을

넣고 스윽 흔들면 돌문이 열린답니다. 저도 처음 갔을 때 그걸 몰라서 바보 같이 돌문을 두드렸지 뭐예요. 마침 위에서 내려온 사람이 그 모습을 보고 민망한 듯 웃으면서 문을 열어주는데, 정말 쥐구멍에라도 들어가고 싶더라고요. 가게 안은 전부 개방형 룸으로 되어 있는데 룸이 딱 아홉 개밖에 없어요. 그래서 예약하기도 힘들죠. 저도 잘 아는 일본인 친구의 도움으로 음식을 맛볼 수 있었어요. 음식은 전부 정갈하고 맛있는데, 특히 오리 간과 소갈비가 굉장히 맛있더라고요. 오리 간은 기름에 부친 후에 빵과 키위 조각을 곁들여서 내오는데, 전혀 느끼하지 않고 오히려 상큼해요. 더 굉장한 건 뭔지 아세요? 그렇게 멋진 분위기에 맛있는 음식, 서비스까지 훌륭한 데다 가격까지 착하다는 거예요. 한 번 다녀온 뒤로 완전 단골이 됐다니까요.

그녀 : 그렇게 좋은 곳이 있다니 꼭 가보고 싶네요. 저도 그쪽 덕을 좀 볼 수 있을까요?

그 : 물론이죠! 전화번호가 어떻게 돼요? 제가 예약하고 연락드릴게요.

위의 대화를 통해 그는 두 가지를 성공했다. 첫째, 그녀의 전화번호를 얻었다. 둘째, 다음 만남을 위한 복선을 깔았다. 전혀 어색함 없이 다음 번에 만날 구실을 만들어낸 것이다. 복선 깔기에 성공하고 나면 다음 만남 전까지 자연스레 연락을 지속하게 된다. 이렇게 하면 서로 어느 정도 친근해진 상태에서 두 번째 데이트를 할 수 있다.

데이트할 때는 안경을 벗어라

일단 데이트 약속을 잡았다면 내면뿐만 아니라 외모도 신경 써야 한다. 여자는 상상 이상으로 디테일한 부분을 중요하게 본다. 그래서 당신이 전혀 신경 쓰지 않은 작은 부분으로 인해 당신에게 반하기도 하고, 싫어지기도 한다. 실제로 내 친구 중 하나는 상대 남자의 눈부시도록 하얀 양말을 보는 순간 주체할 수 없는 사랑에 빠졌다고 고백했다. 그게 무슨 말도 안 되는 소리냐고 할지 모르지만 여자라는 존재가 원래 좀 그렇다.

물론 반대의 경우도 있다. 한 여학생은 내 수업을 듣고 난 뒤 용기를 내어 한 남자와 데이트를 했는데, 5분 만에 자리를 박차고 나왔다고 했다. 이유를 물었더니 그녀는 잠시 망설이다가 대답했다.

"사실, 조건을 보면 괜찮은 상대였어요. 그런데 웃을 때마다 보이는 이가 어찌나 누렇던지⋯⋯. 보기 싫을 정도더라고요. 어떻게든 참고 만나 볼까 싶기도 했지만, 그와 키스하는 상상을 하니 속이 다 울렁거리는 거 있죠? 그래서 결국 나와버렸어요."

이만큼 디테일이 중요하다.

헤어스타일

미리 미용실에 가서 자신에게 어울리는 스타일로 꾸민다. 꼭 값비싼 고급 미용실에 갈 필요는 없다. 비싼 돈을 주고 머리를 했다고 해서 반드시 당신에게 어울린다는 법은 없으니까. 또한 꼭 유행하는 헤어스타일을 따르지 않아도 된다. 게다가 직장이 보수적이라면 더더욱 첨단 헤어스타일을 고수하기란 어렵다. 가장 중요한 점은 자신에게 어울리는 스타일을 하는 것이다. 만약 당신의 얼굴형이 둥글거나 네모지다면 양쪽 머리카락을 짧게 치고 윗부분을 약간 길게 남겨놓는 '투 블록' 스타일을 추천한다. 머리카락이 가늘어서 두피에 착 달라붙거나 머리숱이 적은 경우, 혹은 약간의 탈모가 진행 중인 경우라면 정수리 부분에 살짝 컬을 넣어달라고 하자. 머리를 감고 말리기만 해도 드라이를 한 듯한 효과를 얻을 수 있다. 핵심은 자신에게 어울리는 헤어스타일로 하는 것이다.

피부

피부는 헤어스타일과 달리 하루 만에 개선할 수 없고 어느 정도 시간을 투자해야 효과를 볼 수 있다. 그러니 당장 오늘 저녁부터 피부관리를 시작하자. 먼저 세안에는 클렌징 제품이나 세안 전용 비누를 사용한다. 물기를 닦을 때도 거칠게 박박 문질러 닦는 것은 금물이다. 세안 후에는 토너를 바르고, 스물다섯 살 이상이라면 아이크림과 에센스도 꼭 챙겨 바른 뒤 로션으로 마무리한다. 이처럼 여자뿐만 아니라 남자도 기초 화장품을 꼼꼼하게 챙겨 바를 필요가 있다. 갓 서른이 넘은 나이에 눈가에 자글자글한

잔주름을 얻고 싶지 않다면 더더욱 지금부터 피부관리에 신경 써야 한다.

만약 아직도 여드름이 나서 고민이라면 티트리 오일을 사서 밤마다 세안 후 여드름 부위에 바르자. 낮에는 쓰지 않도록 한다. 낮에는 컨실러로 여드름을 살짝 가린다. 당신도 여드름이 가득 난 여자를 보며 예쁘다고 생각한 적은 없을 것이다. 그게 인지상정이다.

피부가 까무잡잡한 편이라면 마사지 팩을 사용하길 권한다. 즉각적인 화이트닝 효과를 볼 수 있기 때문이다. 또한 하얗게 뜨지 않는 선크림을 사서 매일 바르자. 일부러 까만 피부를 만들려는 것이 아닌 이상, 외출 시 선크림은 필수다.

입술

매일 립밤을 바른다. 대개 남자들은 입술관리에 소홀해서 틀 때까지 방치하는 경우가 많다. 하지만 생각해보자. 마르다 못해 하얗게 껍질이 일어난 입술을 보고 과연 키스하고 싶은 마음이 들겠는가? 립밤은 주로 밤에 자기 전에 듬뿍 바르고, 낮에는 건조할 때마다 조금씩 발라준다. 여자는 반짝이는 입술로 섹시함을 표현할 수 있지만 남자의 경우에는 자칫하면 느끼하게 보일 수 있기 때문이다.

안경

되도록 쓰지 말자. 여자들이 열광하는 남자 연예인 중 안경을 쓴 사람이 몇이나 되는가? 물론 예외도 있다. 안경을 쓰는 편이 맨얼굴보다 훨씬 나은 사람도 있긴 하다. 실제로 내 학생 중에 맨얼굴은 다소 사나워 보이는데 안경만 쓰면 훈남으로 변하는 친구가 있었다. 또 다른 학생은 안경을 벗으면 왠지 느끼하고 야하게 보였다. 그래서 내 수업을 듣는 모든 남학생 중 딱 그 두 사람만 안경을 쓰도록 허락했었다.

콘택트렌즈를 처음 사용하면 아무래도 불편할 수밖에 없고, 눈 건강도 걱정될 것이다. 하지만 이미 10년 이상 렌즈를 써온 사람으로서 장담하건대 청결하게 관리하기만 한다면 걱정할 이유가 없다.

안경을 벗으라고 하는 이유는 눈을 통해서 많은 감정이 전달되기 때문이다. 당신이 애틋한 감정을 가득 실어 바라보고 있는데 두꺼운 안경알에 가려 그런 애틋함이 전달되지 않는다면 얼마나 안타깝겠는가.

치아

치아 역시 관리의 사각지대에 놓이기 쉬운 부분이다. 특히 남성은 흡연이나 음주 등의 생활 습관으로 치아에 씻을 수 없는 흔적을 남기는 경우가 많다. 초반에 언급한 여학생의 사례를 다시 돌아보자. 그녀는 상대의 누런 이를 보고 만남을 포기했다. 이처럼 치아가 주는 인상도 무시할 수 없으니 신경 써서 관리하자. 하루 세 번 양치질은 기본이고, 3개월에 한 번 정도 스케일링을 받는 게 좋다. 만약 이가 누렇게 변했다면 한시라도 빨리 치과를 방문해서 전문적인 관리를 받도록 한다.

치열이 고르지 못하다면 치아 교정을 추천한다. 치아가 삐뚤빼뚤하면 아무리 차림새가 깔끔해도 정돈되지 못한 느낌을 준다. 특히 여자들은 남자가 치열이 고르지 못하면 왠지 지저분하다는 느낌을 받는다. 물론 비용도 많이 들고 교정기를 단 모습도 보기 좋지는 않지만 미래의 더 좋은 만남을 위한 투자라고 생각하자.

손톱

더러운 손톱과 발톱은 그야말로 치명적이다. 여자는 누구나 남자의 손에 대한 환상이 있다. 특히 길고 섬세하며 깔끔한 모양새의 손가락을 보면 저도 모르게 그 손가락이 자신을 어루만지는 상상을 하기도 한다. 그런 그녀에게 제대로 자르지 않은 손톱에다 심지어 지저분하게 때까지 껴 있는 손을 보인다면? 그녀는 십중팔구 소리 없는 비명을 지르며 도망 갈 것이다!

발톱

가장 좋은 방법은 발가락이 보이는 신발을 신지 않는 것이다. 남자들은 대개 발톱관리를 하지 않는 데다 태생적으로 발톱이 예쁘게 생긴 사람도 드물다. 굳이 발가락을 드러내야겠다면 꼭 깨끗하게 씻고 발톱도 깔끔히 정리하자.

내 친구 중 하나는 발톱과 관련해서 불쾌한 경험을 한 적이 있다. 얼마 전, 그녀는 이미 데이트도 여러 번 했고 서로 감정도 통한다고 생각하던 남자의 집에 초대되어 갔다. 한창 이야기를 나누다가 무심코 남자의 발을 본 순간 그녀는 깜짝 놀랐다. 발톱이 너무 길고 더러웠던 것이다. 결국 얼마 있지 못하고 그의 집을 나와버렸다.

목욕

위에 나열한 사항들을 모두 완수했다면 마지막으로 데이트 전에 목욕재계를 하자. 혹시라도 비듬이 있지는 않은지, 팔꿈치나 귀 뒤쪽이 더럽지는 않은지 꼼꼼히 살피며 구석구석 잘 씻는 것이다. 그러고는 최종적으로 마사지 팩을 해서 피부의 결을 정돈한다.

옷차림

옷은 상대의 성향에 맞춰 고른다. 데이트할 여성이 귀여운 타입인지, 학생인지, 아니면 세련된 직장인인지에 따라 어울리는 옷차림도 달라져야 한다. 무엇보다 중요한 것은 그녀와 나란히 섰을 때 어울리는 한 쌍으로 보여야 한다는 점이다.

세련된 미인과 만날 때는 유행하는 아이템을 최소 두 가지 이상은 구비하는 것이 좋고, 액세서리 등 디테일에도 신경을 쓴다. 세련된 팔찌 정도가 적당하다. 어떻게 입을지 도무지 모르겠다면 깔끔한 셔츠에 슬랙스를 입자. 상의는 바지 안으로 넣고 벨트를 하면 예쁘다. 상대가 학생이라 길거리에 서서 분식을 먹어야 하는 상황만 아니라면 이 패션은 언제 어디서든 통한다.

학생과 만날 때는 너무 나이 들어 보이게 입는 것은 금물이다. 그녀의 아빠처럼 보여서야 되겠는가!

향수

은은한 향이 풍길 정도로 뿌리는 게 좋다. 향수 가게에 들어선 듯한 착각이 들 만큼 진하게 뿌리는 것은 절대 금물이다. 사람은 누구나 자기 고유의 체취가 있는데, 향수는 자신의 체취와 어우러지며 좋은 향기를 내는 것으로 골라야 한다. 제일 좋은 방법은 전날 자기 전에 입을 옷에 향수를 뿌려놓는 것이다. 그러면 은은한 향기만 남아서 마치 그것이 자신의 체취인 것처럼 느껴지게 할 수 있다.

외적인 준비가 끝났다면 이제 내실을 준비할 때다. 잠들기 전, 상대가 하는 일이나 관심 분야에 대해 알아본다. 그래야 이야깃거리가 풍부해지고, 상대가 하는 말을 이해하지 못해서 멍해지는 사태를 막을 수 있다. 또는 데이트에서 흔히 나눌 법한 화제나 대화가 끊겼을 때의 대처법 등을 미리 숙지한다.

또 한 가지, 다음 날 데이트 코스는 미리 준비한다. 데이트하자고 해서 만났는데 "어디 가고 싶냐?"는 질문을 한다면? 이는 여자가 가장 싫어하는 상황이다. 특히 데이트를 시작한 지 얼마 안 됐다면 남자가 능동적으로 데이트 코스를 짜는 것이 좋다. 구체적인 방법은 이후의 데이트 설계에서 다루도록 하겠다.

데이트와 향수의 상관관계

자기를 꾸미는 일에 성별의 장벽이 많이 무너진 요즘이라지만 아직도 여전히 남자가 향수를 뿌리는 것을 남자답지 못하다고 생각하는 사람이 있다. 사실, 다음의 몇 가지만 주의한다면 남자에게도 향수는 매력을 한층 배가시키는 멋진 아이템이 될 수 있다.

첫째, 향수는 절대 향이 강한 것을 고르지 않는다.

지나치게 향이 강하면 '여성적'으로 보일 수 있기 때문이다. 서양인은 체취가 강해서 향수도 향이 짙은 것을 선호한다. 그래서 유럽과 미국에서 생산된 일부 향수는 향이 센 편이다. 하지만 동양인은 체취가 그리 강하지 않기 때문에 옅은 향을 골라도 무방하다. 향수를 고를 때는 상큼한 레몬향이 나는 시트러스 계열이나 따뜻한 나무 냄새가 나는 우디 계열, 금방 샤워한 듯한 비누향이 나는 것을 선택하는 편이 좋다. 이런 종류야말로 여자가 남자에게서 바라는 향기이기 때문이다. 남자에게서 이런 향기가 풍기면 여자는 그를 매우 깔끔한 사람이라고 느낀다. 심지어 향수를 뿌린 줄도 모르고 갓 세탁한 옷에서 나는 신선한 냄새라고 착각하기도 한다. 하지만 실제 비누향이나 갓 세탁한 옷에서 나는 향은 오래가지 않으니, 향수의 도움을 받도록 하자.

둘째, 여자들이 땀 냄새를 좋아한다는 생각은 엄청난 착각이다.

예전에 한 남성 팔로워와 이 문제로 논쟁을 벌인 적도 있었다. 결과적으로는 다른 여성 팔로워가 나서서 '그럼 당신은 땀 구린내 나는 여자가 좋으냐'는 말로 그의 입을 다물게 만들었다. 남자들이 여자에 대해 얼마나 많이 착각하고 있는지를 단편적으로 보여주는 예였다. 물론 실제 생활에서는 당신의 몸에서 풍기는 땀 냄새가 좋다는 여자도 있을 수 있다. 하지만 이는 그녀가 당신에게 호감을 나타내는 방식일 뿐이지, 정말 그 냄새가 좋아서 하는 말은 아니다. 때때로 여자는 마음과 다른 말을 하기도 한다는 점을 기억하자.

이러한 점들에 근거해서 나는 여성들에게 다음의 몇 가지 질문을 던졌다. 20세에서 27세의 대학생 및 직장인 여성 50명 이상을 대상으로 했고, 여기 실린 답은 임의로 뽑은 것이다.

• 향수를 뿌리는 남자에 대해 어떻게 생각하는가?

1. 어떤 향수를 쓰는지 봐야 할 것 같아요. 너무 여성적이거나 향이 강하지만 않으면 되지 않을까요?

2. 좋아요. 너무 싸구려 향수만 아니라면!

3. 액취와 향수가 섞여서 나는 냄새가 난다면 정말 견딜 수 없을 것 같아요.

4. 향수 쓰는 남자는 싫어요.

• 남자에게서 방금 샤워한 듯한 냄새나 비누향이 난다면 호감을 느끼겠는가?

1. 완전 페로몬 폭발이죠! 아마 홀랑 빠져버릴 거예요.

2. 비누향 정말 좋아요. 갓 세탁한 옷에서 나는 섬유 유연제 향기도 좋고요. 향수보다 훨씬 나아요.

3. 분명히 호감을 느낄 거예요. 왠지 깨끗해 보이니까요.

4. 호감일 것 같아요. 이미지가 좋잖아요. 하지만 그것도 어느 정도 얼굴이 받쳐줘야지, 너무 못생겼으면 아무리 좋은 냄새가 나도 소용없죠.

5. 호감이요. 이런 남자는 깔끔하고 산뜻한 느낌을 줘요.

6. 호감을 느끼죠. 향기는 상당히 중요해요. 전 기본적으로 어떤 냄새가 나느냐에 따라 호감과 비호감이 갈리더라고요.

7. 좋을 것 같아요. 전 비오템 클렌징폼 같은 향기가 특히 좋더라고요. 정말 산뜻해요.

이상에서 보는 바와 같이 향수에 대해서는 호불호가 갈리지만 방금 씻은 듯한 비누향에 대해서는 모든 여성이 좋아한다는 사실을 확인할 수 있다. 그러니 향수를 고를 때는 풋풋한 비누향이나 섬유 유연제, 보디클렌저 같은 향을 선택하자.

또 한 가지 놀라운 점은 이런 향기가 여성의 마음을 자극해서 상대에 대한 호감까지 불러일으킨다는 것이다. 영화에서 종종 나오는 장면이 있다. 남자가 여자를 집으로 데려와 먼저 샤워를 한 뒤 분위기를 잡으면 그다음 과정이 일사천리로 진행되는데, 이게 아주 허무맹랑한 설정은 아니지 싶다.

따로 향수를 쓰기 싫다면 향이 좋고 오래가는 샴푸나 보디클렌저를 사서 자주 씻도록 하자. 그러면 마치 자기 체취인 양 향이 스미는 효과를 볼 수 있을 것이다.

사람은 누구나 외모 지상주의자다

외모는 매우 중요하다. 좋든 싫든 잔인하리만큼 선명하게 보이기 때문이다. 그러나 한 조사에 따르면 성별에 따라 '외모'에 포함시키는 부분이 다르다고 한다. 즉, 이목구비와 몸매의 단순한 조합이 외모의 전부는 아니라는 것이다. 사람들은 자신이 옳다고 생각하는 것을 남도 옳다고 생각하리라 착각한다. 그래서 이성의 외모에 대한 기준 역시 남자와 여자가 비슷할 것이라고 생각한다. 하지만 실제로는 그렇지 않다. 남자는 여자의 얼굴과 몸매만 보기 때문에 얼굴이 예쁘고 몸매가 좋으면 만족한다. 그러나 여자는 스타일까지 외모에 포함시킨다. 그래서 아무리 잘생기고 몸매가 멋져도 패션 센스가 테러리스트 수준이면 그렇게까지 매력을 느끼지 못한다. 남자도 잘 꾸밀 줄 알아야 하는 이유다.

하지만 바로 이 점 때문에 남자들에게는 희망이 생긴다. 꼭 잘생기거나 키가 크지 않아도 여자의 눈에 '멋진 남자'가 될 수 있다는 희망 말이다.

멋진 남자가 되고 싶다면 먼저 옷장을 점검하자. 언제 샀는지 기억도 나지 않는 낡은 셔츠, 길 가다 손에 잡히는 대로 샀던 청바지, 밑창이 나달나달해진 운동화는 과감히 버리자. 옷을 많이 살 필요는 없다. 자신에게 어울리도록 여러 가지로 매치할 수 있는 기본 아이템만 갖춰도 충분하다. 단, 아무리 마음에 들더라도 매일 같은 옷을 입는 것은 금물이다.

남자들은 흔히 돈만 있으면 여자가 절로 따른다고 생각한다. 그렇다. 여자가 따르기는 한다. 하지만 그런 여자가 좋아하는 것은 돈이지, 사람 자체는 아니다. 당신은 정말로 돈으로 산 사랑을 원하는가? 다음의 조사 결과를 통해 남자에게 돈과 외모 중 어느 것이 더 중요한지 알아보자.

나는 23세에서 28세의 여성 100여 명을 대상으로 경제 능력, 인품, 외모, 재능 등 네 가지 요소를 중요하다고 생각하는 순서대로 나열하게 했다. 그 결과 80퍼센트 이상이 외모, 인품, 경제 능력, 재능의 순서를 택했다. 그 이유를 물었더니 이런 대답이 돌아왔다.

"먹고사는 문제는 굳이 남자에게 기대지 않아도 스스로 해결할 수 있어요. 하지만 외모는 아니죠. 저더러 허영심이 많다고 해도 어쩔 수 없는데, 솔직히 남자 친구가 너무 못생겼다면 같이 못 다닐 것 같아요."

물론 응답에 다소 차이는 있었지만 '때로는 잘생긴 것이 돈 많은 것보다 유용하다'는 것이 공통된 의견이었다.

안타깝지만 이것이 여자의 솔직한 마음이다. 어쩌면 이 조사가 현실적이지 않다고 할 사람이 있을지도 모르겠다. 사실은 돈을 더 좋아하면서 자신이 속물로 보일까 봐 다른 대답을 한 게 아니냐고 말이다. 하지만 생각해보자. 일상생활에서 마주치는 여자 대부분은 보통 여자다. 그리고 보통 여자는 보통 남자를 만난다. 보통 여자가 마크 저커버그 같은 백만장자와 만날 확률은 거의 제로에 가깝고, 보통 남자는 아무리 돈이 많아도 재벌 수준은 아니다. 어차피 재벌을 만나는 것도 아니라면 여자 입장에서는 당연히 외모를 볼 수밖에 없지 않겠는가.

이해를 돕기 위해 구체적인 예를 들어보자. 만약 여자가 남자의 외모에 바라는 점수가 7점인데 당신의 외모가 6점이라면 경제 능력이 8점 이상이어도 그녀는 당신을 거절할 것이다. 이유는 간단하다. 여자에게 남자의 외모란 최소 조건이기 때문이다. 이 조건이 갖춰져야 비로소 경제 능력이나 인품, 재능 등이 눈에 들어온다. 결국 '외모'라는 문턱을 넘지 못하면 다른 조건은 아무리 좋아도 무용지물인 셈이다.

다음은 외모의 변화로 사랑을 쟁취한 실제 사례다. 물론 사례의 주인공은 내 수업을 들은 뒤 외모의 중요성을 깨달았다.

제가 예전에 말이 잘 통하는 동갑내기 여자애가 있다고 했잖아요. 요새 꽤 가까워져서 그저께는 단둘이 밥도 먹었어요. 사실, 선생님의 수업을 들은 후로 그녀와 만날 기회가 있을 때마다 옷차림에 신경을 많이 썼어요. 그제는 더욱 특별히 꾸미고 갔지요. 동료들도 굉장히 멋있고 세련되어 보인다고 칭찬하더라고요. 같이 길을 걸을 때 수업에서 배운 신뢰감 형성법대로 그녀에게 눈을 감으라고 한 뒤 손을 잡고 걷는 놀이를 했어요. 잠시 후 그녀가 눈을 떴지만 바로 손을 놓지 않고, 일부러 몇 초 정도 더 잡고 있었어요. 그랬더니 배시시 웃더군요. 그녀를 집에 바래다주고 돌아오는데 보니까 차에 우산을 두고 내렸더라고요. 우산을 돌려준다는 핑계로 다음 날 또 만나자고 했지요. 그녀는 흔쾌히 알았다고 했어요. 이야기하면서 그녀가 이런 말을 하더군요. 사실, 오늘 부모님이 소개한 맞선남과 만나기로 되어 있었다고요. 그런데 그 남자가 점심때가 넘어서야 연락하기에 그쪽을 무시하고 저를 만난 거라고 하더군요. 예전에는 이런 일이 전혀 없었거든요. 그만큼 꾸미는 게 중요하다는 것을 깨달았답니다.

미국 센트럴플로리다대학교의 연구에 따르면 여성은 유머 감각이 뛰어나고 박학다식하며 친절하고 세심한 남성에게 외모 또한 훌륭하다는 평가를 내린다고 한다. 그러나 역으로 생각하면 남자의 외모가 문턱을 넘었기 때문에 그의 다른 장점들도 빛을 발한 것이라고 볼 수 있다.

그렇다면 여자들은 죄다 절세미남을 바라는 것일까? 물론 절대 그렇지는 않다. 외모에 대한 기준이 어느 정도 채워지면 그다음에는 내면을 훨씬 중요하게 본다. 실제로 내 주변에는 꽤 잘생겼다고 자신해도 좋을 남자가 상당히 많다. 하지만 이상하게도 그들과는 함께하는 것이 즐겁지 않다. 심지어 대화도 어찌나 지루한지 시간이 아까울 정도다. 이유는 단 하나, 그들이 겉모습을 꾸미는 데 치중해서 내실을 다지지 않았기 때문이다. 그들의 관심사는 오직 자신의 잘생긴 외모뿐, 그 외의 분야에 대해선 무지하다고 할 만큼 지식이 얕다.

일례로 얼마 전에 한 사람과 식사를 했는데 대화를 나누던 중 무심코 아랍에미리트에 관한 화제를 꺼냈다. 그러자 그는 멍한 표정을 지으며 내게 "그건 새로 나온 음료냐?"고 묻는 게 아닌가! 나는 그만 할 말을 잃고 말았다. 이처럼 즐거운 대화를 나눌 수 없고 새로운 배움과 놀라움을 줄 만큼 박학하지도 않으며 자기도취에만 빠져 있는 남자는 아무리 잘생겼어도 매력이 없다. 여자는 외모를 중시하지만 그만큼 마음이 통하는 것 또한 중시한다. 사실 말이 쉽지, 정말로 마음이 통하는 상대를 만나기란 어렵다. 친구들이 나와 남편의 관계를 부러워하는 까닭도 우리가 서로 마음이 잘 통하는 한 쌍이기 때문이다.

결론은 이렇다. 여자들은 당신의 외모를 보고 만나볼지 말지를 결정하고, 당신의 내면을 보고 사귈지 말지를 결정한다. 그리고 다소 속물적이긴 하지만, 당신의 경제 능력을 보고 당신과 결혼할지 말지를 결정한다.

데이트 설계,
약점은 감추고 강점은 부각하라

데이트 설계도 제대로 하려면 공부를 해야 한다. 잘 설계된 데이트는 상대를 편안하고 즐겁게 해주며 심지어 자극적인 느낌까지 선사한다. 또한 상대에게 좋은 인상을 남겨서 쉽게 다음번 데이트를 잡을 수 있는 기반이 된다.

데이트 설계의 시작은 장소 선정이다. 장소만 잘 선정해도 자신의 약점을 보완할 수 있다. 예를 들어 말재주가 없는 편이라면 대화를 많이 하지 않아도 재미있게 놀 곳을 데이트 장소로 정한다. 로맨틱과는 거리가 먼 무뚝뚝한 남자라면 분위기가 낭만적인 장소를 선택해서 데이트에 로맨틱함을 더한다. 주머니 사정이 어렵다면? 역시 돈을 많이 쓰지 않고도 즐길 곳을 찾으면 된다. 데이트 자체가 충분히 편안하고 즐거웠다면 돈을 적게 썼다는 이유로 당신을 내칠 여자는 없다.

보통 데이트라고 하면 만나서 밥 먹고, 영화 보고, 차 한 잔 마신 뒤 집에 바래다주는 것이 전부라고 생각한다. 하지만 이런 평범한 데이트로는 당신의 약점을 보완할 수도, 장점을 보여줄 수도 없다. 상대에게 남다른 인상을 남기려면 상투적인 데이트 코스 이상의 무언가가 있어야 한다.

말주변이 없는 사람에게 내가 추천하는 데이트는 '스키 데이트'다. 그 많은 즐길 거리 중 스키를 추천하는 이유는 이것만큼 신체 접촉이 쉬운 운동이 없기 때문이다. 스키를 타다 넘어지면, 특히 초보자는 혼자 일어서기가 쉽지 않다. 보드의 경우는 더하다. 넘어질 때마다 상대를 부축해서 일으켜주다 보면 자연스레 끌어안는 등의 스킨십을 하게 된다. 또한 서로를 의지하여 일어나는 과정에서 거의 입술이 부딪힐 정도로 가까워질 때도 있는데, 이런 경우가 잦아지면 자연히 묘한 분위기가 형성된다.

이러한 긴밀한 신체 접촉은 단순히 밥 먹고 영화 보는 데이트에서는 이루어지기 힘들다. 게다가 말을 많이 할 필요도 없다. 그저 몸짓언어를 통해 묵묵히 그녀를 살피고 돌보고 보호해주면 그만이다. 말만 가지고는 그녀에게 보호받고 있다는 느낌을 줄 수 없다. 어떤 일들은 말로 전하면 그저 사탕발림일 뿐이지만 행동으로 전하면 진짜 남자다움을 보여주는 기회가 된다. 게다가 영웅이 미인을 구할 일이 없는 요즘 같은 태평성대에는 그녀를 보호하는 듬직한 모습을 보여주기 위해 일부러 이런 기회를 만들 필요가 있다.

스키 타기를 데이트의 주요 이벤트로 정했다면 식사는 간단하게 해도 좋다. 경제적 여건이 허락한다면 스키를 다 탄 뒤에 함께 마사지를 받으러 가자. 아마 그녀는 당신의 세심함과 친절함에 크게 감동할 것이다.

만약 자신이 로맨틱과는 거리가 먼 사람이라고 생각한다면 로맨틱에 중점을 둬서 데이트 계획을 세워보자. 그런 의미에서 촛불이 은은하게 빛나는 분위기 좋은 레스토랑은 로맨틱 데이트의 절대 공식이다. 유명하고 인기가 많아서 늘 붐비는 레스토랑보다는 비교적 덜 알려졌더라도 낭만적인 분위기와 맛있는 식사를 여유롭게 즐길 곳을 선택하는 것이 좋다.

식사를 마친 후, 날씨가 좋다면 그녀와 함께 산책을 하자. 공원이나 대학 캠퍼스처럼 푸른 하늘과 연초록 잔디, 곧게 뻗은 나무가 많은 곳이라면 금상첨화다. 커다란 나무 그늘 밑에 앉아 호수 표면에 반짝이는 햇살을 바라보며 학창 시절 이야기를 도란도란 나누는 광경을 상상해보자. 얼마나 낭만적인가! 우리 세대가 어렸을 때 즐겨먹던 간식을 미리 준비해 그녀와 나눠 먹으며 어린 시절의 추억을 속삭이는 것도 상당히 로맨틱한 아이디어다. 이런 식으로 말이다.

나 말이야, 어릴 적에 꽤 짓궂어서 친구들한테 장난을 자주 쳤어. 아마 유치원 다닐 때였을 거야. 한 친구가 둥근 모양의 과자를 먹고 있었는데 하나만 달라고 해도 안 주더라고. 그래서 고민하다가 이렇게 말했어.

"너 초승달 과자 먹어본 적 있어?"

"아니."

"먹어보고 싶지 않아? 초승달이랑 똑같이 생겼는데."

"먹어보고 싶어. 너 그거 있어?"

"그 과자 하나만 주면 내가 초승달 과자 줄게."

그러니까 냉큼 둥근 과자 한 개를 주더라. 나는 그 애를 등진 채 얼른 과자를 한 입 크게 베어 물었어. 과자는 금세 초승달 모양이 되었지. 나는 그걸 다시 그 애에게 주며 말했어.

"자, 봐봐. 진짜로 초승달 모양이지?"

그 애는 신나서 소리쳤어.

"진짜 초승달이다!"

이 이야기를 한 뒤 둥근 과자를 꺼내면서 그녀에게 초승달 과자가 먹고 싶으냐고 물어보자. 그러면 아마 그녀는 저도 모르게 웃고 말 것이다. 어린 시절의 에피소드는 언제나 사랑스럽고 귀엽다. 함께 과자를 먹으며 이런 추억을 공유하는 것만큼 로맨틱한 순간이 또 어디 있겠는가!

데이트 설계에서 중요한 것은 메인이벤트가 명확해야 한다는 점이다. 또한 메인이벤트는 하나면 족하다. 걷다가 지치면 잠시 쉬었다 가는 것처럼 데이트에도 완급 조절이 필요하다. 위에 소개한 두 가지 데이트의 경우 첫 번째는 스키, 두 번째는 레스토랑이 메인이벤트라 할 수 있다.

만약 욕심을 부려서 스키를 탄 후에 낭만적인 레스토랑으로 그녀를 이끈다면 어떨까? 스키를 타느라 피곤하고 배도 고픈 상황에서 오랫동안 음식을 기다려야 한다면? 그녀는 아마 낭만이고 뭐고 다 때려치우고 집에 가서 라면이나 끓여먹고 자고 싶다 생각할지도 모른다.

사람은 누구나 강점과 약점이 있다. 뛰어난 사람은 자신의 약점을 잘 가려서 다른 사람 눈에 강점만 보이게 할 줄 안다. 하지만 보통 사람은 강점도 약점도 전부 남 앞에 보여버린다. 훌륭한 데이트를 하고 싶다면 자신의 약점과 단점을 가릴 수 있는 계획을 세울 줄 알아야 한다. 그러면 자신이 지독한 음치라는 사실을 간과한 채 '썸녀'와 노래방 가는 만행을 저지르는 일은 없을 것이다. 사족이지만 실제 이런 만행을 저지른 내 친구는 바로 다음 날 그녀에게 퇴짜를 맞았다. 하지만 정작 본인은 왜 퇴짜를 맞았는지 아직도 모른다는 게 한없이 안타까울 따름이다.

개인 맞춤형 데이트 설계

데이트 장소를 선택할 때 자신의 특징 외에 또 한 가지 중요하게 고려해야 할 사항이 있다. 바로 '상대 여성이 어떤 사람인가?'이다. 아무리 잘

짜인 데이트 계획이라 해도 모든 여성에게 똑같이 적용할 수는 없다. 왜냐하면 여성마다 바라는 것도, 흥미를 느끼는 포인트도 모두 다르기 때문이다. 그렇기에 상대의 특징과 성향에 맞춰 데이트를 짜야 한다.

성숙한 도시의 커리어우먼

도시에서 직장생활을 하는 여성과 데이트를 할 때는 되도록 교외로 나가길 추천한다. 고층 건물들이 숨 막힐 듯 빽빽하게 서 있는 빌딩 숲을 띠나 진짜 나무와 숲이 있는 곳으로 그녀를 데리고 가는 것이다. 대도시의 커리어우먼은 일상생활에서 받는 스트레스가 매우 크다. 이런 그녀에게 도시의 또 다른 일각을 보여주는 것은 아무런 감흥도 주지 못한다. 게다가 소위 괜찮다는 곳은 그녀도 이미 모두 섭렵한 뒤라 새로운 느낌이 전혀 없을 수 있다. 답답한 도시에서는 그녀의 방어벽도 무너지지 않는다. 그러니 그녀의 마음을 움직이고 싶다면 익숙한 곳을 떠나 새롭고 신선한 환경으로 가보자. 주말을 이용해서 나무와 물을 볼 수 있고 사람은 적은 교외로 떠나보는 것이다. 도시락을 싸가서 푸른 잔디 위에 돗자리를 깔고 피크닉을 즐기는 것도 괜찮다. 나란히 앉아 산들산들 불어오는 바람을 맞으며 이야기를 나누다 보면 그녀의 마음도 금세 편안해지고 활짝 열릴 것이다.

이 방법은 꽤 실용적이다. 실제로 많은 내 친구가 이 데이트 계획으로 성공을 거두었으니, 효과만큼은 장담한다.

풋풋한 대학생

이런 여성과 만날 때는 신선하고 자극이 충만한 데이트를 선사함으로써 당신을 재미있는 사람이라고 느끼게 하는 게 중요하다. 대학에 들어선 새내기라면 누구나 새장을 벗어난 듯한 해방감을 만끽하고 싶어 한다. 그래서 이들에게는 최대한 도시의 자극적이고 신선한 일면을 느끼고 체험할 수 있게 해주는 편이 좋다.

데이트 장소는 분위기가 좋은 곳으로 고른다. 지나치게 고급스러운 곳보다는 캐주얼하면서도 도시의 세련미를 만끽할 수 있는 레스토랑이나 카페가 적당하다. 인터넷으로 이런 곳을 미리 찾아보자.

식사 후에는 반드시 흥미를 자극할 만한 코스가 있어야 한다. 배우의 숨결까지 생생하게 느낄 만한 소극장 연극이나 열기로 가득한 콘서트를 보러 가자. 이색 데이트를 원한다면 카트 체험장을 찾는 것도 고려해볼 만하다.

학생과 데이트를 할 때는 중간에 빈 시간이 나지 않도록 일정을 꽉꽉 채워야 한다. 혹시라도 도중에 "우리 이제 뭐할까?"라는 말이 나왔다면, 내 기준에서 그 데이트는 실패한 것이다.

핵심은 상대의 특성과 상황에 맞춰서 계획을 세우는 것이다. 만약 그녀가 세상물정 모르는 순둥이라면 세상의 화려한 면을 보여줘라. 반대로 세상의 온갖 풍파를 겪은 노련한 여인이라면 편안하게 앉아 쉴 수 있는 커다란 나무 밑으로 그녀를 이끌어라. 그러면 그녀는 당신과의 만남을 통해 잊지 못할 경험을 하게 될 것이다.

love story

데이트에서는 디테일이 성패를 좌우한다.

첫 데이트, 어디서 먹을 것인가?

첫 번째 데이트의 중요성은 아무리 강조해도 부족하다. 첫 데이트에서 좋은 인상을 주면 쉽게 호감을 얻을 수 있지만 잘못하면 그것으로 끝이다. 상대는 절대 당신이 어쩌다 실수했다고 생각하지 않는다. 아니, '원래 그런 사람'이라고 단정하고 더 이상 당신에 대해 알려고도 하지 않을 것이다. 그만큼 첫 데이트는 중요하다.

그렇다면 첫 데이트에서 가장 중요한 것은 무엇일까? 바로 음식점이다. 첫 데이트에서 식당을 잘못 고른다면 당신의 연애는 시작도 하기 전에 끝나버릴 것이다. 물론 모든 부분이 완벽할 수는 없겠지만, 적어도 최악의 실수만은 피해야 하지 않겠는가!

첫 데이트, 어떤 음식점을 골라야 할까?

가장 안전한 선택은 우아한 분위기에서 식사할 수 있는 서양식 레스토랑, 그중에서도 프렌치 레스토랑이다. 만약 주머니 사정이 여의치 않다면 코스 요리 외에 일품 요리가 있는 캐주얼한 레스토랑도 무난하다. 첫 만남에서 음식점이 얼마나 중요한 역할을 하는지 아직도 모르겠다면 다음의 이야기를 읽어보자.

어느 주말, 친분이 있는 한 출판업자가 도움을 청했다. 한 아가씨와 처음으로 같이 식사를 하기로 했는데 남편과 함께 동석해줄 수 없냐는 것이었다. 나는 그동안 연애 문제에서 백전백패를 기록해온 그의 문제점이 무엇인지 파악할 겸 그렇게 하기로 했다. 거기에다 넷이 만나면 단둘이 만나는 것보다 이야깃거리도 훨씬 풍성할 테니, 어쩌면 이번에야말로 그가 인연을 만나도록 도울 수도 있겠다는 기대감이 생겼다.

원래 계획대로라면 내가 선택한 프렌치 레스토랑을 가야 했지만 예약이 되지 않는 바람에 결국 그에게 식당 찾는 일을 맡겼다. 그가 선택한 곳은 나도 예전에 가본 스테이크 전문점이었다. 분위기도 좋고 인테리어도 깔끔해서 괜찮다고 생각했던 곳이라 별 걱정 없이 시간에 맞춰 약속 장소에 나갔다.

그런데 그가 막상 우리를 이끈 곳은 맞은편에 있는 철판구이집이었다. 갑자기 생각이 바뀌었다는 것이다. 그 순간 나는 불길한 예감에 휩싸였다. 철판구이도 그렇고 족발도 그렇고, 모두 연인이 된 이후에나 정말 식사를 목적으로 선택하는 메뉴 아니던가. 아무리 향기롭게 꾸미고 나와도 철판구이집에서 밥 한 번 먹고 나면 온몸에 고기며, 연기 냄새가 밸 수밖에 없다. 세상 그 어떤 여자가 첫 데이트에서 고기 냄새를 풍기고 싶어 할까!

그 사실을 아는지 모르는지 그는 호기롭게 음식을 주문했다. 이미 오후 한 시 반이 다 된 시간이라 모두가 배고픈 상황에서 그가 제일 처음 철판에 올린 것은 어이없게도 달랑 달걀 네 개와 옥수수 몇 개였다. 그나마도 10분이 지나도록 익을 기미가 보이지 않았다. 결국 내가 나서서 우리를 굶겨죽일 생각이냐, 배고파 죽겠는데 달랑 계란 네 개가 뭐냐, 저쪽 테이블의 고기를 보니 침이 고여 못 살겠다고 농담처럼 진담인 듯 쏘아붙이자 그는 고기도 많이 시킬 테니 먼저 이것으로 워밍업을 하자며 멋쩍게 웃었다.

나는 마침내 다 익은 옥수수를 먼저 상대 아가씨의 접시에 올려주었다. 하지만 그녀는 먹지 않겠다고 했다. 사실, 나는 그녀의 심정이 십분 이해됐다. 여자라면 누구나 첫 데이트에서 옥수수를 통째로 뜯어먹는 모습을 보이고 싶지는 않을 것이다.

하지만 그는 아랑곳하지 않고 양갈비, 돼지갈비, 닭날개 등을 주문했다. 전부 손으로 들고 뜯어야 하는 메뉴였다. 그 순간 나는 그가 대체 무슨 생각인지 머릿속을 열어보고 싶다는 충동을 느꼈다. 할 수만 있다면 힘껏 그의 귀를 잡아당기며 "대체 아가씨더러 먹으라는 거냐, 굶으라는 거냐"라고 외치고 싶을 정도였다.

나와 아가씨에게 들이닥친 난처한 상황을 전혀 알 리 없는 이 남자는 또다시 엄청난 일을 저질렀다. 입을 있는 대로 벌리고 커다랗게 싼 고기 쌈을 우겨넣은 것이다. 하필 그와 마주보는 자리에 앉은 아가씨는 민망한 듯 얼른 고개를 숙였다. 살짝 처진 어깨가 안쓰러울 지경이었다.

나는 또다시 속으로 애타게 외쳤다.

'친애하는 동지여, 제발 자신의 이미지를 좀 생각해! 지금 당신은 밥을 먹는 게 아니라 맞은편에 앉은 상대를 잡아먹을 기세라고! 입을 그렇게 크게 벌리다가 위까지 보이겠다!'

만약 서양식 레스토랑이었다면 어땠을까? 아마 서로 마주 앉아서 나이프로 고기를 작게 썰어 음미하며 "음식은 입에 맞으신지요?"라고 묻는 우아한 광경이 펼쳐졌을 것이다.

주문한 음식 중에 이미 조리되어 나온 대구가 있었다. 그 사실을 몰랐던 우리는 여러 번 종업원을 불러 물어보려고 했지만 시끄러워서인지 바빠서인지 아무도 오지 않았다. 결국 출판업자가 대구를 철판 위에 올렸다. 잠시 후, 겨우 나타난 종업원이 다시 구울 필요 없다며 그냥 먹어도 된다고 하고 가버렸다. 하지만 그 사이 대구는 이미 철판 위에 눌어붙어서 고약한 탄 냄새까지 풍겼다. 그는 첫 데이트에서 왜 굳이 자신도 처음 가보는 식당, 처음 먹어보는 음식을 골랐을까? 그 실수 하나 때문에 이런 난감한 상황이 벌어졌다는 것을 자신도 과연 알까? 나는 진심으로 그에게 묻고 싶었다.

그뿐만이 아니었다. 철판구이집에서는 가운데에 놓인 큼지막한 화로 때문에 서로 거리가 멀어서 조곤조곤 우아하게 이야기를 나눌 수가 없다. 가게 안이 워낙 시끌시끌해서 한껏 목청을 높이지 않으면 아예 들리지도 않기 때문이다. 종업원을 부를 때도 목이 터져라 소리를 질러야 한다. 그렇다고 서비스가 좋은 것도 아니다. 휴지 좀 달라고 열 번은 소리쳐야 겨우 휴지 한 장 얻을 수 있었다. 서양식 레스토랑이라면 어떨까? 은은한 음악이 흐르는 가운데 손만 살짝 들어도 웨이터가 다가온다. 그러면 신사다운 나직한 목소리로 "냅킨 좀 주시오" 하면 그만이다. 악다구니하듯 서로 소리 높여 이야기할 필요도, 종업원을 부르느라 목을 혹사할 필요도 없는 것이다.

또한 은은한 노란 빛의 조명을 쓰는 서양식 레스토랑과 달리 이런 식당은 대부분 조명이 밝고 하얗다. 이렇게 밝은 불빛 아래에서는 긴장이 풀리면서 마음의 문이 열리기는커녕 오히려 정신이 바짝 나면서 경계심이 생긴다. 게다가 노란색 불빛을 받으면 소위 '조명발'을 받아서 더 예뻐 보인다. 하지만 주광색 조명 아래에서는 감추고 싶은 여드름까지도 여과 없이 드러나서 사람이 더 못생겨 보인다. 여자는 누구나 자신이 아름답게 보이기를 바란다. 그런 여자에게 고깃집의 하얀 조명이라니! 너무나 몰상식하지 않은가!

고급스러운 식당에서는 식사하는 태도도 자연히 우아해진다. 적어도 목구멍이 다 보일 만큼 입을 벌릴 필요는 없다. 화젯거리도 한층 고상해진다. 격조 높은 레스토랑에서 식사를 하는 와중에 "어머니가 뒷마당에 오이를 심었는데 비료로 집에서 기르는 고양이의 똥을 썼다"는 식의 이야기가 나올 리 없다.

데이트에서는 디테일이 성패를 좌우한다. 특히 음식점 선택 같은 디테일을 무시한다면 절대로 상대 여성의 호감을 살 수 없다. 실제로 이 데이트도 그랬다. 마침내 겨우 식사를 마치고 출판업자가 계산하러 간 사이에 나와 남편은 어떻게든 만회해보자는 심정으로 그가 얼마나 좋은 사람인지, 얼마나 많은 장점이 있는지를 열심히 설명했다. 하지만 그녀는 냉담한 표정으로 이렇게 대답했다.

"네, 정말 좋은 사람 같네요. 두 분이 얼른 어울리는 분을 찾아서 소개해주세요."

이렇게 그는 또 한 번 퇴짜 스코어를 기록하고 말았다.

인상적인 데이트를 위한 장소 추천 8선

선택한 데이트 장소를 보면 그 사람의 생활수준과 라이프스타일을 짐작할 수 있다. 그래서 여자는 데이트 상대의 옷차림과 꾸밈새뿐만 아니라 어떤 곳을 데이트 장소로 선택하는지 역시 매우 신중하게 본다. 물론 지금도 일부 독자는 심도 있는 대화야말로 서로를 이해하는 가장 좋은 방법이며, 데이트 장소를 선택하는 센스 따위는 그리 중요하지 않다고 생각할 수 있다. 하지만 이는 여자를 너무 쉽게 본 것이다. 여자는 절대로 당신이 한 말 전부를 믿지 않는다. 많이 믿어봤자 반 정도다. 그래서 눈으로 확인할 수 있는 뭔가를 보여줘야 한다. 당신이 자주 가는 음식점에 데려가거나 평소 즐기는 취미생활을 함께하고, 친구 모임에 초대하는 식으로 말이다. 그녀는 당신의 말보다 이렇게 자신이 직접 보고 들은 것들을 더 신뢰한다.

또한 여자는 평소 접해보지 못한 것을 경험할 때 더 큰 흥미를 느낀다. 그러니 처음 데이트할 때 비교적 익숙한 곳에 갔다면 두 번째는 상대가 자주 가보지 않았을 만한 곳을 선택해보자. 레스토랑에서 식사하는 것이 익숙한 그녀라면 길거리 음식 데이트를, 늘 평범한 식당만 다녀본 그녀라면 고급 레스토랑 데이트를 준비하는 것이다. 단, 이런 특별한 경험은 한두 번에 그쳐야지, 아예 그녀의 라이프스타일 자체를 바꾸려고 해선 안 된다.

이미 수차례 강조했지만 어디서 밥을 먹느냐는 데이트의 성패를 좌우할 수도 있는 결정적 요인이다. 따로 이벤트를 준비하기 어려운 평일 데이트에서는 더더욱 그렇다. 음식점을 고를 때는 음식의 맛보다 분위기를 우선적으로 고려하도록 한다. 특히 여성이 좋아할 만한 인테리어나 아기자기한 소품, 예쁘고 고급스러운 식기를 갖춘 곳이 좋다. 여자들은 생각보다 훨씬 더 분위기에 약하다는 점을 항상 염두에 두자.

비교적 시간 여유가 있는 주말에는 색다른 데이트를 준비해보면 어떨까? 다음은 다년간의 경험을 통해 엄선한 '주말 데이트 추천 8선'이다.

• 스키 데이트

앞에서도 언급했지만 스키를 타다 보면 자연히 밀접한 신체 접촉이 이루어진다. 게다가 스키장은 대개 교외에 있기 때문에 1박 2일 데이트도 가능하다!

• 온천

단둘이 온천이나 스파에 놀러 가자고 했을 때 그녀가 승낙했다면, 이보다 더 좋은 사인은 없다. 가능하다면 사람이 북적이는 단체탕보다는 개인 온천욕이나 커플 스파가 가능한 곳을 골라 그녀와 호젓한 시간을 보내자. 스키를 탄 뒤 온천욕을 하러 가는 것도 좋다.

• 도예 체험 데이트

가끔은 영화 〈사랑과 영혼〉 속 커플처럼 다정하게 도자기를 만들어보는 것도 즐거운 경험이 된다. 다행히 요즘에는 도예 체험을 할 수 있는 공방이 많다. 물론 전문적이어야 할 필요는 전혀 없다. 하지만 그녀에게 멋진 모습을 보이고 싶다면 혼자 먼저 가서 해보는 것도 괜찮다. 간단한 기술은 한 번만 배워도 충분히 할 수 있다. 물론 이 데이트의 핵심은 서로의 얼굴에 진흙을 묻히는 등의 작고 소소한 장난을 치며, 두 사람만의 작품을 만든다는 데 있다. 완성품이 좀 볼품없더라도 그녀와 즐거운 시간을 보냈다면 그것만으로 성공이다.

• 카트 체험 데이트

카트 데이트는 진짜 경기를 하듯이 경쟁하며 타야 재미있다. 그래서 둘이 만날 때보다는 커플 데이트처럼 4인 이상이 모일 때 하기를 추천한다. 특히 단둘이 있는 것이 아직 어색한 사이라면 이 데이트를 강력히 추천한다. 커플끼리 편을 짜서 레이스를 하고, 여럿이 왁자지껄 즐겁게 이야기를 나누며 맛있는 음식을 먹다 보면 어느새 친근함이 둘 사이를 채울 것이다.

• 연극 데이트

평소 영화를 즐겨봤다면 한 번쯤은 연극을 선택해보자. 영화와는 다른 생생한 현장감을 느낄 수 있을 것이다. 연극의 진짜 재미를 맛보려면 배우의 숨결까지 느낄 수 있는 소극장 연극이 좋다. 연극에 조예가 깊지 않다면 재미와 작품성이 검증된 유명한 연극을 고르자. 안 그러면 아까운 데이트 시간의 대부분을 지루함에 하품만 하다 보내게 될지도 모른다. 연극이 내키지 않는다면 뮤지컬도 괜찮다. 단, 오페라나 발레 공연 등은 그리 추천하고 싶지 않다. 상대가 특별히 좋아하지 않는 이상 괜히 고상한 척하는 것으로 오해받을 수 있기 때문이다. 물론 상대가 이런 부류의 공연을 즐긴다면 전혀 상관없다.

• 번지점프 데이트

사랑은 호르몬의 장난이라는 말이 있다. 진짜 장난인지는 모르겠지만 사랑을 느끼는 데 호르몬이 지대한 영향을 끼치는 것은 사실이다. 그래서 이 사실을 아는 노련한 '선수'들은 번지점프 데이트를 즐긴다. 두 사람이 함께 끌어안고 번지점프를 하고 나면 90퍼센트 이상은 연인이 된다. 높은 곳에서 떨어진다는 두려움이 급격한 감정 변화를 일으키며 호르몬 분비를 촉진시키는데, 이때의 호르몬 변화가 사랑의 감정을 느끼게 하기 때문이다. 또한 이 데이트는 상대가 나에게 정말로 호감이 있는지를 판단하는 기준이 될 수 있다. 만약 호감이 없다면 절대 당신과 끌어안은 채 천 길 낭떠러지에서 뛰어내리지 않을 것이다.

• 노래방 데이트

노래에 자신 있다면 노래방 데이트는 필수다. 반대로 노래에 영 소질이 없는데 노래방을 가게 된다면 되도록 마이크는 잡지 말고 그녀의 노래에 장단을 맞춰주는 것도 나쁘지 않다. 이 데이트의 핵심은 갇힌 공간에 단둘이 있다는 점이다. 그렇다고 술기운을 빌려 음흉한 짓을 할 생각은 꿈도 꾸지 말고, 그녀와 최대한 즐겁고 친밀한 시간을 보내는 데 역점을 두자.

• 캠핑 및 등산 데이트

운동이나 야외 활동을 좋아한다면 캠핑 및 등산도 좋은 데이트 코스다. 이런 종류의 활동은 서로 자연스럽게 신체 접촉을 할 수 있다는 것이 장점이다. 무엇보다 상대에게 믿음직하고 든든한 남자의 모습을 보여줄 수 있다는 점에서 추천할 만하다. 또한 말주변이 없어도, 많은 말을 하지 않아도 얼마든지 어색하지 않게 즐거운 시간을 보낼 수 있기 때문에 두 사람 사이의 감정을 효과적으로 끌어올릴 수 있다.

비교적 시간 여유가 있는 주말에는
색다른 데이트를!

여자 심리

남자 생각

CHAPTER 4

첫 데이트에서

이미지 만들기

데이트의 대화 기술,
화제가 끊이지 않는 사람이 매력적이다

대부분의 남자가 데이트에서 공통적으로 느끼는 어려움은 바로 '무슨 말을 해야 할지 모르겠다'는 점이다. 특히 평소에 여성이 관심을 보일 만한 분야나 화제 등을 전혀 알지 못한다면 데이트 도중 갑작스런 침묵이 흐를 때 당황할 수밖에 없다. 그래서 데이트 전에 미리 상대의 성향을 파악하여 흥미로운 이야깃거리를 마련하는 지혜가 필요하다.

그렇다면 대체 무슨 이야기를 해야 할까? 사실 '무엇'보다도 '어떻게' 이야기하느냐가 중요하다. 데이트에서의 대화는 단순한 수다가 아니라 'DHV(Demonstration of Higher Value)', 즉 자신의 높은 가치를 증명하는 수단이 되어야 한다. 이를 위해서 사전에 어느 정도 준비를 해야 한다.

예를 들어 그녀와 특색 있는 음식을 먹으러 간다고 치자. 단순히 먹는 데만 집중하지 말고 이를 당신의 박학다식함과 유머러스함을 보여주는 기회로 삼으면 어떨까? 음식의 유래, 특징, 관련 에피소드 등을 미리 알아두면 식사 중에 끊임없이 이야기꽃을 피울 수 있다. 대부분의 여자는 먹는 것을 좋아하기 때문에 실패할 확률이 거의 없다. 게다가 음식 이야기는 여러 다른 화제로 이어나가기가 용이하다. 사람은 누구나 음식에 관한 추억이 몇 가지 정도 있게 마련이다. 이런 추억을 나누다 보면 자연히 학창 시절이나 가족 이야기부터 여행, 일, 취미까지 대화가 확장될 수 있다. 어색한 침묵이 끼어들 틈이 없는 것이다. 첫 대화의 물꼬를 틀 준비만 제대로 해놔도 데이트하는 내내 이야깃거리가 떨어져서 쩔쩔 맬 걱정은 없다.

여자는 대화만 잘 통해도 상대에게 높은 점수를 준다. 심지어 나이 차이쯤은 문제 삼지 않을 정도다.

다음은 인생의 안정기에 접어든 중년 남성과 한창 꽃피는 나이의 문학청년 아가씨가 나눈 대화다. 서로 얼마나 집중했던지, 동석했던 아가씨의 친구가 먼저 자리를 떴는데도 알지 못했다고 한다. 이 사례를 통해 잘 통하는 대화란 어떤 것인지 생각해보자.

남 : 맞다, 여행을 좋아한다면 야영도 도전해볼 만해요. 혹시라도 정말 가게 되면 연락하세요. 내가 도와줄게요.

여 : 야영은 아니지만 저 혼자 며칠간 도보 여행을 한 적은 있어요. 하루에 이십오 킬로미터쯤 걷는 일정으로요.

남 : 와! 대단한데요. 그런데 하루에 이십오 킬로미터라니, 너무 여유 있게 걸은 것 아니에요? 산책했나 봐요?

여 : 어머, 아저씨! 무슨 말씀을 그렇게 섭섭하게 하세요. 저 그전까진 그렇게 걸어본 적이 없었다고요. 가면서 몇 번이나 길에서 쉬었다 갔는걸요. 하지만 정말 재미있었어요. 다음엔 자전거 여행을 해보고 싶어요. 삼백십팔 번 국도가 자전거 여행자들의 로망이라면서요? 물론 그러려면 지금부터 체력 단련을 해야겠지만.

남 : 당신이요(장난스럽게 웃는다)?

여 : 왜요? 제가 못 할 것 같으세요(화가 난 척하지만 역시 장난기가 가득하다)?

남 : 아니, 그건 아니고 걱정돼서 그래요. 삼백십팔 번 국도, 거기 풍경은 멋있지만 길이 정말 험하거든요. 무턱대고 자전거 여행 갔다가 다치는 사람도 꽤 돼요. 그런데 당신이 거길 가겠다고 하니, 내가 어떻게 마음을 놓겠어요?

목격담에 따르면 그 순간 그녀는 얼굴을 붉히며 약 3초간 말을 잊었다고 한다. 둘 사이에 묘한 분위기가 조성된 것이다. 물론 그전부터 서로에게 호감을 느끼고 있었겠지만, 남자의 마지막 말이 분위기를 조성하는 데 결정적 역할을 했다고 볼 수 있다. 또한 여기에 자세히 나와 있지는 않지만 눈빛과 몸짓언어도 대화의 일부분이기 때문에 신경을 써야 한다.

잠시 후, 남자가 먼저 침묵을 깼다.

남 : 물론 응원하는 바예요. 젊은 시절에 되도록 많은 경험을 하는 게 좋으

니까요. 나처럼 마흔 줄을 넘긴 아저씨가 되면 무언가 새로운 시도를 하는 게 슬슬 두려워지기 시작하거든요. 연애도 마찬가지고요.

여 : 그럴 리가요. 인기 많으실 것 같은데요?

남 : 그러면 정말 좋겠네요, 하하. 뭐, 좋은 감정을 표시한 사람은 한둘쯤 있었지요. 하지만 뭐랄까, 아직 이 사람이다, 할 만한 인연은 만나지 못해서요. 틀에 얽매이지 않고, 꿈이 있고, 더불어 문학적 소양까지 갖춘 여자를 만나고 싶은데 쉽지 않네요. 사실, 당신이 내 이상형에 가장 가까워요. 아마 나이 차이만 이렇게 나지 않았으면 당장이라도 데이트 신청을 했을 거예요. 하지만 나 같은 아저씨가 어떻게(이 말을 하는 순간 얼굴 한가득 아쉬운 표정이 떠오른다)……

여 : 아니에요, 무슨 말씀을(황급히 손사래를 친다)! 워낙 동안이시라 삼십 대 초반으로 보이는걸요.

　

두 사람은 그날 함께 운동을 하자는 약속을 하고 헤어졌다. 그리고 이후로 빈번하게 만나다가 1년 만에 연인이 되었다.

데이트에서 대화를 매끄럽게 이끌어가려면 평소 여자가 흥미를 갖고 적극적으로 대화에 임할 만한 화제에 관심을 기울여야 한다. 그밖에 재미있는 이야기나 농담 등도 미리 숙지해두면 실전에서 많은 도움이 된다. 다시 말해 대화가 끊기지 않고 이어질 수 있도록 만반의 준비를 해두어야 하는 것이다.

love story

데이트 비용, 누가 낼 것인가?

여자와 남자는 친구 모임에서 만났다. 처음부터 서로에게 호감이 있었던 둘은 다음 날 바로 첫 데이트를 했다. 여자는 학생이었고, 남자는 직장인이었다. 남자에게 좋은 인상을 주고 싶었던 여자는 첫 번째는 물론 두 번째 데이트에서까지 자신이 모두 돈을 냈다. 여자의 입장에서는 최대한으로 좋은 감정을 표현한 것이다. 그러던 어느 날, 두 사람은 가벼운 내기를 했고 여자가 졌다. 그러자 남자는 내기에서 졌으니 다음에 밥을 사라고 말했다. 며칠 후, 남자는 여자에게 내게 빚진 밥 한 끼를 언제 살 것이냐며 전화를 했다. 여자는 대번에 기분이 상했다. 앞서 자신이 두 번 다 먼저 돈을 냈는데도 남자는 이에 전혀 아랑곳하지 않고 계속 얻어먹겠다는 심산을 내비쳤기 때문이다. 이게 여자 돈이나 노리는 기생오라비와 뭐가 다르단 말인가? 여자는 화가 났다.

다음은 위 사례의 당사자인 남자가 내게 보내온 메일이다.

저는 그녀에게 전화를 걸어서 말했어요. 나한테 빚진 밥은 언제 살 거냐고요. 전부터 같이 먹으러 가자고 했던 음식이 있었거든요. 당시에 그녀는 아마 좀 멍했는지, 아무런 반응도 하지 않았어요. 그러다 전화를 끊고 얼마 후에 장문의 문자를 보내더군요. 내용은 대략 이랬어요. '우린 친구로서 겨우 두 번 만났을 뿐이지 사귀는 사이도 아니다. 자기가 뭔가 대단한 사람이라도 되는 줄 아는 모양인데 착각하지 마라. 게다가 두 번 다 내가 돈을 냈는데 또 밥을 사야 하냐. 이렇게 뻔뻔할 줄은 몰랐는데 실망이다.' 뭐 이런 식으로요. 통화할 때는 그쪽 체면을 생각해서 아무 말도 하지 않았다고도 하더군요. 사실, 처음에 그녀가 밥값을 내겠다고 했을 때 말리지 않은 이유는 친구에게 들은 조언 때문이었어요. 상대가 나에게 투자하도록 만들라는 조언이요. 어쨌든 그녀는 이미 불같이 화를 내고 있었지만 저는 비교적 냉정하게 제 입장을 써서 보냈습니다. '나는 농담을 했을 뿐이니 진지하게 받아들이지 마라, 진정하고 나서 나중에 생각해보면 별것 아님을 알게 될 거다.' 이렇게요. 그랬더니 전화를 해서는 한바탕 퍼붓더군요. 그녀는 제게 뭐가 그렇게 잘났느냐며, 사과를 요구했어요. 하지만 전 끝까지 미안하다고 하지 않았죠. 마침내 그녀는 '미친놈'이라고 한마디 하고는 전화를 끊어버렸습니다. 그리고 좀 있다 다시 문자를 보내서 '너 같은 인간을 알게 된 것이 너무 후회된다, 사람이 어쩜 그렇게 낯짝이 두꺼울 수가 있냐'고 했어요. 화가 엄청 난 거죠. 저는 문자로 그녀를 달래보다가 결국 어쩔 수 없이 좀 냉정해지면 다시 얘기하자고 말한 뒤 물러났습니다.

그의 친구가 해준 '상대가 나에게 투자하게 만들라'는 조언은 상대가 자신을 좋아한다는 전제하에 유효하다. 게다가 여자에게 줄곧 돈을 내도록 내버려둔 점도 사실은 그 조언을 잘못 이해한 것이다. 그녀가 이를 어떻게 생각했을까. 그가 자신을 우습게 본다고 생각하거나, 아니면 쩨쩨한 구두쇠라고 생각하지 않겠는가? 어쩌면 같이 밥을 먹어주는 것만으로도 고맙게 생각해야 할 판에 오히려 얻어먹으려 들다니 헛다리를 짚어도 단단히 짚었다며 황당해할지도 모른다. "차라리 집에서 컵라면을 먹을지언정 너랑은 안 먹어!"라고 외치고 있을지도 모를 일이다.

아래 발췌 부분은 모든 여성의 진짜 속마음이요, 공통된 외침이라고 할 수 있다.

'우린 친구로서 겨우 두 번 만났을 뿐이지 사귀는 사이도 아니다. 자기가 뭔가 대단한 사람이라도 되는 줄 아는 모양인데 착각하지 마라. 게다가 두 번 다 내가 돈을 냈는데 또 밥을 사야 하냐. 이렇게 뻔뻔할 줄은 몰랐는데 실망이다.' 뭐 이런 식으로요. 통화할 때는 그쪽 체면을 생각해서 아무 말도 하지 않았다고도 하더군요.

늘 그렇듯 예외도 있을 수 있지만 요즘 여자라면 아마 다 이렇게 생각할 것이다. 나만 해도 데이트를 할 때 내가 먼저 사겠다고 나서지만 실제로 돈을 낸 경우는 많지 않았다. 대부분 남자 쪽에서 알아서 했기 때문이다.

물론 여자에게 아예 돈을 내지 못하게 하라는 것은 아니다. 다만 여자 측에서 돈을 낼 때는 몇 가지가 전제되어야 한다. 먼저 그녀에게 당신의 가치를 최대한 증명했고 그녀가 이를 충분히 인지한 상태에서 당신이 '얻어먹는 것'이 아니라 그녀가 당신에게 '호감을 표현하는 방법'이 될 때 여자도 기분 좋게 비용을 지불할 수 있다. 반대로 그녀에게 어떻게든 돈을 쓰게 만들려는 것처럼 보이는 순간, 그 관계는 끝장날 수밖에 없다.

그래서 초반 데이트에서는 서로 어느 정도 친숙해지고 자신의 가치를 충분히 보여줄 때까지 남자가 비용을 지불하는 게 좋다. 여자가 돈을 내는 것은 그다음 일이다. 기껏 돈을 내고서 인색하다는 평가를 받고 싶지 않다면 당신이 살 때는 비교적 고급스럽고 분위기 좋은 곳에서 식사하자. 반대로 그녀가 살 때는 간단하거나 저렴한 메뉴를 고르고, 커피나 영화 비용은 자신이 내도록 한다. 그러면 상대는 돈을 쓰면서도 기분 좋게 데이트를 즐기게 될 것이다.

위 사례에 대해서는 남자의 감정 상태에 따라 두 가지 상반된 조언을 할 수 있다. 먼저 남자가 여자에게 그리 빠져 있지 않은 경우다. 만일 앞선 데이트에서 그녀에게 큰 매력을 발견하지 못했다면 그는 여자 등골 빼먹는 구두쇠로 오해받은 데 매우 불쾌함을 느낄 것이다. 이런 경우라면 미련 없이 관계를 정리하자. 도박에서 이미 잃은 본전을 찾겠다고 계속 매달려 있으면 더 큰 손해를 입게 마련이다. 이럴 때는 그 판을 떠나 새롭게 시작하는 것이 손해를 최소화하는 방법이다.

하지만 그녀를 놓치고 싶지 않다면? 다시 말해 그녀가 아닌 다른 사람은 상상하기 싫을 만큼 좋아한다면 어떻게 해야 할까? 다행히 그녀의 마음을 돌릴 방법은 있다. 진심을 가지고 지속적으로 그녀에게 따뜻한 관심을 보이는 것이다. 예를 들어 점점 추워지는 계절이라면 다음처럼 카드를 써서 따뜻한 숄이나 카디건과 함께 그녀에게 보낸다.

'아침저녁으로 꽤 쌀쌀하네요. 따뜻하게 하고 다녀요.'

다음으로는 푸른 식물 화분을 보낸다. 물론 카드도 잊지 말아야 한다.

'잘 받았나요? 이걸 보고 있다면 잘 받은 거겠죠. 요즘처럼 황사가 잦은 날씨에는 초록색 식물이 좋대요. 황사에 지친 피부를 쉬게 해준다고 하네요.'

그다음은 따뜻한 차처럼 마실 수 있는 감기약이다. 카드에는 이렇게 적자.

'요새 감기가 유행이래요. 감기 조심해요.'

이때 꽃 한 송이를 곁들여 보내면 금상첨화다. 그런 뒤에는? 기다리자. 그녀가 연락을 해 올 테니까. 만약 연락이 오지 않는다면 나에게 한 번 더 구원 요청을 하길 바란다.

어색한 침묵을 깨는 대화 기술, 루틴

• 어색한 상황에서의 루틴

가끔은 화제가 떨어지거나 대화가 끊겨서 서로 멀뚱멀뚱 바라보고 있게만 되는 어색한 상황이 벌어진다. 이런 상황에 대비해서 평소 유용한 루틴 몇 가지를 기억해두면 좋다. 루틴(Routine)이란 쉽게 말해 대화 기술이다. 루틴을 적절히 활용하면 어색한 분위기를 단번에 반전시킬 수 있다.

어색한 상황에서 사용할 만한 루틴은 대부분 유머러스한 것이다. 굳이 대화가 끊기지 않았더라도 당장의 화제가 분위기를 돋우는 데 별다른 도움이 되지 않는다면 역시 이런 루틴을 사용할 수 있다.

어색한 상황에서의 루틴은 크게 두 가지로 나뉜다. 하나는 가벼운 농담이고(단, 야한 농담은 제외다. 매우 친밀한 관계가 아닌 이상 데이트에서 야한 농담을 했다가는 단번에 비호감으로 전락할 것이다), 다른 하나는 재미있는 난센스 퀴즈다.

• 울트라맨

식사를 하거나 두 사람 사이에 예기치 않은 침묵이 흐를 때, 그녀에게 툭 던지듯 묻는다.

"울트라맨이 괴수를 물리치고 난 다음에 왜 고개를 끄덕이는지 알아?"

그녀가 모른다고 하면 진지한 표정으로 말한다.

"감독한테 이번 편은 끝내도 된다고 사인을 주는 거야."

만약 그녀가 이미 답을 알고 있다면 "아, 너도 알고 있구나. 하하!" 하고 넘기면 그만이다.

• 슈퍼맨과 원더우먼

A : 재미있는 얘기해줄까?

B : 좋아!

A : 슈퍼맨이랑 원더우먼이 하늘을 날아가다가 갑자기 둘 다 땅에 떨

어졌어. 그런데 슈퍼맨이 떨어졌던 자리에는 구멍이 하나 생겼고, 원더우먼이 떨어졌던 자리에는 두 개가 생겼어. 왜일까?

B : 에, 이거 야한 얘기 아냐?

A : 넌 왜 만날 그런 것만 생각하니?

B : 그, 그럼 답이 뭔데?

A : 슈퍼맨은 머리로 떨어지고 원더우먼은 다리로 떨어져서 그런 거지!

• 솔로의 운명

남 : 어젯밤에 꿈을 꿨는데, 신이 나한테 이번 생은 솔로일 운명이라고
　　그러더라.

여 : 저런, 어쩌니.

남 : 근데 그 운명을 벗어날 방법이 딱 한 가지 있대.

여 : 그게 뭔데?

남 : 이 꿈을 바보 열 명한테 얘기하면 된다는 거야.

여 : 아…….. 뭐, 꿈일 뿐이잖아. 신경 쓰지 마.

남 : 하지만 난 그 말을 듣자마자 울었어.

여 : 왜?

남 : 내가 아는 바보는 너 하나뿐이거든! 어쩌면 좋으냐! 난 이제 망했
　　어. 그런데 꿈속에서 또 신을 만났는데, 이번에는 웃겨서 눈물이
　　다 나더라.

여 : 또 왜?

남 : 신한테 아는 바보가 한 사람뿐이라고 하고 네 이름을 말했더니 신

이 뭐라는 줄 알아? 나더러 진짜 잘 골랐대. 너 하나가 바보 열 명과 맞먹는다는 거야!

• 만두와 떡

남 : 만두랑 떡이 한바탕 싸움을 벌였어. 결국 참다못한 만두가 떡을 뻥 차서 바다에 빠뜨렸대. 하하하!

여 : 그게 뭐가 웃겨? 왜 웃긴 거야?

남 : 떡을 차서 바다에 빠뜨렸다는데 안 웃겨? 하하하하!

여 : 난 모르겠다.

남 : 그럼 이야기 하나 더 해줄게. 어느 나라에 공주와 왕자가 살았어. 둘은 서로를 정말 사랑했지. 하지만 둘의 행복은 오래가지 못했어. 왕자가 전쟁을 하러 떠나게 됐거든. 둘은 너무 슬펐지만 어쩔 수 없었지. 떠나기 전, 왕자는 공주에게 자신을 잊지 말라며 반지를 줬어. 그런데 왕자는 삼 년이나 돌아오지 않았고, 왕자의 군대가 대패해서 모두 죽었다는 소문만 들려왔어. 비탄에 빠진 공주는 반지를 바다에 던져버리고 사흘 동안 목 놓아 울었어. 하지만 사실 왕자는 살아 있었어! 다만 작은 섬에 표류하고 있었을 뿐이지. 그는 그곳에서 매일 물고기를 잡아먹으며 목숨을 부지했어. 그러던 어느 날 커다란 고기 한 마리를 낚았는데 배를 갈라보니 똑같은 것이 있는 거야. 그게 뭘까?

여 : 반지? 아님 또 다른 물고기(오래 생각하도록 두지 않는 것이 포인트다)?

남 : 바보야, 떡이지! 아까 만두가 떡을 바다에 빠뜨렸다고 했잖아.

• **사막의 개**

개 한 마리가 충분한 물과 식량을 가지고 사막으로 여행을 떠났다. 그런데 다음 날, 이미 죽은 채로 발견됐다. 왜 죽은 것일까?

답 : 오줌을 쌀 전봇대를 못 찾아서 답답해 죽었다.

만약 저녁에 데이트를 한다면 무서운 이야기를 해도 좋다. 어쩌면 겁에 질린 그녀가 혼자 있기 무서워 당신을 집으로 초대할지도 모르니까.

서로의 거리를 좁혀주는 게임 기술

음주 경험이 있는 성인이라면 누구나 한 번쯤 술자리 게임을 해봤을 것이다. 특히 어색하고 낯선 사람들과 술을 마실 때는 술자리 게임만큼 좋은 놀이도 없다. 이것은 이제 막 서로를 알아가기 시작하는 남녀 둘에게도 똑같이 적용된다. 게다가 재미있는 게임 몇 가지만 잘 숙지하고 활용한다면 그녀와의 심리적, 신체적 거리를 손쉽게 줄일 수 있다.

술자리 게임이라고 해서 꼭 술을 마시거나 술집에서 해야 하는 것은 아니다. 하지만 두 사람의 친밀도를 높이는 것이 목적이라면 되도록 사적인 환경이나 분위기에서 시도해야 한다. 생각해보자. 여럿이 북적이는 자리에서 무슨 수로 둘이서만 게임을 하겠는가? 가장 적당한 상황은 단둘이 술집이나 바, 노래방을 갔을 때다. 이런 장소는 북적이기는 해도 두 사람이 무엇을 하는지, 무슨 말을 하는지 아무도 신경 쓰지 않기 때문이다.

자리는 옆으로 나란히 앉는 것이 가장 좋다. 그래야 자연스런 스킨십이 가능하기 때문이다. 최소한 테이블을 사이에 두고 마주 보고 앉는 상황은 피하자. 술을 마실 수 있다면 흥을 돋우고 긴장을 풀기 위해 술기운을 빌려도 된다.

• 진실 혹은 대담 게임

진실 게임은 짓궂은 질문에 진실을 말하거나 혹은 대답하길 거부하고 술을 마시는 게임이다. '진실 혹은 대담 게임'은 여기서 한 발 더 나아가 진실을 내놓는 대신 아주 많은 양의 술(평소 한 모금 정도였다면 이번에는 한 잔 정도)을 마시거나 상대가 지시하는 행동을 해야 한다. 술래는 술병 돌리기나 주사위, 가위바위보 등으로 정한다. 우선 몇 번 정도는 재미 위주의 짓궂은 질문을 던지고 술을 마시도록 이끌면서 분위기를 돋운다. 그런 뒤 적당히 때가 됐다 싶으면 그녀의 차례에 "날 좋아하느냐?"고 물어보자. 이 질문을 할 때는 일부러 그녀 쪽으로 살짝 몸을 기울이고 눈을 지그시 바라본다. 용기가 난다면 그녀의 머리카락을 귀 뒤로 쓸어 넘겨줘도 좋다. 둘 사이에 은근한 긴장감을 조성하기 위함이다.

그녀가 좋아하지 않는다고 대답하면 "거짓말하는 애한테는 산타 할아버지가 선물을 안 주신대" 하는 식으로 얼버무리고 일단 넘긴다. 그러고는 다른 질문들을 하다가 다시 기회가 오면 같은 질문을 또 한다. 그래도 여전히 좋아하지 않는다고 하면 이렇게 말해보자.

"그런데 난 너를 진짜 좋아하는데, 어쩌지?"

때때로 여자는 이미 눈치채고 있는 사실도 직접 확인하고 싶어 한다. 그래서 자신을 향한 당신의 감정을 알고 있어도 당신의 입으로 직접 듣기 전까지는 섣불리 마음을 열지 않는다. 이 방법은 이러한 여자의 바람을 게임이라는 형식을 통해 만족시키는 데 목적이 있다. 확실히 이것은 고백과 다르다. 고백은 자신의 감정을 상대에게 알리면서 정식으로 교제를 요청하는 것이지만 "나는 너를 좋아한다"고 말하는 것은 그저 마음을 언어로 표현한 것뿐이기 때문이다. 좋아한다고 해서 꼭 사귀어야 하는 것도 아니지 않은가.

만약 그녀가 대답을 거부하고 '대담'을 선택한다면 뺨에 키스를 해달라고 한 뒤, 그녀가 다가올 때 슬쩍 고개를 돌려서 입에 뽀뽀를 할 수도 있다. 그녀가 뒤로 빼거나 딴청을 부리면 "게임을 안 할 거냐, 외국에서 볼 키스는 인사다" 하는 식으로 가벼운 투정을 부려도 나쁘지 않다. 단, 이런 과감한 행동 지시는 어느 정도 게임을 하고 분위기가 무르익은 후에 시도해야 한다.

• 789 게임

789 게임은 비교적 술을 빨리 마시는 게임으로, 두 사람 혹은 여럿이

서 할 수 있다. 먼저 주사위 두 개를 준비한다. 그리고 자리에 있는 사람이 돌아가며 주사위를 굴리다가 두 주사위의 합이 7이 나온 사람이 벌칙으로 잔에 원하는 만큼 술을 따른다. 그런 뒤 8이 나온 사람이 이 술의 반을, 9가 나온 사람이 나머지를 다 마시도록 한다. 물론 부가적으로 다른 숫자에도 여러 규칙을 정할 수 있다. 예를 들어 특정 숫자나 똑같은 숫자가 나오면 주사위를 다시 굴린다든지, 굴리는 순서를 역순으로 바꾼다든지 하는 식으로 말이다.

술집이나 노래방에서 할 수 있는 게임은 이밖에도 무궁무진하니 검색 엔진의 도움을 받아보자.

• 데이트 게임

비교적 조용한 곳에서도 서로의 거리를 좁힐 수 있는 게임이다. 먼저 그녀에게 반응 속도를 알아보는 게임을 하자고 한 다음 눈을 감게 한다. 아마 대부분 흥미를 느끼며 따를 것이다(이를 통해 상대의 순응도도 알아볼 수 있다). 게임의 규칙은 간단하다. 당신이 간단한 문장을 말하자마자 그 즉시 문장의 첫 번째 글자를 말하는 것이다. 그러면 거의 이렇게 쉬운 게임이 어디 있느냐며 가벼운 마음으로 임할 것이다. 그러면 비로소 게임을 시작할 준비가 된 것이다. 첫 번째 문장은 간단하게 시작한다.

"오늘 날씨 좋다."

"오!"

"우리나라 좋은 나라."

"우!"

"너 남자 친구가 누구야?"

"너!"

"너!"라고 외치는 순간, 그녀는 불현듯 이 게임의 진짜 목적을 깨닫게 된다. 그녀가 어이없다는 듯 당신을 때리면서도 깔깔 웃는다면 주도권은 이미 당신에게 넘어온 셈이다. 여기서 좀 더 확실하게 거리를 좁히고 싶다면 이렇게 말한다.

"뭐, 네가 그렇게 원한다면 나도 진지하게 생각해볼게. 사실, 나도 네 남자 친구 자리가 싫진 않아. 다른 사람이라면 싫을 텐데, 너라서 그런가?"

이 게임은 두 사람 사이의 친밀도를 높이고 심리적, 신체적 거리를 좁히는 데 매우 효과적이다. 물론 여기에 술기운이 더해진다면 가까워지는 속도는 배가 된다. 이런 상황에서는 스킨십 거절을 당할 리스크도 매우 낮은 편이다. 같이 게임을 하면서 서로를 친근하고 가깝게 느끼게 될 뿐더러 둘 사이에 기분 좋은 긴장감도 생기기 때문이다.

• 콜드리딩 심리 테스트

상대와 아직 충분히 가까워지지 않아서 위에서 언급한 데이트 게임을 하기 어색한 상황이라면 어떻게 해야 할까? 이런 경우에 유용한 것이 바로 콜드리딩(Cold Reading) 심리 테스트다. 상대에게 총 다섯 개의 질문을 하고 대답에 맞춰 분석을 해주면 된다. 이 테스트를 통해 대화의 초점을 두 사람 사이의 감정에 집중시킬 수 있다.

Q 연인의 집에 간다고 상상해보자. 그의 집까지 가는 길은 두 가지가

있다. 하나는 지름길로 금방 갈 수 있지만 주변에 볼 만한 풍경이 없다. 다른 길은 멀리 돌아가는 대신 주변 풍경이 매우 아름답다. 당신은 어느 길을 선택하겠는가?

Q 연인의 집에 다 와갈 무렵 당신은 양옆에 장미덤불이 무성한 길을 지나게 됐다. 한쪽은 흰 장미, 다른 한쪽은 붉은 장미가 가득하다. 여기서 스무 송이를 골라 연인에게 줄 꽃다발을 만든다면 흰 장미와 붉은 장미를 각각 몇 송이씩 고르겠는가?

Q 당신은 마침내 연인의 집에 도착했다. 초인종을 누르자 집사가 나와서 당신을 맞이한다. 집사를 시켜서 연인에게 마중 나오라고 하겠는가? 아니면 집사를 따라 들어가서 연인을 깜짝 놀라게 해주겠는가?

Q 연인의 방에 들어갔다. 침대 머리맡과 탁자 위 중 어느 곳에 꽃다발을 두겠는가?

Q 날이 어두워져서 연인의 집에서 자고 가기로 한 당신. 물론 각각 다른 방에서 잤다. 다음 날 아침 연인의 방에 들어갔을 때 그는 아직도 자고 있을까? 아니면 이미 깨어 있을까? 그리고 집에 돌아갈 때 당신은 지름길과 돌아가는 길 중 어느 길을 택하겠는가?

분석

길의 거리는 사랑을 대하는 태도를 보여준다. 만약 지름길을 택했다면 당신은 사랑에 금세 빠지는 편이다. 반대로 돌아가는 길을 선택했다면 사랑에 쉽게 빠지지 않는다. 그래서 오랜 시간을 들여 상대를 알아가는 과정이 필요하다.

붉은 장미의 개수는 당신이 상대와의 관계에 얼마나 투자하고 있는지를, 흰 장미의 개수는 당신이 상대에게 얼마나 받기 원하는지를 보여준다. 그래서 만약 그 또는 그녀가 온통 붉은 장미에 흰 장미는 딱 한 송이만 고른다면 그 관계에 90퍼센트의 노력을 쏟아붓고 있지만 바라는 보상은 겨우 10퍼센트라는 것을 의미한다.

세 번째 질문은 두 사람 사이에 감정 문제가 생겼을 때 이를 해결하는 방식이다. 집사를 시켜 연인을 마중 나오게 하는 사람은 감정 문제를 다룰 때 우유부단하거나 제삼자의 도움을 받아 해결하려는 경향이 있다. 연인을 찾아가 놀라게 해주겠다는 사람은 감정 문제에 매우 결단력 있게 대처한다. 그래서 문제가 생기면 그 즉시 상대와 직접 부딪쳐서 해결하려는 경향이 강하다.

장미의 꽃다발을 두는 위치로는 상대와 얼마나 자주 만나고 싶어 하는지를 알 수 있다. 침대 머리맡에 둔다면 매일 만나고 싶다는 뜻이고, 탁자 위에 둔다면 자주 보고 싶지는 않다는 뜻이다. 일주일에 한 번, 어쩌면 가끔 봐도 상관없다.

연인이 자고 있다고 대답했다면 현재 상대에게 매우 만족하고 있음을 뜻한다. 반대로 깨어 있다고 대답한 경우에는 상대에게 불만이 있고, 자신을 위해 변화하기를 바란다고 볼 수 있다.

마지막으로 돌아오는 길을 고르는 질문을 통해서는 상대에 대한 충성도를 알 수 있다. 지름길을 선택했다면 얼마든지 이 관계를 벗어나 새로운 사람을 만날 수 있다는 뜻이고, 반대로 먼 길을 선택했다면 비교적 충성도가 높고 한결같음을 의미한다.

나만 그녀에게 잘하는 것이 아니라
그녀도 나에게 잘해야 비로소 진짜 사랑이 시작된다.

사랑은 쌍방통행

한 남성이 내게 도와달라며 메일을 보내왔다.

그녀와 알게 된 지는 두 달쯤 됐습니다. 처음에는 만날 때마다 이런저런 사정을 대며 은근히 제게 돈을 요구하더군요. 하지만 진짜로 달라고한 적은 없습니다. 요샌 아예 그런 말도 안 하고요. 가끔 먼저 돈을 내밀면 한사코 받지 않겠다고 해서 오히려 제가 화를 낸 적도 있습니다. 어쨌든 그녀도 제 마음씀씀이에 감동했는지 몇 번 만난 다음부터는 손을 잡는 것까지는 허락하더군요. 이 기간 동안 그녀는 제게 두 번 정도 소개팅을 해주겠다고 했는데, 전부 거절하자 이후로는 더 이상 묻지 않았습니다. 며칠 전, 공원에서 분위기를 타다가 약간 억지스럽게 키스를 하고 고백 비슷한 말을 했습니다. 그랬더니 심각한 얼굴로 잠시 만나지 말자더군요. 앞으로 몇 년간은 연애할 생각이 없고(사실, 그녀는 실연한 지 6개월밖에 되지 않았습니다), 지금 자기한테는 부모님이 우선이라면서요. 그로부터 3일 후, 저는 그녀에게 만나자는 문자를 보냈습니다. 의외로 별말 없이 만나주더라고요. 그런데 만난 지 겨우 세 시간쯤 됐나. 갑자기이것저것 핑계를 대며 일찍 집으로 가버렸습니다. 그녀는 제가 길에서어깨동무를 하거나 기습 뽀뽀를 해도 가만히 있습니다. 굉장히 친밀한 포즈로 같이 사진도 찍고요. 그런데 그 이상은 허용하지 않아요. 예를 들어 포옹은 거의 불가능합니다. 그럴 기회를 아예 안 주더라고요. 가끔은 문자도 무시하고, 전화도 안 받습니다. 선물은 받아요. 매번 문자로 만날 약속을 잡는데 그때마다 저를 꽤 애먹입니다. 그래도 안 만나겠다고 한 적은 별로 없어요. 그녀가 먼저 만나자고 한 적도 두 번쯤 되고요. 대체 그녀의 속마음을 모르겠습니다. 누군가 그녀 뒤에서 조종하고 있는 게 아닌가 싶을 정도예요. 앞으로 제가 어떻게 해야 할지 도무지 알 수가 없어서 선생님께 조언을 듣고자 이렇게 메일을 보냅니다. 바쁘시더라도 시간 내서서 답해주시면 정말 감사하겠습니다.

나는 그에게 답장했다.

친애하는 친구여, 당신은 진짜 선수에게 걸려든 것이 틀림없군요! 이런 여자들은 당신을 끊임없이 달콤한 착각 속에 빠뜨린답니다. 마치 기회가 있는 것처럼 말이에요. 하지만 단연코 당신에게 기회는 없을 겁니다! 그럼에도 그녀가 당신에게 희망이 있다고 착각하게 만드는 이유는 그래야 선물이며 돈, 호의 등을 받을 수 있기 때문이에요. 어쩌면 당신은 그래도 이렇게 계속 잘해주면, 언젠가는 그녀가 나의 가치를 깨닫고 내 사람이 될 수 있으리라고 생각할지 몰라요. 그래서 실제로는 무엇 하나 얻지 못하면서도 그녀에게 투자하는 것을 멈출 수 없는 거죠. 노름꾼이 계속 돈을 잃으면서도 "다음 판에는 꼭 이겨서 만회할 수 있을 거야" 하며 도박판을 떠나지 못하는 것과 다르지 않아요. 하지만 결국 땡전 한 푼

남기지 못하고 탈탈 털리거나 고리대까지 손을 대지 않던가요? 예로 든 얘기지만 본질은 똑같습니다.

그녀는 당신과 연애하기는 싫다면서 데이트 장소엔 나와요. 같이 다정하게 사진은 찍지만 갑작스레 먼저 돌아가죠. 몰래 뽀뽀하는 건 받아주면서 포옹은 못 하게 해요. 목적이 뭘까요? 당신으로 하여금 계속 투자하게 만들려는 거예요. 당신이 아무런 희망도, 기회도 없다고 느낀다면 그녀에게 계속 연락을 할까요? 안 하겠죠. 그래서 계속 여지를 남기는 것이랍니다.

이런 상황에서 벗어나고 싶다면 두 가지 방법이 있어요. 하나는 그녀와 연락을 끊고 다른 사람을 찾는 거예요. 그러면 언젠가는 그녀가 먼저 연락하는 날이 온답니다. 다른 하나는 그녀와 연락을 계속하되, 지금까지 그녀에게 제공했던 모든 경제적 편의를 없애는 겁니다. 물론 데이트 비용은 내도 돼요. 하지만 그 밖의 돈이나 선물 등은 절대 주지 마세요. 말 그대로 데이트만 하는 거예요. 그리고 그녀를 계속 유혹하세요. 내 여자 친구가 되면 그전까지 누리던 모든 혜택을 계속, 더 많이 누릴 수 있다고요. 그녀가 자신은 아직 준비가 안 됐다거나 시간이나 과정이 필요하다는 식으로 핑계를 대면 받아들이고 이제까지 했던 것처럼 만나세요. 단, 경제적 편의는 제공하지 말고요. 결과는 아마 두 가지일 거예요. 그녀와 연인이 되거나, 타인이 되거나! 여자 친구가 된다고 해도 당신을 좋아해서라기보다는 돈 때문일 공산이 커요. 타인이 된다고 해도 어쩌면 그녀는 가끔 연락을 해 올지 몰라요. 소위 '낚시질'을 포기하지 않는 거죠.

그녀가 무슨 생각을 하는지, 당신은 어떻게 해야 하는지, 결과는 어떻게 될 것인지를 모두 알려드렸어요. 이제 선택은 당신의 몫이에요. 잘 생각해보세요.

이런 케이스도 있었다.

우리는 갑작스럽게 만났어요. 그럼에도 전 그동안 계속 진지하게 대했는데, 지금 보니 그녀는 저를 걸어 다니는 현금인출기쯤으로 생각했던 것 같아요. 저보다 연봉도 높다는 사람이 매번 인터넷 쇼핑이며 소셜커머스 할인 쿠폰 같은 걸 저한테 결제하게 만들더라고요. 어제는 간식, 오늘은 영화표, 내일은 콘택트렌즈, 이런 식으로요. 이래저래 쓴 돈만 해도 100만 원은 거뜬히 넘을 거예요.

그러면서 잘 만나주기라도 하면 말을 안 하겠어요. 이번 주말에도 만나자고 했는데 안 된다고 하더군요. 먼젓번에 유명한 태국 음식점 할인 쿠폰을 사줬거든요. 나랑 같이 갈 거라고 해서 사줬고, 그래서 주말에 만나자고 한 건데 시간이 없다니까 그냥 그러려니 했죠. 그런데 오늘 오후 헬스클럽에서 운동을 하고 있는데 문자가 한 통 왔어요. 그 할인 쿠폰이 사용됐다는 문자였죠. 아, 내가 사준 쿠폰으로 다른 남자랑 데이트를 하고 있구나. 감이 딱 오더라고요. 그 문자를 곧장 그녀에게 보냈어요. 그랬더니 저번 주에 쓴 거라고 하는 거예요. 아니, 보통 이런 문자는 사용하는 즉시 오지 않나요? 하지만 아무리 내가 따지고 들어도 끝까지 발뺌을 하더군요. 오히려 '나보다 문자를 더 믿는 거냐'며 적반하장으로 화를 냈어요.

정말 불쾌했어요. 대충 따져봐도 지금까지 그녀에게 쓴 돈이 180만 원은 될 거예요. 그런데 손 한 번 잡아본 적이 없어요. 그야말로 인간 현금 인출기였던 거죠.

남자가 돈 쓰는 거, 전 괜찮다고 생각해요. 좋아하는 여자한테 그 정도는 할 수 있죠. 하지만 내가 사준 쿠폰을 다른 남자랑 써놓고서 뻔뻔하게 오리발을 내밀다니, 이럴 수 있나요? 나랑 같이 쓸 거라고 해놓고 말이죠. 이건 완전히 사기예요.

나중에 문자를 보냈어요.

'나 혼자 열 올리고 있었던 것 같다, 내가 바보짓을 했다. 너는 날 조금도 좋아하지 않는 게 분명하다.'

그랬더니 이렇게 답이 오더라고요.

'난 천천히 뜨거워지는 타입이야. 하지만 네가 그렇게 느꼈다면 어쩔 수 없지.'

감정의 동요가 느껴지나요? 전혀 느껴지지 않죠?

위 사례에는 몇 가지 문제점이 존재한다.

첫째, 남자는 여자가 냉담하게 굴수록 더욱 그녀에게 돈을 쓰고 싶어 한다. 그리고 이렇게 돈을 썼으니, 너는 당연히 나만 만나야 된다고 여자에게 요구한다. 안타깝게도 이런 논리는 여자에게 근본적으로 먹히질 않는다. 왜냐하면 여자는 남자가 돈을 쓰는 속셈이 자신과 좀 더 '친밀한 관계'가 되기 위해서라는 사실을 알기 때문이다.

둘째, 남자는 여자가 진짜 연애를 할 때 어떻게 행동하는지를 전혀 모르고 있다. 그래서 계속 인간 현금인출기 노릇을 한 것이다.

셋째, 우리는 어려서부터 부모의 한없는 사랑과 헌신을 받으며 자란다. 그리고 원하는 것은 무엇이든 들어주고 뭐든 사주며 끊임없이 관심을 보여주는 일이야말로 사랑의 본질이라 믿는 어른이 된다. 이 남자도 그렇다. 그래서 자신이 상대에게 잘해주는 만큼 상대가 보답하지 않자 기분이 나쁘면서도 여태껏 들인 노력이 아까워서 오히려 더 많은 것을 쏟아부은 것이다. 하지만 사랑은 일방통행이 아닌 쌍방통행이다. 나만 그녀에게 잘하는 것이 아니라 그녀도 나에게 잘해야 비로소 서로 진짜 사랑에 빠졌다고 할 수 있다. 사랑은 손에 쥔 모래 같아서 움켜쥐려 할수록 더 빨리 빠져나갈 뿐이다.

넷째, 남자는 최소한 사랑에 빠진 사람이 어떻게 행동하는지를 알고 있어야 했다. 혹은 정상적인 연애라면 상대가 어떤 태도로 자신을 대할지 알고 있어야 했다(여자가 관심 있는 상대를 어떻게 대하는지, 관련 내용을 참고하자).

다섯째, 여자는 정말 연애하고 싶은 남자에게는 이렇게 많은 돈을 쓰게 만들지 않는다. 그에게 허영심 가득한 여자로 보이고 싶지 않기 때문이다.

그녀가 미소를 보낸다고 해서
반드시 기회가 있는 것은 아니다

때로 여자는 단순히 예의상 미소를 보내기도 한다. 어색하거나 난처한 상황을 만들기 싫어서 친절하게 대하기도 한다. 그러니 상대가 잘해준다고 해서 무조건 자신에게 호감이 있는 것이라 착각하며 혼자 설레발을 치면 곤란하다. 이해를 돕기 위해 실제 사례 하나를 소개한다.

저는 27세 남자입니다. 키는 174센티미터이고 대학원을 졸업한 후 은행에서 일하고 있습니다. 상대는 25세 여성으로 키는 162센티미터이고 대학 졸업 후 증권 회사에 다니고 있습니다. 부모님 친구의 소개로 알게 됐고요.

우리는 어느 주말 오후, 카페에서 처음 만났습니다. 둘 다 말주변이 좋은 편이라 화제가 술술 이어져서 꽤 오랫동안 즐겁게 이야기를 나눴습니다. 나중에 식사하는 자리로 옮겨서도 대화가 끊이지 않았지요. 상당히 밝고 명랑한 아가씨라는 인상을 받았습니다. 여러 이야기를 했는데, 제게 왜 이 도시에 오게 됐는지도 묻더군요. 아마 전 여자 친구 때문이라고 대답했을 겁니다. 실제로 그게 이유이기도 했고, 당시까지만 해도 그녀에게서 그저 괜찮다는 느낌밖에 받지 못했기 때문에 전 여자 친구를 언급하는 데도 별 거리낌이 없었습니다. 소개팅 제안을 받아들이고 연락처를 받은 뒤, 부모님이 아직도 연락하지 않았느냐고 하도 성화를 내서서 곤란했다는 말도 했고요. 그랬더니 은행에 여자가 그렇게 많은데 왜 아직 싱글이냐고 물어서 마음이 맞는 사람을 만나지 못했다고 대답했습니다. 나이도 중요한데 동갑은 별로고 연하가 좋은 것 같다고도 했지요. 식사를 마친 후, 그녀가 산책할 겸 걷자고 하더군요. 그래서 같이 좀 걷다가 각자 집으로 돌아갔습니다. 헤어질 때 그녀는 "시간 나면 같이 식사하자"고 했고, 나중에 소개해준 사람에게 제 인상이 좋아서 계속 만나게 될 것 같다고 했다는 얘기를 전해 들었습니다.

그다음 주 내내 우리는 메신저로, 전화로 계속 연락을 주고받았습니다. 그러다 수요일쯤이었나, 제가 주말에 만나자고 제안했지요. 이번 주말엔 친구랑 교외로 놀러 가기로 했다며 안 된다고 하더군요. 그 후로 이틀 정도 일부러 그녀를 냉담하게 대했습니다. 그녀도 눈치챘는지, 토요일이 되자 다음 주 평일에 퇴근하고 만나자고 먼저 청하더라고요. 서로 회사가 가깝거든요. 전 수요일에는 시험이 있고 화요일에는 운동 약속이 있으니까 목요일쯤 보면 어떻겠냐고 했습니다. 목요일은 자기도 운동하는 날이라고 나중에 다시 얘기하자더군요. 다음 날, 또 제가 먼저 연락해서 수요일에 보기로 약속했습니다.

그런데 만나기 전날, 그러니까 화요일에 그녀에게서 문자가 왔습니다. 몸이 안 좋아서 조퇴하고 우리 회사 근처 카페에 와 있는데 오늘 볼 수 있냐는 거였어요. 전 알았다고, 퇴근하고 같이 밥을 먹자고 했습니다. 그녀도 알았다고 했지요. 퇴근 시간이 다 되어갈 무렵, 갑자기 그녀가 헬스클럽에 가서 운동 좀 하고 올 테니 한 시간만 기다려달라는 문자를 보내왔습니다. 기다렸지요. 한 시간 반이 지나서야 어슬렁어슬렁 나타나더군요. 어쨌든 같이 밥을 먹으러 갔는데, 저더러 계속 빨리 먹으라고 재촉하는 게 아닙니까? 그러더니 갑자기 오늘 쇼핑을 해서 짐이 많은데 마침 친구가 차를 가지고 근처를 지나가는 김에 태워준다고 했다며 먼저 일어나겠다는 겁니다. 사과의 의미로 다음 주에는 자기가 한 턱 내겠다면서요. 일단 그러라고 했지만 솔직히 화가 났습니다. 그래서 그녀가 집에 들어간 후 문자를 보냈을 때도 아주 냉담하게 대했죠.

그 주 목요일에 저는 그녀에게 전화를 해서 주말에 만나자고 했습니다. 이번엔 고등학교 때 친구들이 집에 놀러 오기로 했다더군요. 어쩔 수 없이 알았다고 했지요. 그리고 그날부터 그녀에게서 문자 오는 빈도가 눈에 띄게 줄었습니다. 제가 먼저 문자를 해도 아주 늦게 답을 하고요.

저는 일요일 저녁에 다시 한 번 데이트 신청을 했습니다. 수요일에 보자고 했더니 일이 생길 수도 있다며 화요일이 되어봐야 알 수 있다는 답이 돌아왔습니다.

화요일 저녁, 그녀에게 전화를 걸었지만 통화 중이었습니다. 30분쯤 후에 다시 전화를 했지만 받지 않더군요. 자느냐고 문자를 보냈지만 역시 답이 없었습니다. 그러다 다음 날 아침에서야 어제는 일찍 잠들었고 오늘은 회의가 있다고 문자가 왔습니다. 그럼 금요일에 보면 어떠냐고 문자를 보냈죠. 이번에는 아예 무시하더라고요. 그러더니 그날 밤 열두 시쯤 됐나. 문자로 미안하다고, 회사에 일이 터져서 정신이 없었다고, 오해하지 말라고 하더군요. 저는 차갑게 알았다고 했습니다. 한동안은 거리를 좀 두는 게 낫겠다고 생각하면서요.

제가 냉담해진 것을 그녀도 느꼈는지 그 후로 연이틀 먼저 연락을 해 왔습니다. 저도 예의상 답을 하긴 했지만 마음은 처음 같지 않습니다. 서로 잘 통한다고 생각했는데 저만의 착각이었던 걸까요? 그녀의 속내를 도통 알 수가 없네요.

아마 많은 이가 이런 상황을 겪어보았을 것이다. 첫 만남에서는 분명히 별 문제가 없었는데, 심지어 잘 통한다고 생각했는데 상대가 갑자기 돌변해서 헷갈리는 행동을 하는 상황 말이다. 이런 경우, 여자의 심리는 대체 무엇일까?

어떤 여자들은 그다지 호감 가지 않는 남자에게도 친절한 모습을 보인다. 특히 소개팅 같은 자리에서는 더욱 그렇다. 자신 때문에 분위기가 어색해지는 것을 원치 않기 때문이다. 그래서 상대가 딱히 마음에 들지 않아도 15분이 됐든 한 시간이 됐든, 일단 함께 있는 시간만큼은 자신이 상대에게 호감이 있다는 착각을 하게 만들 정도로 잘 웃고 떠들고 들어준다.

상대가 특별히 싫지만 않다면 시험 삼아 계속 만나보는 경우도 있다. 상대에게 기회를 주는 동시에 자신에게도 기회를 주는 셈이다. 첫 만남이 '재앙'이라고 할 정도로 엉망이지만 않았다면 이 '어장관리' 옵션을 선택하는 비율은 더욱 높아진다.

여자는 자신의 연락처에 있는 남자들을 세 종류로 분류한다. 만나자고 했을 때 안 나올 수도 있는 남자, 만나자고 하면 무조건 나올 남자, 그리고 절대 자신이 먼저 만나자고 할 일이 없는 남자다. 위 사례에서 평일에 갑자기 약속도 없이 회사로 찾아와 나오라고 한 것을 보면 주인공은 그녀에게 두 번째 부류였을 가능성이 크다. 만약 이때 그가 다른 약속이 있다거나 야근해야 한다는 핑계를 대며 퇴짜를 났다면 그녀의 마음속에 '순위 변동'이 생겼을지도 모른다.

그렇다면 그녀는 왜 갑자기 그를 찾아왔을까? 첫 번째로 추측 가능한 이유는 '심심해서'다. 두 번째 이유는 지난번 데이트 신청을 거절한 후로 남자가 냉담한 태도를 보인 것에 위기의식을 느꼈기 때문이다. 지나치게 밀어버리면 그가 아예 튕겨 나갈 수 있으니 다시 끌어당긴 것이다. 그래야 언제든 필요할 때 찾을 수 있을 테니까. 결국 그녀에게 그는 '스페어타이어'인 셈이다. 이후에 그녀가 운동을 하러 가겠다고 한 까닭도 그와 너무 오랜 시간을 보내고 싶지 않기도 하지만, 또 한편으로는 '스페어'로서의 순응도를 테스트한 것이라 할 수 있다.

이렇게 생각하면 식사 도중 그녀가 자리를 먼저 뜨면서 댄 핑계도 의심해볼 만하다. 정말 친구의 차를 얻어 타려던 것이었는지, 아니면 그 차를 타고 온 사람과 데이트를 하려고 더 이상 쓸모없어진 '스페어'를 두고 간 것인지 알 수 없기 때문이다.

그가 적극적으로 연락하면 냉담하다가도 그가 차갑게 대하면 먼저 연락하는 태도 역시 여자가 남자를 어떻게 생각하고 있는지 여실히 보여준다.

기억하자. 잘해준다고 해서, 친절하다고 해서, 대화가 잘 통한다고 해서 반드시 상대가 나에게 호감이 있다고 볼 수는 없다. 앞서 상대가

보내는 IOI 신호를 놓치지 말라고 수차례 강조했지만 그 IOI의 진실
성을 구별하는 것 또한 못지않게 중요하다. 냉철하고 명민한 판단력
을 길러 가짜 IOI에 속지 않도록 주의하자.

그녀가 당신과 술을 마시고 싶어 하지 않는 이유

가끔은 아무 문제도 없는데 그녀가 갑자기 당신을 피한다고 느껴질
때가 있다. 성공적으로 첫 데이트를 마친 이후, 어찌 된 일인지 다시는
그녀를 볼 수 없는 경우도 있다. 이런 일이 닥칠 때마다 당신은 어리둥절
하고 절망하며 심지어 화를 낼 것이다. 하지만 이 상황에서 가장 필요한
것은 냉정하게 마음을 가라앉히고 자신을 돌아보는 태도다. 스스로 깨
닫지 못했을 뿐, 분명히 당신은 무언가를 잘못했다.

늘 그렇듯 구체적 사례만큼 우리의 이해를 돕는 것은 없다. 다음의 사
례를 꼼꼼히 살펴보자.

내 지인 중 경제 케이블 방송국 PD가 있다. 올해 서른일곱이 된 그는
180센티미터의 훤칠한 키에 평범한 외모의 소유자이며 집과 차를 갖춘

준비된 신랑감이다. 실제로 본인도 빨리 결혼하고 싶어서 안달인데, 희한하게 줄곧 여자 친구가 없었다. 처음에는 나도 이상하다고 생각했다. 어느 면으로 보나 문제가 없는데 왜 여자가 생기지 않는 것일까?

그러던 어느 날, 그가 여자 친구가 생겼다고 했다. 문제는 만난 지 한 달이 넘었는데 아직 손도 못 잡아봤다는 것이다. 나는 농담조로 바보 아니냐고 그를 놀렸다. 하지만 그로서는 꽤 심각했던 모양인지, 내게 조언을 해달라며 같이 저녁 식사를 하자고 청했다. 그런 뒤 노래방으로 자리를 옮겨 여자 친구를 부를 테니 한 번 봐달라는 부탁도 했다. 사실, 친구들 사이에서 나는 '반 무당'으로 불린다. 남자와 여자가 함께 있는 모습을 10분만 보면 앞으로 그들이 계속 함께할지 헤어질지, 심지어 그 이유까지 다 알아맞히기 때문이다. 그래서 연애를 시작하면 거의 대부분 한 번씩 봐달라고 부탁한다.

어쨌든 그날 저녁 식사를 하면서 나는 그에게 유용한 기술 몇 가지를 알려주었다. 그는 긴장했는지 이야기하는 동안 꽤 많은 술을 마셨다. 식사 후 노래방으로 자리를 옮기고, 그가 여자 친구를 불러냈다. 그전에 나는 그에게 사전 작업으로 분위기를 띄우라며 유용한 게임을 몇 가지 알려준 상태였다. 그런데 내 조언을 잊었는지 게임도 하지 않고 그녀에게 무작정 술만 권하기 시작했다.

처음에는 그녀도 아무렇지 않게 술을 마시고 노래도 불렀다. 그러자 그는 두 번째 조언, 즉 그녀의 어깨에 손을 얹고 가까이서 대화를 시도하라는 조언을 실행에 옮겼다. 사실, 노래방처럼 시끄러운 곳에서는 자연스럽게 스킨십을 시도하는 방법으로 이만큼 효과적인 것도 없다. 하지만 아무래도 그는 내 조언을 잘못 이해한 듯했다. 나는 분명히 대화를 하라고 했는데, 아무 말도 없이 다짜고짜 그녀의 어깨에 팔을 두르고 끌어안은 채 죽어라 놓지 않았으니까. 언뜻 봐도 그녀는 잔뜩 긴장한 모습이었다. 경계심이 점점 높아지는 것이 눈에 보일 정도였다. 하지만 그 순간 그는 완전히 무지하고 철저히 무신경했다. 그녀의 감정은 아랑곳없이 신나게 노래를 부르는 데만 빠져 있었던 것이다.

노래를 부르다니! 이 역시 나의 조언과는 상반된 행동이었다. 그의 노래 실력을 익히 알고 있던 나는 제발 노래만은 부르지 말라고 했었다. 하지만 무슨 생각인지 그는 이 조언마저 무시했다. 그렇게 엉망진창으로 노래를 부르는 동안 그는 그녀의 손을 꽉 잡고 놓아주지 않았다. 그녀의 얼굴은 점점 굳어졌고, 더 이상 술도 마시지 않았다. 우리가 권해도 끝끝내 물만 마셨다(여자는 남자에게 위협을 느끼거나 불안해지면 절대 그의 앞에서 술을 마시지 않는다). 그리고 몇 차례나 그에게 잡힌 손을 빼려고 애썼다. 하지만 그는 그녀가 단지 부끄러워서 그런 것이라 착각했는지 끝까지 놓지 않았다. 이쯤 되니 내가 다 미안할 지경이었다.

자정이 되자 그녀가 집에 가겠다며 일어섰다. 처음에 그는 못 가게 하려고 붙잡았지만 그녀가 마음을 돌리지 않자 이번에는 집까지 데려다주겠다며 고집을 부렸다. 그녀는 혼자 가겠노라며 강경하게 나왔다. 그 순간 나는 그녀가 다시는 그를 볼 생각이 없음을 눈치챘다. 집에 데려다주는 것조차 싫을 정도로 정이 떨어졌던 것이다. 심지어 혼자 돌아갈 수 있도록 그를 말려달라고 몰래 내게 도움을 청할 정도였다. 그녀가 불쌍해진 나는 그냥 택시만 잡아주자며 그를 설득했다. 하지만 이미 취할 대로 취한 그는 말이 통하는 상대가 아니었다. 결국 그는 술에 취해 비틀거리며 그녀를 거의 끌고 가다시피 걷기 시작했다. 무뢰한도 그런 무뢰한이 없었다. 가엾은 아가씨는 겁에 질린 모습이 역력했다. 그와 함께 가느니 차라리 혼자 가는 편이 더 안전하겠다는 생각이 얼굴에서 보였다.

그와 함께 차를 탄 이후에 그녀는 내게 계속 전화했다. 나는 그녀를 안심시키려 애썼지만, 한편으로는 나라도 그런 남자와 같이 있으면 무섭겠다는 생각이 들었다. 어쨌든 내가 할 수 있는 일이라고는 그녀가 무사히 집에 돌아가기만을 비는 것뿐이었다.

그렇게 두 사람은 끝장났다. 그녀는 그날 즉시 그를 연락처에서 지우고 메신저에서도 차단했다. 하지만 남자는 다 그녀를 걱정해서 집까지 데려다준 것뿐이라며 억울함을 호소했다. 그밖에도 그날 자신이 무슨 잘못을 했는지, 그는 전혀 알지 못했다.

아마도 자신의 잘못을 깨닫지 못하는 이상 그는 평생 결혼 따위는 하지 못할 것이다. 상대의 감정은 전혀 고려하지 않고 오로지 자기가 하고 싶은 대로만 움직이는 이런 남자에게 과연 어떤 여자가 자기 인생을 맡길까.

여자와 함께할 때는 항상 상대의 감정 변화에 주의를 기울여야 한다. 그리고 그녀가 명백히 불편해하거나 불안해할 때는 더 이상 자기 생각을 밀어붙이거나 고집해서는 안 된다. 이런 행동은 그녀가 당신을 더욱 싫어하고 멀리하게 만들 뿐이다.

남자는 번식, 여자는 생존

생존가치(Survival Value)는 경제 능력 및 사회적 지위를, 번성가치(Replication Value)는 외적인 조건과 연령 등을 가리킨다. 남자는 여자의 번성가치에 치중하는 반면, 여자는 남자의 생존가치에 더 집중하는 경향이 있다. 비교적 높은 생존가치와 번성가치를 보여주기 위해 취하는 모든 행동을 DHV, 즉 높은 가치의 증명이라고 한다.

DHV가 효과적이려면 두 가지 전제가 성립해야 한다.

첫째, 당신이 중점을 두는 높은 가치는 상대보다 우월해야 한다. 당신이 보이고자 하는 높은 가치는 반드시 상대방보다 우월해야 한다. 그래야 상대에게 매력적으로 작용할 수 있다.

둘째, 당신이 보여주고자 하는 높은 가치에는 반드시 어느 정도 진실성이 있어야 한다. 자신의 높은 가치를 증명하려 할 때 흔히 사실을 과장 또는 축소하게 된다. 그러나 이 모든 과정은 반드시 진실을 기반으로 해야 한다. 그렇지 않으면 높은 가치의 증명이 아니라 악의적인 거짓말, 사기나 다름없기 때문이다.

DHV는 고도의 주의력과 상황 판단력, 적절한 유머 감각이 필요하다. 잘못된 DHV는 오히려 상대의 반발심을 야기해서 한순간에 비호감으로 전락하는 원인이 될 수 있다. 다음은 잘못된 DHV의 실제 사례다.

지인 중에 젊고 능력 있으며 외모도 괜찮은 남자가 있다. 사회적 신분도 높은 축에 속한다. 그런데 함께 다니는 여자들을 보면 점수를 많이 줘봐야 6점 내외로, 한마디로 정말 괜찮은 여자들은 그와 잘 어울리려 하지 않는다. 이유가 무엇일까? 여러 가지가 있겠지만 잘못된 DHV가 가장 큰 이유일 것이다.

하루는 볼일을 보러 나가는 길에 우연히 그의 차를 얻어 타게 됐다. 그런데 가는 내내 그는 내게 이런 이야기만 해댔다.

"어제는 교육부의 제일 높으신 양반이랑 식사를 했어. 좀 친하거든. 못 믿겠어? 지금 당장 전화 연결을 해서 인사시켜줄 수도 있다니까. 자, 여기 내 휴대전화 줄 테니까 연락처 한번 쭉 봐봐. 난 지금 운전 중이니까…… 한번 보면 내가 매일 어떤 사람들과 만나는지 알 수 있을 거야. 대부분 정부 고위급 인사들인데, 어느 부서냐면 말이지……."

난 이미 반쯤은 흘려듣고 있었다. 그가 매일 누구를 만나든 나와 무슨 상관이란 말인가? 하지만 그는 자신의 화려한 인맥 자랑에 여념이 없었다. 그러다 이제 겨우 다른 화제를 꺼내나 싶었는데, 이번에는 평소 자기가 얼마나 비싸고 고급스러운 음식점만 골라 다니는지 한바탕 늘어놓는 것이 아닌가. 어디어디에서 한 끼에 몇백만 원이 넘는 밥을 먹고, 어디어디에 가서 또 몇백만 원이 넘는 돈을 써가며 놀았고……. 그는 그런 식으로 자신이 얼마나 '수준 있게' 사는지를 과시하려 애썼다. 하지만 이런 '자랑'은 여자의 호감을 얻기는커녕 오히려 반감을 살 뿐이다.

가는 길에 그가 잠시 어딘가에 들렀다 가자며 차를 세웠다. 나중에 알았지만 우리 두 사람 모두 깜박하고 차 안에 가방을 두고 내렸다. 볼일을 보고 돌아온 뒤, 그는 뒤늦게 그 사실을 깨닫고는 외마디 비명을 질렀다. 그러고는 왜 가방을 챙기라고 하지 않았냐며 나를 나무랐다. 기가 막힌 내가 '내 가방도 차 안에 있지 않느냐'고 하자, 그는 과장되게 한숨을 내쉬며 말했다.

"내 가방에는 이백만 원이 들어 있다고. 현금으로 말이야!"

나 역시 한숨을 내쉬며 대꾸했다.

"그러게, 사실 나도 가방에 돈이 있어. 수강비 받았는데 아직 은행에 못 넣은 거랑, 이런저런 부수입까지 한 사백만 원쯤 돼. 아, 물론 현금으로 말이야!"

위의 DHV는 완전히 실패한 사례다. 호감을 얻기는커녕 상대의 반감을 사고 심지어 옹졸한 남자라는 인상을 남겼기 때문이다. 이처럼 부적절한 DHV는 차라리 안 하는 것만 못하다.

자신의 높은 가치를 증명하는 것은 평소 나누는 대화뿐만 아니라 SNS, 메신저, 어울리는 친구 등 다양한 방면에서 시도할 수 있다. 특히 당신에게 호감을 느꼈다면 여자는 오히려 당신의 말보다는 이런 면을 더 집중해서 본다. SNS에 올라온 글 하나, 메신저의 상태 메시지 목록 등에서 얻는 정보가 때로는 당신에게 직접 듣는 말보다 훨씬 유용하기 때문이다.

앞서 노래 실력이 형편없으면서도 사귄 지 얼마 되지 않은 여자 친구를 노래방에 데리고 갔다가 결국 다음 날 차인 친구를 언급했다. 그 일이 있은 후 그는 내게 상담을 요청했는데, 그때까지도 자신이 무엇을 잘못했는지 깨닫지 못하고 있었다. 나는 차분히 그에게 말했다.

"이 사회에는 두 종류의 사람이 있어. 뛰어난 사람과 결함투성이인 사람. 그런데 잘 살펴보면 뛰어난 사람이라고 모든 면에 우수하지는 않아. 결함투성이라고 해서 우수한 면이 없는 것도 아니지. 그러면 왜 이런 차이가 나느냐? 뛰어난 사람은 자신의 우수한 점을 잘 드러내는 동시에 결함은 잘 보이지 않게 숨길 줄 알아. 하지만 결함이 많은 사람은 자신의 좋은 면, 나쁜 면을 구별 없이 모두에게 까발리지. 여기서 근본적인 차이가 생기는 거야."

그러자 친구가 이해할 수 없다는 듯 물었다. 자기는 그녀에게 자신의 진실한 모습을 보여주고 싶었을 뿐인데, 그것이 잘못이냐고 말이다.

물론 잘못은 아니다. 사랑하는 사람에게 있는 그대로의 모습을 보이고 있는 그대로 사랑받는 것, 누구나 이렇게 될 수 있기를 바란다. 하지만 진실한 면모를 보여주는 것은 결혼하기로 한 뒤에 해도 늦지 않다. 어쨌든 사귄 지 며칠 만에 할 일은 아니다.

서로를 아직 잘 모를 때는 되도록 자신의 높은 가치를 보여주려고 노력해야 한다. 그런 뒤 조금씩 자신에 대해, 상대에 대해 알아가는 과정이 필요하다. 그렇게 서로를 이해하는 접점이 조금씩 많아지면 어느 순간 자신의 모습을 있는 그대로 보여줘도 될 만큼 심리적으로 가까워졌음을 느끼게 될 것이다.

성공적인 DHV를 위한 조언 1, 직업

DHV의 고수는 자신의 높은 가치를 세련된 방식으로 은근히 드러낼 줄 안다. 직업의 경우 아무리 좋은 회사, 높은 직위에 있어도 이를 노골적으로 밝히는 것은 성공적인 DHV라 할 수 없다. 잘못하면 상대에게 뻐긴다는 인상을 줄 수 있기 때문이다. 그보다는 재미있는 에피소드를 이야기하면서 슬쩍 자신의 정보를 흘리는 편이 훨씬 효과적이다. 이렇게 하면 '유머러스한 사람'이라는 추가 점수도 얻을 수 있다.

수강생 중에 지멘스에서 프리세일즈 엔지니어(Presales Engineer)로 일하는 남성이 있었다. 그는 고객을 만나거나 경쟁 입찰에 참여하기 위해 자주 해외 출장을 다닌다. 다음은 효과적인 DHV를 위해 그에게 맞춰 준비한 에피소드다.

난 해외로 출장을 자주 가는 편인데, 한번은 팀원들을 이끌고 독일에 간 적이 있어요. 경쟁 입찰을 마친 후에 여독도 풀 겸 다 같이 술집에 갔죠. 아시다시피 독일 맥주가 유명하잖아요. 술집에 들어서자마자 일단 바로 향했어요. 그리고 바텐더에게 어떤 술이 독하냐고 물었죠. 바텐더 뒤쪽에는 다양한 술병이 꽉 들어찬 다섯 칸짜리 선반이 있었는데 그중 밑에서 두 번째 칸을 가리키면서 여기 있는 술들이 비교적 독한 편이라

하더군요. 그 칸을 스윽 본 뒤에 그것보다 독한 술은 없냐고 물었어요. 그랬더니 바텐더가 좀 놀라는 눈치더라고요. 흠, 술 좀 마시는 동양인이 왔군. 뭐 이런 느낌이랄까요? 아무튼 이번에는 세 번째 줄을 가리키며 이 정도면 꽤 독한 편이라고 하더군요. 보통 사람은 두 세잔만 마셔도 다음 날까지 일어나질 못한다나요? 하지만 난 다시 물었지요. 그보다 더 독한 술은 없냐고 말이죠. 그러자 이번엔 바텐더의 눈이 휘둥그레졌어요. 그러더니 맨 윗줄을 손짓하며 말하더군요.

"내가 여기서 바텐더로 일한지 삼 년째인데 그동안 저 윗줄에 있는 술을 마신 사람은 본 적이 없소. 만약 저 술을 마실 수 있다면, 당신은 세계 최고의 주당일 거요!"

나는 고개를 끄덕이며 말했어요.

"콜라 한 잔 줘요."

얼핏 보기에는 출장지에서 있었던 재미있는 에피소드 같지만 사실 여기에는 고도의 DHV가 숨어 있다. 만약 그가 자신은 지멘스에서 프리세일즈 엔지니어로 일하고 있고 해외 출장을 자주 간다고 직접적으로 말했다면 상대는 단순한 사실의 나열로만 받아들일 뿐, 아무런 매력도 느끼지 못할 것이다. 더 나쁜 경우에는 해외 출장을 자주 간다는 말을 굳이 했다는 이유로 그를 얄팍한 능력을 가지고 엄청나게 뻐기는 사람이라고 생각할 수도 있다.

하지만 이렇게 이야기 속에 정보를 심어서 전달하면 상대에게 거부감을 일으키지 않으면서 자신의 직장, 지위, 능력까지 어필할 수 있다. 혹시라도 상대가 정보를 제대로 파악하지 못할까 봐 걱정할 필요는 없다. 이야기 속에 숨겨진 실마리를 놓칠 만큼 둔한 여자는 많지 않으니까.

에피소드를 이용한 DHV의 또 다른 장점은 상대의 정보 역시 자연스럽게 이끌어낼 수 있다는 점이다. 이야기를 마친 후에 "일하면서 재미있는 일 없었어요?"라고 물어보면 되기 때문이다. 직접적으로 무슨 일을 하는지 묻는 것보다 훨씬 세련된 접근법이기도 하다.

사실, 그가 독일 출장을 다녀오기는 했지만 술집 에피소드는 내가 어느 유머 책에서 본 내용을 그에게 맞춰 각색한 것이다. 이 정도 각색은 문제가 되지 않는다. 물론 아예 독일에 간 적도 없고, 상대가 그 사실을 알게 된다면 문제이겠지만 말이다. 실제로는 해외 출장을 가도 업무만 마치고 바로 귀국해야 하기 때문에 재미있는 일이 생길 틈도 없다고 한다.

직업상의 DHV는 상대방에게 도움을 청하는 방식으로도 이루어질 수 있다.

역시 내 수업을 듣는 수강생 중 모 백화점의 마케팅 매니저가 있다. 나는 명절이나 휴일마다 특별 마케팅전략을 세워야 하는 그의 직무 특성을 살려서 다음과 같이 DHV 루틴을 짜주었다.

남 : 평소 쇼핑하러 어디로 가세요?

여 : A 백화점도 가고, B 쇼핑몰도 자주 가요.

남 : 그곳으로 가는 특별한 이유라도 있어요? 쇼핑 환경이 마음에 든다거나, 선호하는 브랜드가 있다거나, 아니면 프로모션 활동이 마음에 든다거나 그런 것들이요.

여 : 다 해당되는 것 같은데요.

남 : 아, 그럼 거기 회원 카드는 다 만드셨어요(이쯤 되면 상대도 슬슬 궁금해지기 시작한다. 대체 이 남자는 왜 이런 질문들을 하는 것일까)?

남 : 사실, 제가 요새 고민 중인 프로젝트가 있거든요. 더 많은 고객을 유치하기 위한 마케팅전략을 짜는 중인데 특히 명절이나 연휴 기간에 구매를 하면 포인트를 평소의 두 배로 주는 안을 검토하고 있어요. 아, 물론 회원에게요. 포인트는 바로 현금처럼 쓸 수 있고, 포인트를 사용하면 최대 오십 퍼센트까지 할인도 받을 수 있어요. 회원 카드가 없으면 최대 할인율은 사십 퍼센트고요. 만약 이런 상황이라면 회원 카드를 만드시겠어요? 저희 목표가 회원을 최대한 많이 확보하는 것이거든요.

여 : 전 만들 거예요. 회원 가입 절차가 너무 복잡하지만 않으면 포인트를 받는 편이 훨씬 이득이잖아요.

이후에 벌어진 상황을 학생에게 들은 대로 간단히 적자면, 상대 여성은 꽤 열띤 모습으로 더 많은 회원을 확보할 아이디어를 끊임없이 제안했다고 한다. 그는 그녀가 이렇게 대화에 열중하는 모습은 처음 보았다며 의아해했다. 대체 위 대화의 어떤 부분이 그녀를 그토록 열성적으로 만든 것일까?

남자만 DHV를 하는 것이 아니다. 여자도 한다. 즉, 그가 높은 가치를 증명하고자 한 만큼 상대 여성도 자신의 가치를 보여주고 싶었던 것이다. 그래서 그가 조언을 구했을 때, 이를 자신의 가치를 증명할 기회로 받아들이고 열성적으로 대화에 임했다고 볼 수 있다. 더구나 쇼핑이라고 하면 대부분의 여자가 자신 있어 하는 분야 아닌가!

물론 이 방식도 상대의 사정에 맞춰 다양하게 변주해야 한다. 만약 상대 여성이 경제적인 이유로 쇼핑을 즐기지 않거나 백화점을 자주 가지 않는다면 이런 질문은 오히려 그녀의 기분을 상하게 할 것이다. 상대에 맞춰 질문을 바꾸는 응용력을 발휘해야 비로소 기대하던 효과를 얻을 수 있다.

성공적인 DHV를 위한 조언 2, 프라이버시

일단 마음이 통했다고 느끼면 여자는 그때부터 당신의 사적인 부분을 궁금해한다. 보통의 친구라면 알 수 없는 가족 이야기나 집안 배경, 소소한 비밀 같은 것들 말이다. 물론 대부분 남자에게는 이런 부분을 공유하는 것이 마냥 편하고 좋기만 한 일은 아니다. 그러나 상대에게 '너는 내게 특별하다'는 확신을 주려면 이 과정을 반드시 거쳐야 한다.

그렇다고 무슨 면접 보듯이 자기 배경을 줄줄 읊을 필요는 없다. 대화를 하면서 자연스럽게 스토리 형식으로 전달하면 된다. 다음은 실제로 내가 한 수강생에게 짜준 성장 배경 스토리다.

아버지는 외동아들이셨어. 알겠지만 우리 부모님 세대에는 보통 형제자매가 몇씩 있잖아. 근데 혼자만 외동이니까, 어려서부터 형제자매 있는 애들이 그렇게 부러웠다 하시더라고. 그래서 나중에 결혼하면 자식을 많이 낳아야겠다고 생각하셨대.

아버진 원래 고등학교에서 교편을 잡고 계셨는데, 피치 못할 사정으로 그만두셨어. 사실 국가의 정책에 따르지 않고 자식을 둘이나 낳은 걸 학교 측이 알게 됐거든. 그때만 해도 한자녀 정책이 엄격하게 시행됐잖아. 아무튼 그렇게 일자리를 잃고 고민하시다가 사범대 시절 친구 몇 명이랑 사립학교를 세우셨어. 다행히 학교는 몇 년 만에 자리를 잡았고, 집안 사정도 점차 나아졌지. 셋째도 태어났어. 그게 바로 나야. 그리고 내가 열두 살 되던 해, 우리 부모님은 생각지도 않은 늦둥이까지 얻으셨어. 그것도 쌍둥이로 말이야! 그렇게 우리는 다섯 남매가 됐어. 학교에서 충분한 수입이 생겼기에 망정이지, 그렇지 않았다면 부모님이 우리 다섯을 어떻게 키우셨을지 상상하기도 힘들어(이 부분이 바로 전체 스토리의 핵심이다).

이야기가 여기까지 이르면 대개는 왜 아버지의 학교에서 선생님을 하지 않느냐고 질문할 것이다.

사실, 나도 사범대를 나오긴 했어. 졸업하자마자 교단에서 영어를 가르쳤었지. 첫해에는 나도 의욕이 넘쳐서 아이들이 가장 좋아하는 선생님이 되겠다는 목표를 세웠어. 그래서 수업을 재미있게 하려고 자료 준비도 열심히 하고 학생들의 흥미를 끌 만한 농담이나 웃긴 이야기도 찾아보고 그랬지. 당시에 내가 맡은 반이 세 개였는데 수업 때마다 준비한 이야기나 농담을 하잖아. 그럼 애들은 처음 듣는 거라고 해도, 난 똑같은 얘기를 세 번씩 반복하는 셈이더라고. 그게 좀 답답하더라. 게다가 내년에도 똑같은 레퍼토리를 또 반복해야 한다고 생각하니 왠지 머리가 지끈거렸어. 그제야 '아, 선생은 내 적성이 아닌가 보다' 하는 생각이 들었지. 그래서 결국 새로운 꿈을 좇아 고향을 떠나 이곳으로 온 거야.

그러면 상대는 새로운 꿈이 무엇인지 등의 질문을 할 것이다. 다음부터 이야기를 어떻게 이끌어갈 지는 각자의 몫이다. 위의 스토리를 참고해서 자신의 인생 스토리를 미리 준비해보자. 언제 어떻게 쓰일지 알 수 없으니 말이다.

성장 배경이나 가족관계 등 사적인 영역에 속하는 내용을 이야기할 때는 반드시 재미가 있어야 한다. '집이 몇 평이고 무슨 차를 굴리며 아버지는 어떤 일을 하신다'는 식으로 무미건조하게 사실만 늘어놓아서는 상대에게 당신의 높은 가치를 부각시켜 보여줄 수도, 매력을 느끼게 할 수도 없다.

게다가 요즘에는 자신이 아무리 알고 싶더라도 상대가 그 점을 노골적으로 짚어 밝히는 것을 싫어하는 경우가 많다. 그렇기 때문에 은근하고 세련된 방식으로 상대의 궁금증을 만족시킬 줄 알아야 한다. 이런 능력만 제대로 발휘한다면 얼마든지 상대의 마음을 사로잡을 수 있다.

상대에게 부족한 부분을 겨냥해 DHV를 하라

DHV를 할 때는 먼저 상대의 수준을 파악해야 한다. 이를 고려하지 않으면 오히려 부정적 결과를 초래할 수 있다.

예를 들어 상대 여성의 점수가 6이라면 DHV도 6.5에서 7쯤에 맞춰야 한다. 그 이하면 상대에게 수준 미달이라는 평가를 받을 것이고, 그 이상 이면 거만하고 과시적인 사람으로 보일 것이다. 상대의 수준에 맞춰 적 정선에서 DHV를 해야만 친근감을 주는 동시에 사귈 만한 사람이라는 인상을 줄 수 있다. 물론 허영심 많은 여자가 이상형일 경우는 자신의 가 치를 한껏 부풀려 보여줘도 상관없다. 그럴수록 상대는 좋아할 테니까.

예를 들어보자. 그녀가 월 200만 원을 번다면 당신은 300만 원을 벌어 야 높은 가치를 지녔다고 할 수 있다. 만약 현재 그녀가 당신보다 많은 돈을 번다고 해도 10년 뒤를 생각했을 때 그녀는 여전히 같은 수준인 반 면 당신은 현재의 몇 배에 달하는 돈을 벌 수 있다면 이 역시 높은 가치 를 가진 것이라 하겠다.

여자는 누구나 상대적으로 조건이 좋은 남자를 만나고 싶어 한다. 여 기서 '상대적'의 기준은 자기 자신이다. 절대적으로 조건이 우수한 남자 가 아니라 자신보다 상대적으로 좋은 조건을 가진 남자를 원한다는 것 이다. 자신의 수준은 고려하지 않고 무조건 월등한 남자를 바랄 만큼 현실 감각이 떨어지는 여성은 그리 많지 않다.

DHV의 수위를 조절하는 일은 의외로 중요하다. 당신이 보여주는 가치가 지나치게 높으면 상대는 당신이 자신에게 호감을 가졌다는 사실 자체에 의구심을 품고 뒤로 물러설 것이다. "당신처럼 잘난 남자가 대체 왜 나 같은 여자를 좋아하느냐?" 하는 식이다. 또 DHV에 너무 힘이 들어가면 허풍으로 비춰져서 못 미더운 사람으로 찍힐 수 있다. 이 경우에도 상대는 몸을 사릴 것이다. 만약 몸을 사리지 않는다면 상대 역시 허영심 많고 물질적인 여자일 공산이 크다.

내 지인 중 경제적으로 상당히 넉넉한 남자가 있다. 대도시에 집과 차가 있고 자기 회사를 운영할 정도니 꽤 부유하다고 할 수 있다. 그럼에도 아직까지 솔로인데 본인의 주장으로는 만나는 여자마다 다 속물이었기 때문이라고 한다. 물론 본인에게도 문제가 있겠지만 그의 일화를 들어보면 이해가 되지 않는 것도 아니다.

한번은 그가 모델 출신의 아름다운 여성과 소개팅을 했다. 어떤 남자에게도 거절을 당해본 적이 없을 것 같은 미모의 소유자였다. 평탄한 분위기 속에서 식사를 마치고 자리를 옮겨 차 한 잔을 마시려는데, 마침 가려던 카페가 가까운 거리에 있었던 터라 그는 그녀에게 걸어가자고 했다. 그러자 그녀가 눈살을 약간 찌푸리며 물었다.

"혹시 차 없으세요?"

그는 왠지 심통이 나서 없다고 대답해버렸다. 그러자 그때부터 그녀의 태도가 눈에 띄게 변하기 시작했다. 대화에 영 열의를 보이지 않고,

묻는 말에도 겨우 대답만 했다. 그런데 어쩌다 그가 지금 앉아 있는 이 카페가 자신의 소유라고 밝히자 또다시 확 변해서 갑자기 사근사근하게 구는 것이 아닌가. 지나치게 속물적인 그 모습에 실망한 그는 애프터 신청도 하지 않고 그녀를 집으로 돌려보냈다. 하지만 그녀는 포기하지 않고 그 후로도 며칠 동안 그에게 먼저 연락을 해왔다. 결국 그는 해외로 출장 간다는 핑계를 대고 연락을 끊어버렸다.

물론 모든 여자가 위의 모델 같지는 않다. 대개는 자신과 맞는, 자기보다 조금 더 나은 수준의 남자를 선호한다. 특히 자신이 부족하다고 생각하는 부분에서 상대의 가치를 발견할 때 더욱 매력을 느낀다.

이른바 '높은 가치'란 상대가 가지지 못한 것, 또는 내가 상대보다 더 많이 가지고 있는 것에서 비롯된다. 예를 들어 재력이나 높은 사회적 지위 등은 분명히 높은 가치에 속하지만 목표로 하는 여성이 이런 것을 이미 갖춘 상태라면 더 이상 높은 가치라고 볼 수 없다. 왜냐하면 이런 요소들이 그녀에게 매력적으로 작용할 수 없기 때문이다. 만약 이 사실을 무시한 채 계속 재력과 지위를 높은 가치로 내세우면 상대의 마음을 얻기는커녕 오히려 비웃음을 사게 된다.

상대를 제대로 공략하고 싶다면 그녀에게 부족한 것이 무엇인지를 먼저 파악해야 한다. 경제적으로나 사회적으로 풍족하게 자랐지만 집안이 엄한 탓에 평소 무료한 생활을 반복하는 여성에게는 자극과 재미를 줄 남자가 높은 가치를 지닌다. 반대로 물질적인 면에서 부족함을 느끼는 여성은 탄탄한 경제적 기초를 갖춘 남자에게 매력을 느낀다. 이처럼 상대에게 부족한 부분을 겨냥해서 DHV를 시도하면 성공 확률이 비약적으로 높아진다.

미모와 재력을 갖춘 '완벽녀'가 농사꾼과 결혼했다면 믿겠는가? 그런데 실제로 내 친구가 그랬다. 왜 지금의 남편을 선택했냐고 물었더니, 그녀는 이런 이야기를 들려주었다.

"그는 정말 대단한 사람이야. 언제 가지를 심어야 할지, 토마토는 또 어디서 키워야 하는지 다 알거든. 한번은 내 생일날 자기가 직접 키운 딸기를 한 아름 가지고 왔는데, 얼마나 달콤했는지 몰라. 여태껏 가방이나 화장품 같은 건 지겹도록 받아봤지만 그런 선물은 처음이었어. 얼마나 감동했는지! 이전까지는 나한테 그렇게 정성 어린 선물을 해준 사람이 없었거든. 거기서 확 반해버렸지, 뭐."

미래가 없으면 연애도 없다

여자는 선택을 싫어한다. 한 가지를 선택하기 위해 수백, 수천 가지를 생각해야 하기 때문이다. 남자를 고를 때도 마찬가지다. 그래서 수없이 고민하고 망설인 끝에 마지막으로 결정적인 질문을 날린다. 이 질문에 만족할 만한 대답이 나오면 그녀는 당신을 선택하겠지만 그렇지 않으면 가차 없이 명단에서 제외해버릴 것이다. 그 질문은 바로 '장래 계획이 어떻게 되느냐'이다.

여자가 당신에게 이 질문을 던진다면 그 자체로 확실한 IOI라 볼 수 있다. 장담컨대 여자는 관심 없는 남자에게 절대 장래 계획을 묻지 않는다. 만약 당신이 상세하고 체계적인 답을 내놓는다면 그녀는 더 이상 고민하지 않고 당신을 선택할 것이다. 당장 집이나 차가 없어도 괜찮다. 진지하고 성실하게 미래 계획을 세우고 있다는 점만으로도 그녀는 당신을 장차 그 모든 것을 가질 만큼 잠재력 있는 남자로 볼 것이기 때문이다. 하지만 반대로 모호하게 대답하거나 아예 생각해본 적이 없다는 식으로 반응하면 그녀는 두 번 고민하지 않고 당신을 '애인 후보 리스트'에서 지워버릴 것이다. 차도, 집도 없는데 계획마저 없다니! 그런 남자에게 무얼 믿고 자기 인생을 맡기겠는가? 물론 지금 당장 상세하고 확고한 장래 계획을 세우라는 것은 아니다. 최소한 그녀에게 자신이 그런 것을 가지고 있다고 믿게 만들라는 것이다.

사실, 이것은 절호의 기회다. 이 질문을 역으로 이용하여 자신이 생각하는 미래에 상대 또한 포함되어 있음을 은근히 어필하면 모호한 호감을 명백한 확신으로 바꿔놓을 수 있기 때문이다. 어쩌면 질문을 할 때까지만 해도 그녀는 반드시 당신과 함께하겠다는 생각이 없었을지도 모른다. 그러나 당신이 장래 계획을 진지하게 이야기하면서 그녀를 은근슬쩍 그 안에 끼워 넣는 순간, 두 사람은 이미 함께한 것이 된다.

또한 장래 계획을 이야기하면서 동시에 DHV를 시도할 수도 있다. 앞에서 소개한 지멘스 엔지니어를 상기해보자. 그의 경우, 젊은 나이에 벌써 외국 기업에서 팀장을 맡고 있다. 그만큼 앞으로의 발전 가능성이 큰 것이다. 상대에게 장래 계획을 설명하면서 이 점을 적절히 강조하면 자신의 높은 가치를 효과적으로 어필할 수 있다.

고등학교에서 체육 교사로 일하고 있는 수강생이 있다. 사실, 미래에 그의 가치가 크게 상승할 가능성은 그리 많지 않다. 고작해야 마흔 살에 부장 교사가 되는 것 정도랄까? 이런 장래 계획이 여성에게 매력적으로 보일 리 만무하다. 그래서 나는 그를 위해 다음처럼 장래 계획을 포장해주었다.

요새 우리나라에서 가장 발전 가능성 있는 업종이 헬스트레이닝이래. 그럴 법도 한 게, 요즘은 거의 다 제대로 운동을 못 하고 살잖아. 대부분 책상 앞에 앉아서 키보드만 두드리고 있으니까. 그래서 일부러 시간 내서라도 전문적인 도움을 받아 운동하려고 한단 말이지. 그래서 생각해봤는데, 나는 평소 수업이 많지 않으니까 빈 시간을 이용해서 헬스트레이너로 일해볼까 해. 일단은 다른 사람 밑에서 일하면서 헬스클럽 운영이라든가 관리 노하우 등을 배워야겠지. 그리고 나중에 내가 직접 헬스클럽을 차릴 거야. 사실, 이미 생각해놓은 운영 방법도 있어. 최근 미국에서 유행하는 건데 연회비를 보증금 형식으로 받는 거야. 헬스클럽을 등록해 놓고도 의지가 약해서 몇 번 다니다 마는 사람이 태반이잖아? 그런 사람들을 위해서 확실한 동기부여를 해주는 거지. 일주일에 몇 번, 예를 들어 두 번 나오기로 했다면 한 번 빠질 때 보증금을 십 달러씩 깎는 거야. 두 번 다 안 나오면 십오 달러씩 깎고. 이렇게 계속 깎이다가 보증금이 다 사라지면 다시 일정 액수의 보증금을 내야만 계속 운동을 할 수 있어. 물론 열심히 운동한 만큼 남은 보증금은 일 년 후에 돌려주고 말이야. 네 생각은 어때? 이런 운영방식이 우리나라에서도 통할까?

만약 상대 여성이 적극적으로 의견을 개진하며 대화에 임한다면 장래 계획을 통한 DHV가 확실하게 성공한 것이다. 여자는 미래를 진지하게 고민하고 성실하게 노력하는 '전도유망한 청년'에게 매력을 느낀다. 여타 조건이 비슷한 상황이라면 꿈과 포부를 가진 남자가 선택받는 것이 당연하다.

때로는 프로필 사진이 성패를 가른다

━━━━━∞━━━━━

페이스북, 트위터, 카카오톡, 카카오스토리, 인스타그램……. SNS는 이미 우리의 일상과 떼려야 뗄 수 없는 관계가 되었다. 요즘에는 누구나 자신의 '작은 왕국'을 소유하고 있기에 타인과의 소통도 많은 부분이 SNS에서 이뤄진다. 심지어 SNS로만 연락하는 친구, 동창, 동료도 있다. 실제로 언제 만났었는지 기억나지 않을 정도로 오랫동안 온라인을 통해서만 소통하는 경우도 적지 않다. 이런 세태가 일반화될수록 더욱 중요해지는 요소가 있으니, 바로 프로필 사진이다.

프로필 사진은 SNS상에서 타인에게 가장 먼저 보이는 나의 첫 번째 이미지다. 심지어 서로 얼굴을 볼 일이 별로 없는 상대에게는 이 프로필 사진이 아예 나의 진짜 모습으로 각인될 수 있다. 프로필 사진을 대충 골라서는 안 되는 이유다.

얼마 전, 친한 친구가 어느 파티에서 정말 마음에 드는 여성을 만났다고 했다. 그녀에게 완전히 반해버린 그는 처음부터 적극적으로 대시했고, 결국 연락처를 받아냈다. 그 후로 두 사람은 메신저를 통해 날마다 대화를 주고받았다.

한번은 그가 내게 그 여성의 메신저 프로필 사진을 보여주며 예쁘지 않느냐고 물었다. 사진을 본 나는 조금 실망하고 말았다. 생각한 만큼 아름답지 않았던 것이다. 내가 솔직한 감상을 말하자 그는 웃으며 질투하는 게 아니냐고 놀려댔다. 나는 벌컥 화를 냈다. 그도 그럴 것이, 듣기로 그녀는 2002년도 어느 미인 대회 '선' 출신이지만 나는 2009년도에 같은 대회에서 '진'을 따냈기 때문이다. 나는 그에게 톡 쏘아댔다.

"여보세요, 나랑 그녀는 완전히 급이 다르거든요? 게다가 그 사진 보니까 꼭 아줌마 같은데, 나랑 비교하면 쓰나?"

그러자 그녀를 본 적이 있는 다른 친구가 실물은 전혀 다르다며 그의 편을 들고 나섰다. 직접 만나면 청아한 아름다움에 기가 죽을 정도라나? 게다가 분위기까지 갖춘 미인이라고 했다.

하지만 얼마 후 그 '여신'과 어떻게 되고 있냐고 물었을 때, 그는 고개를 절레절레 흔들며 이젠 연락하지 않는다고 했다. 이유를 묻자 그가 눈살을 찌푸리며 말했다.

"그 프로필 사진을 계속 보다 보니까 왠지 그녀가 더 이상 특별하게 느껴지지 않더라고. 그래서 연락 안 했어."

사실, 이런 경우는 주변에서 흔히 볼 수 있다. 처음 만났을 때는 상대가 정말 마음에 들었지만 직접 만나지 못하고 메신저로 연락만 주고받는 동안 첫 만남의 기억은 희미해지고 그 자리에 프로필 사진 속 이미지가 자리하는 것이다. 평범하고, 어찌 보면 아줌마 같은 '잘못 고른' 프로필 사신 말이다. 결국 그가 그녀에게 흥미를 잃은 가장 큰 이유는 그녀의 잘못된 선택 때문이었다.

반대의 경우도 있다. 올해 결혼한 여자 동창이 있는데, 알고 보니 남편 역시 나와 고등학교 동창이었다. 처음 그의 이름을 들었을 때 나는 너무 놀라 턱이 빠질 지경이었다. 내 기억 속의 그는 아무리 미화해도 결코 잘났다고 할 수 없는 인물이었기 때문이다. 하지만 그런 그와 결혼한 내 친구는 길 가던 사람들이 다 돌아볼 정도로 뛰어난 미인이었다. 대체 두 사람이 어떻게 10여 년에 가까운 공백을 뛰어넘어 함께하게 됐는지 도무지 알 수가 없었다.

나는 단도직입적으로 그녀에게 어찌 된 일이냐고 물었다. 그러자 그녀는 쑥스러운 표정으로 대답했다.

"사실, 페이스북에서 알게 됐어. 왜, 거기 보면 내가 알 수도 있는 사람의 리스트가 뜨잖아. 어느 날인가 그냥 쭉 보는데 낯익은 이름이 있었어. 근데 사진이 너무 잘생긴 거야. 난 이런 남자를 모르는데 이상하다 싶어서 들어갔더니 우리 고등학교 동창이더라고. 아무리 세월이 흘렀다지만 어쩜 사람이 그렇게 변할 수가 있니? 너무 신기해서 내가 먼저 말을 걸었어. 그렇게 대화를 하기 시작했고, 연애까지 하게 된 거야."

대학에 가면 다들 예뻐지고 멋있어진다고들 하지만, 그의 경우에는 진심으로 드라마틱한 변화를 이뤘다. 물론 그가 아무리 멋있게 변했어도 프로필 사진이 엉망이었다면 그녀를 만나지는 못했을 것이다.

게다가 요즘에는 소개팅 못지않게 만남 주선 어플을 통해 이성을 만나는 일이 잦다. 이런 경우, 프로필 사진은 그야말로 막대한 중요성을 지닌다. 수많은 사람에게 대화 요청을 받는 미녀가 당신의 메시지에 답하게 만들려면 그만큼 매력적인 사진을 걸어놓아야 하지 않겠는가.

의외로 많은 이가 프로필 사진의 중요성을 간과한다. 그래서 첫 번째 관문이라고도 할 수 있는 이미지 메이킹의 기회를 어이없이 날려버리기 일쑤다. 멋진 프로필 사진을 위해 성형수술을 하라는 것이 아니다. 요즘에는 자동으로 보정 기능을 제공하는 훌륭한 셀카 어플도 많다. 좋은 첫인상을 위해 첨단 기술의 도움을 받는다고 해서 나무랄 사람은 없으니 최대한 활용하자. 방 안에서 대충 찍은 사진보다는 그럴듯한 장소에서 정성 들여 찍은 한 장의 사진이 당신에게 새로운 인연을 가져다줄 확률이 훨씬 높다.

여성은 상대의 진면모를 파악하는 수단으로
SNS를 활용하는 경우가 많다.

이미지 메이킹, SNS를 활용하라

요즘에는 새로운 사람을 만나면 먼저 SNS나 모바일 메신저로 친구부터 맺는다. 다시 말해 새로운 친구는 당신에 관한 정보를 온라인에서 먼저 얻게 된다는 것이다.

대개 다른 사람의 SNS를 둘러볼 때 가장 먼저 클릭하게 되는 곳은 사진첩이다. 올라온 사진만 훑어봐도 그 사람을 대강 파악할 수 있기 때문이다. 사진첩을 다 보고 나서도 무언가 더 알고 싶을 경우에 비로소 그가 남긴 글이나 댓글 등을 살펴본다. 결국 사진첩이 핵심인 것이다. 그렇기에 SNS에는 아무 사진이나 마구 올리면 안 된다. 언젠가 다른 사람, 특히 호감을 느끼는 사람이 보게 될 경우를 대비해서 사진첩도 자신의 가치를 보여주는 무대로 삼아야 한다. 그렇다고 겉보기에 화려하게 꾸미거나 매일같이 갱신하라는 것은 아니다. 자신의 장점이나 좋은 모습을 보여줄 수 있는 사진을 올리는 것으로 충분하다. 다른 사람이 댓글을 남길지 어쩔지 신경 쓰지 않아도 된다. 어차피 새로운 친구 중 댓글까지 챙겨볼 사람은 많지 않으니까.

프로필 사진이 첫인상이라면 개인 SNS 공간은 두 번째 인상이자 한층 심화된 이해의 장이다. 잘 정돈된 SNS는 당신의 높은 가치를 보여주는 한편 여러 화젯거리를 제공해준다. 특히 여성은 상대의 진면모를 파악하는 수단으로 SNS를 활용하는 경우가 많다. 이 점을 고려했을 때 SNS 상에서는 되도록 단점을 감추고 장점을 부각하는 게 현명하다.

그렇다면 구체적으로 어떤 사진과 정보를 남기는 것이 좋을까?

• 높은 가치와 라이프스타일을 보여주는 사진

분위기가 멋진 음식점이나 카페를 갔다면 꼭 사진을 찍어 남긴다. 독특한 간판, 세련된 인테리어, 우아한 접시 위에 멋들어지게 플레이팅된 음식도 찍는다. 외모에 자신이 있다면 얼굴이 나오는 인증 사진을 남겨도 좋다. 사진 찍히는 것을 싫어하는 경우에는 손만 나와도 된다. 이런 사진들을 간단한 글과 함께 올려보자. 당신의 라이프스타일을 짐작할 단서가 되어줄 것이다.

• 귀여운 동물 사진

인터넷에서 내려 받은 동물 사진을 말하는 게 아니다. 자신이 키우는 애완동물의 사진이 가장 좋고, 아니면 친구가 키우는 개나 고양이 사진도 무방하다. 그래야 진실성이 확보된다. 여기에 재미있는 에피소드를 덧붙이면 그야말로 금상첨화다. 예를 들어 이런 식이다.

'내 고양이는 희한하다. 기껏 힘들게 목욕을 시켜놓으면 더러운 구석을 찾아가서 구르고 뒹군다. 그것도 잡기 힘들게 꼭 소파 밑, 책장 뒤 같은 곳에 들어간다. 그렇게 실컷 더러워지면 그제야 여유 있는 걸음으로 어슬렁거리며 내게 다가오거나 침대 위로 올라간다. 아무리 내려가라고 밀어대도 꿈쩍도 않는다. 이놈은 대체 왜 이러는 걸까?'

이런 종류의 글은 상대의 반응을 이끌어내는 데 매우 효과적이다.

• 일과 관련된 사진

한번은 어느 수강생의 SNS 정리를 도와주면서 애매한 사진을 발견한 적이 있다. 짐작건대 회사 송년회에서 표창을 받는 장면 같은데, 아무리 찾아봐도 그의 모습이 보이지 않았다. 자신이 나오지도 않은 사진을 왜 올려뒀냐고 묻자 그가 이렇게 대답했다.

"저는 사정이 있어서 그날 못 갔지만 우리 팀이 상을 받았어요. 그래서 올려놨지요."

물론 나는 그의 말을 믿는다. 하지만 다른 여자들도 그럴지는 알 수 없는 일이다. 사진 속에 그가 없는데 무엇을 보고 믿겠는가?

그의 이해할 수 없는 사진 선택은 여기서 멈추지 않았다. 야근하다가 지쳐 잠든 모습을 올려놓은 것이다. 사진을 본 내가 한숨을 내쉬자 그가 항변하듯 말했다. 자신이 얼마나 열심히 일하는지를 보여주고 싶었다고 말이다. 나는 단도직입적으로 말했다.

"이 사진에 보이는 거라곤 엉망인 모습으로 쓰러져 곯아떨어진 전혀 매력적이지 않은 남자뿐이에요. 그것도 야근하다 잠든 건지, 술 마시다 잠든 건지 알 수 없는!"

다음은 그가 다니는 회사 사장의 사진이었는데 그것은 그대로 두게 했다. 대중적으로 알려진 유명인사였기 때문이다. 물론 지명도가 없는 사람이었다면 그 사진도 당장 지우게 했을 것이다.

이처럼 일과 관련된 사진은 자신의 가치를 충분히 보여줄 수 있어야 한다. 업계 내 유력인사가 참석한 회의 광경이라든지, 일에 몰입한 아주 잘 나온 모습 같은 것들 말이다. 일례로 내 친구는 한 유력 방송국의 경제 프로그램에 초대됐을 당시의 사진을 올려놨는데, 이 역시 매우 훌륭한 DHV다.

• 여행 관련 사진

여행 사진은 누구나 SNS에 올린다. 그러니 흔하지 않은 풍경이나 특이한 축제 광경 등 특색 있는 것으로 골라 몇 장만 올리는 것이 좋다. 아무 SNS에서나 볼 수 있을 법한 유명 여행지의 사진은 재미없을뿐더러 이야깃거리를 만들어내기도 힘들다.

그밖에도 여러 방면의 다양한 사진을 올릴 수 있지만 반드시 다음의 몇 가지 요건에 부합해야 한다.

- 본인이 나온 사진은 늘 신중하게 고른다. 당연히 잘 나온 사진만 올린다.
- 사진이 이야깃거리가 될 수 있어야 한다.
- 잘생기거나 예쁜 친구 역시 일종의 높은 가치라 볼 수 있다.
- 자신의 높은 가치를 보여줄 수 있어야 한다.

SNS는 자신이 원하는 이미지를 만들어 보여줄 수 있는 공간이다. 상남자로 보이고 싶다면 체력 단련이나 운동하는 모습을 찍은 사진을 올리면 된다. 능력 있는 남자로 보이고 싶다면 회의에 참석하거나 일하는 모습을, 재능 있는 남자로 보이고 싶다면 직접 그린 그림이나 글을 올리면 된다. 무엇이 됐든 상대에게 보이고 싶은 이미지를 자신이 선택할 수 있다는 것이 SNS의 매력이자 강점이다.

내 지인 중에 유능한 투자자가 있다. 하루는 이야기를 나누다가 SNS가 화제에 올랐는데, 내가 SNS 관리의 중요성을 역설하자 자기 것을 좀 봐달라고 부탁했다. 뭐가 잘못됐는지는 몰라도 이른바 '직업여성'에게서만 연락이 온다는 것이다.

그는 사진첩 기능이 지원되는 위치 기반 SNS를 사용하고 있었다. 사진첩을 열자 가장 먼저 세 장의 사진이 눈에 들어왔다. 하나는 유럽에나 있을 법한 성벽 입구에서 찍은 사진이었고, 또 하나는 골프장, 마지막은 뜨거운 김이 모락모락 올라오는 온천 옆에 서 있는 사진이었다. 이해를 돕기 위해 좀 더 자세히 설명하자면 그는 1983년생이며 키 175센티미터에 몸무게가 무려 160킬로그램이다. 옷은 대개 사장님 스타일이고, 사진을 찍을 때마다 등 뒤로 뒷짐을 지거나 양손을 배 위에 올려놓는 포즈를 취했다. 어떤 이미지가 떠오르는가? 나는 돈 많은 졸부가 떠올랐다. 좀 더 좋게 보자면 정부 고위급 관리 정도? 어쨌든 그의 사진은 아주 부유한 사람이라는 인상을 주기는 했지만 평범한 아가씨가 호감을 느낄 만한 요소는 거의 없었다. 그러니 돈을 노리는 직업여성에게만 연락이 올 수밖에!

나의 분석을 듣고 그는 한동안 깊은 생각에 잠겼다. 무심코 올린 사진이 자신을 어떤 모습으로 보이게 하는지, 아마 그로서는 처음 고민해보는 문제였으리라.

그러자 마침 합석 중이던 그의 친구 역시 자기 SNS도 봐달라며 스마트폰을 내밀었다. 그는 185센티미터의 장신으로 체육 전공자답게 온몸의 근육이 불끈불끈한 타입이었다. 일견 매력적인 남자라고 할 수도 있는데, 그의 프로필 사진을 본 순간 그만 웃음을 터뜨리고 말았다. 엘리베이터 안을 배경으로 까만색 민소매 티를 입고는 우람한 어깨에 한껏 힘을 주고 인상을 쓰고 있었기 때문이다. 게다가 한 손에 든 스마트폰과 목에서 반짝이는 굵은 목걸이, 운동선수처럼 짧게 친 머리라니! 여자의 눈에 비친 그의 모습은 그야말로 불량배일 게 분명했다. 그 사진을 보고 어떤 여자가 감히 말을 걸겠는가? 아마 그가 말을 걸어도 받아주지 않을 것이다. 상내의 신원을 알 수 없는 온라인에서의 만남이라면 더더욱 그렇다.

SNS에서 보이는 모습이 당신의 전부는 아니다. 그러나 상대 여성은 그 모습을 전부로 받아들인다. 새로운 친구도 마찬가지다. 당신이라는 사람을 제대로 알기 전까지는 당신이 선택해서 올리는 사진 속의 당신을 진짜라고 생각할 것이다.

지금 당장 자신의 SNS를 점검해보자. 오프라인의 당신을 모르는 사람도 충분히 매력을 느끼고 소통하고 싶어질 만큼 준비가 되어 있는가?

제삼자를 이용한 DHV

요즘 여자들은 매우 똑똑하다. 그래서 아무리 높은 가치라도 직접적으로 표현하는 것만으로는 완벽한 신뢰를 얻기 힘들다. 반드시 그것이 진실임을 믿을 수 있는 근거나 증거를 제시해야 한다. 이런 경우에 효과적인 방법이 바로 제삼자를 통해 자신의 높은 가치를 보여주는 '제삼자 DHV'다. 이 방법의 핵심은 자신이 아닌 다른 사람이 가치를 증명해주는 데 있기 때문에 상대가 제삼자에게 듣는 것뿐만 아니라 직접 눈으로 보고 확인하게 만드는 것도 여기에 속한다.

만일 당신이 회사에서 한 부서의 책임자이며 단독으로 사무실을 가지고 있다면 말로만 자신의 능력을 과시하는 대신 급히 처리할 일이 있다는 핑계로 한 번쯤 그녀를 회사로 불러내보자. 잠깐만 기다리면 금방 일을 끝내겠다고 양해를 구하고, 괜찮으면 함께 사무실에 가보겠냐는 식으로 유도하면 된다. 그런 뒤에는 당신이 회사에서 어느 정도 가치를 지니고 있는지를 그녀가 자신의 눈으로 직접 확인하게끔 하면 된다.

학생이라면 여러 사람이 당신의 말에 귀를 기울이고 당신을 지지하는 모습을 보여줄 수 있는 자리에 그녀를 데려간다. 학생회의도 좋고, 스터디 모임도 좋다. 당신의 우수함을 보여줄 수 있는 곳이라면 어디든 제삼자 DHV의 무대가 된다. 상대도 당신에게 들은 것보다 직접 자신이 보고 확인한 사실을 더 신뢰할 수밖에 없다. 그러니 기회가 생길 때마다 놓치지 말고 활용하자.

때로는 친구가 나의 가치를 증명해줄 수도 있다. 주변 친구 열 명의 연봉 평균치가 내 연봉이라는 말도 있지 않은가. 그만큼 친구는 한 사람을 평가하는 중요한 기준이 된다. 실제로 남자가 어울리는 친구들의 수준이 높을 때, 여자는 그 남자를 훨씬 높게 평가한다. 그렇기에 친구를 소개할 때도 신중해야 한다. 특히 친구가 당신이 그녀에게 보여주고 싶은 가치를 지니고 있으면 좋다. 친구를 보고 그녀가 당신에게도 그러한 가치가 있다고 생각하게 만들 수 있기 때문이다.

전화로도 제삼자 DHV를 시도할 수 있다. 전화로 다른 사람에게 업무를 지시하는 모습을 보여준다든지, 누군가 당신에게 조언을 구하는 통화 내용이 그녀에게 자연스레 들리도록 하면 된다. 단, 통화를 오래도록 하기보다는 간단히 어떻게 하라는 식으로 설명한 뒤 "지금은 바쁘니 나중에 다시 전화하겠다"며 끊는 편이 좋다. 자신의 멋진 모습을 보여주겠다는 욕심으로 지나치게 오랫동안 통화를 하면 예의에 어긋날 뿐만 아니라 상대의 기분을 상하게 할 수도 있기 때문이다. 여자는 상상력이 풍부해서 때로는 한 가지 재료만 제공해도 상상으로 온 세계를 만들어낸다. 그렇기에 통화는 당신이 능력이 있고 일에 진지하며 우수한 사람이라는 점을 그녀에게 약간 보여줄 수 있는 정도면 충분하다.

love story

자신이 능력 있고 일에 진지하며
우수한 사람임을 그녀에게 어필하자.

여자 심리

남자 생각

CHAPTER 5

어떻게 말하고 어떻게

들을 것인가?

감각을 자극하는 대화의 기술

상상 자극하기

여자는 누구나 인생과 남자, 일에 대한 환상을 갖고 있다. 하지만 그녀가 자기 입으로 직접 말하지 않는 이상 이런 부분들을 짧은 기간 안에 정확히 알아내기란 거의 불가능하다. 그래서 여성과 소통할 때는 무엇이든 구체적으로 서술하기보다 약간은 애매하고 개방적으로 말해야 한다. 상상의 나래를 펼칠 빈 공간을 남겨두는 것이다. 그래야 도무지 알 길 없는 그녀의 환상을 그나마 만족시킬 수 있다. 반대로 상상의 여지를 주지 않고 지나치게 구체적으로 표현해버리면 상대는 그에 따라 단순히 당신을 좋아할지 말지를 결정해버린다.

초반에는 허구와 사실을 적절히 섞어서 상상을 자극하는 것이 좋다.

상대의 궁금증을 만족시켜주되, 하나부터 열까지 상세히 설명하는 것은 금물이다. 어디까지나 상상의 여지를 남겨두어야 한다. 그녀 스스로 상상력을 활용해 빈 공간을 채워나가도록 둘 때 당신의 이야기는 더욱 환상적이고 아름답게 빛난다.

예를 들어 평소 휴가를 어떻게 보내느냐고 물으면 이런 식으로 대답한다.

> 나는 주로 바닷가를 찾아가. 널찍한 창가에 기대서서 하염없이 오가는 파도와 한없이 펼쳐진 바다를 보고 있노라면 모든 걱정과 근심이 사라지는 기분이거든. 때로는 파도 소리가 내 마음을 부드럽게 어루만지며 위로해주는 것처럼 들리기도 해. 사실, 도시에 있으면 주말인데도 왠지 모르게 스트레스가 느껴지곤 하잖아. 하지만 바닷가에 가면 정말로 쉬는 느낌이야.

동해로 가는지 서해로 가는지, 민박에 묵는지 5성급 호텔에 묵는지, 이런 부분은 구체적으로 이야기할 필요가 없다. 그저 이미지와 느낌만 충실히 전달하면 된다. 나머지 빈 공간을 채우는 것은 그녀의 상상력이 할 일이다. 그 빈 공간을 채워가면서 그녀는 무의식적으로 당신과 함께 휴가를 보내는 자신의 모습까지 상상하게 될 것이다.

물론 바다 근처에 가본 적도 없으면서 이런 식으로 말하는 것은 곤란하다. 어디까지나 사실 위에 허구가 더해져야 이야기에 진실성이 생기기 때문이다.

청각 자극하기

여자는 대부분 청각적 자극에 예민하다. 그래서 상대의 말 한마디, 사소한 말투에도 민감하게 반응하고 달콤한 칭찬과 속삭임에 마음을 빼앗긴다. 흔히 남자는 진짜 사랑이란 말보다 행동으로 보여주는 것이라고 큰소리치지만 여자는 묻고 싶다. 지금 당장 따뜻한 말 한마디도 해주지 않으면서 대체 무슨 행동을 보여준다는 것이냐고! 예를 들어보자.

여 : 나 배 아파.

남 : 아, 근데 말이야······.

여 : 나 배 아프다니까. 못 들었어?

남 : 그래? 어쩌지? 병원에 갈래?

여 : 아니, 그것보단 먼저 괜찮으냐고 물어봐야 하는 거 아냐? 내가 아프다는데 걱정하는 기색도 없고!

남 : 나 원래 그런 말 잘 못 하잖아. 어쩔래, 병원 갈래?

여 : 됐어!

사실, 여자가 바란 것은 따뜻한 관심과 위로의 한마디였다. 왜냐하면 여자는 상대가 자신에게 하는 말을 통해 사랑받고 있다는 사실을 확인하기 때문이다. 하지만 그 말 한마디를 하지 않은 탓에 남자는 여자를 화나게 만들고 말았다.

그러면 어떻게 해야 그녀의 마음을 건드리는 화법을 구사할 수 있을까? 이를 알려면 먼저 여자의 화법을 연구해야 한다. 상대와 같은 화법을 구사하면 훨씬 효과적으로 청각을 자극할 수 있기 때문이다. 비교적 오감이 예민한 여성들은 실제로 자신이 느낀 감각을 상대에게 전달하려고 하기에 감각 단어를 자주 사용한다. 또한 반대로 이야기를 들을 때는 느낌과 감각이 상세히 묘사될수록 집중하는 경향이 있다. 다음은 이 점을 염두에 두고 대화를 재구성한 것이다.

> 남 : 나 어제 친구네 놀러 갔는데, 되게 귀여운 강아지가 있었어.
> 여 : 그래? 어떤 강아지였어?
> 남 : 비숑프리제. 아직 새끼라 겨우 내 손바닥만 하더라(시각). 살짝 안아봤는데, 얼마나 부드럽고 가볍던지(촉각)! 행여 놓치면 부러질세라 절로 조심하게 되더라고!

이런 이야기는 감각을 자세히 설명할수록 여성을 더 쉽게 대화에 집중하도록 만들 수 있다.

상상을 부추기고, 청각을 자극할 것. 그녀에게 매력적인 대화 상대로 보이는 비결은 바로 이 두 가지다.

주파수만 제대로 맞춰도 훨씬 수월하게
상대의 마음을 열 수 있다.

질문 나열식 vs. 대화 유도식

여성과 이야기할 때는 무조건 질문만 나열하기보다는 매끄럽게 대화를 유도할 줄 알아야 한다. 그러나 대부분의 남성이 무슨 말을 할지 모르겠다는 이유로 막 말을 배우기 시작한 아이처럼 "왜?"라는 질문을 끊임없이 던진다. 사실, 이는 여자가 가장 싫어하는 대화방식이다. 질문만 던질 것 같으면 차라리 대화의 주도권을 상대에게 넘기고 입을 닫는 편이 낫다. 내성적으로 보이는 편이 '짜증스러워서 다시는 만나고 싶지 않은 사람'이 되는 것보다 낫기 때문이다.

질문 나열식 대화란 이런 것이다.

남 : 졸업하고 어떻게 할 계획이에요? 계속 서울에 계실 건가요?

여 : 아무래도 그럴 거 같아요.

남 : 그럼 집도 서울에 얻겠네요?

여 : 네. 계약금은 부모님이 대주신다고 했어요.

남 : 아, 그럼 어디에 얻을 생각이세요?

여 : 강북이요(이때부터 여자는 슬슬 짜증이 나기 시작한다).

남 : 왜 강북이죠?

여 : 강남보다 싸니까요.

남 : 강북 어디쯤이요?

여 : 이보세요, 지금 무슨 청문회해요(드디어 폭발!)?

사실, 남자 입장에서는 좀 억울한 면이 있긴 하다. 딴에는 주도적으로 대화를 이끌어보겠다고 열심히 머리를 쥐어짜서 질문을 던졌는데, 그녀는 그런 마음도 몰라주고 화를 내니까. 하지만 이런 대화는 열심히 할수록 오히려 역효과만 난다. 꼬리에 꼬리를 무는 질문에 질리는 순간, 상대는 당신을 연락처에서 가차 없이 삭제할 것이다.

그래서 대화할 때는 무조건 질문만 던지기보다는 다음처럼 상대의 반응을 매끄럽게 유도해야 한다.

남 : 졸업하고 어떻게 할 계획이에요? 계속 서울에 계실 건가요?

여 : 아무래도 그럴 거 같아요.

남 : 이야, 저도 막 졸업했을 때가 생각나네요. 아시다시피 웬만하면 다들 서울에서 직장을 찾잖아요. 요즘도 그렇지만 그땐 회사마다 기본 이 년 이상의 경력자만 찾으니까 취직하기 정말 힘들었어요. 대학을 갓 졸업한 초년생한테 무슨 경력이 있겠어요? 그런데 제 친구 중에 진짜 웃기는 놈이 있는데, 이 녀석이 경력도 없으면서 한 서비스 회사 경력직에 덜컥 지원한 거예요. 어찌어찌 이력서는 통과돼서 면접을 보러 갔어요. 면접관은 당연히 어떤 서비스 분야에서 일해봤느냐고 물었죠. 친구는 당당하게 '방학 때마다 패스트푸드점에서 일했고 주말에는 과외를 했으니 시간으로 따지자면 이 년은 훨씬 넘을 것'이라고 대답했

대요. 그러자 면접관이 어이없다는 표정으로 쳐다보다가, 패스트푸드 점이야 그렇다 쳐도 과외는 교육 분야가 아니냐고 했대요. 거기에 이 녀석 대답이 예술이었어요. 교사는 교육 분야가 맞다. 왜냐하면 학교 에서는 학생이 선생님을 고를 수 없기 때문이다. 그러나 과외 선생은 얼마든지 선택할 수 있고, 바꿀 수도 있다. 그래서 교육이라는 '서비 스'를 잘 제공해야 한다. 그래야 잘리지 않을 수 있다. 이렇게요. 결과 는? 우리 동기 중에 제일 먼저 취업에 성공했어요.

여 : 친구 분 재치가 대단하시네요. 하긴 요즘엔 신입도 많이 뽑으니까 그 때보다야 괜찮다면 괜찮은데 대신 무슨 자격증을 많이 요구하더라고 요. 컴퓨터 기능 자격증은 기본이고 운전면허에 영어 점수, 심지어 외 국어 자격증까지 바란다니까요. 아니 회계를 뽑는데 외국어 자격증이 대체 왜 필요한 거죠?

보다시피 유도식 대화에서는 상대도 자연스럽게 자기 이야기를 하게 된다. 만약 남자가 먼저 친구의 경험을 이야기하며 대화의 포문을 열지 않았더라면 여자도 '사회 초년생은 취업이 어렵다'는 상투적인 반응만 보였을 것이다. 다시 말해 유도식 대화의 핵심은 먼저 자신의 이야기를 하고 이를 통해 상대가 비슷한 경험을 떠올리게 함으로써 스스로 이야 기를 하도록 유도하는 데 있다.

상대의 기분이 안 좋을 때도 마찬가지다. "왜 기분이 나쁘냐?", "무슨 일이 있냐?", "어디가 불편하냐?" 등등 직접적으로 물으면 오히려 상대 를 더욱 짜증나게 할 수도 있다. 이런 경우에는 상대가 무슨 일로 기분이

상했는지 대략적으로만 파악한 뒤 자신도 비슷한 일이 있었다는 식으로 대화를 이끌어야 한다. 그녀가 회사 일 때문에 상심해 있다면 회사 상사에게 당한 경험을, 친구와 다퉈서 기분이 나쁘다면 역시 친구 때문에 감정이 상했던 일을 이야기하는 것이다. 이렇게 당신이 먼저 자신의 경험을 이야기하면 그녀 역시 자연스레 자기 상황을 털어놓게 된다.

이런 경우를 대비해서 사전에 여러 시나리오를 준비해두는 것이 좋다. 시나리오는 비참하고 불쌍할수록 효과적이다. 그래야 그녀도 좀 더 편하게 자기 이야기를 할 수 있기 때문이다.

위의 원칙은 동성 간의 대화에도 동일하게 적용된다. 무언가 알고 싶은 것이 있다면 직접적으로 질문을 남발하지 말고 비슷한 경험을 먼저 이야기함으로써 상대의 이야기를 자연스레 이끌어내자.

상대의 주파수에 맞춰 대화하라

상대의 마음을 사로잡고 싶다면 먼저 주파수를 맞춰 대화할 줄 알아야 한다. 특히 여성은 자신과 같은 주파수로 대화하는 남성에게 동질감과 친밀함, 호감을 느끼며 더 나아가 안 지 얼마 되지 않았어도 서로 깊이 이해하고 있다는 느낌을 받는다. 그래서 주파수만 제대로 맞춰도 훨씬 수월하게 상대의 마음을 열 수 있다.

'말이 안 통한다', '느낌이 오지 않는다'고 하는 이유도 다 주파수가 맞지 않기 때문이다. 상대는 공이 둥글다는 이야기를 하고 있는데 나는 공 색깔에 대해 이야기한다면 어떻겠는가? 아마 서로 전혀 다른 세상에서 온 사람들처럼 제대로 소통이 되지 않을 것이다. 이해를 돕기 위해 몇 가지 예를 들어보자.

상황 1

한 쌍의 남녀가 지하철을 타고 가고 있다. 목적지에 가려면 도중에 한 번 환승해야 하며, 환승할 수 있는 노선은 두 가지다. 여자는 남자에게 어느 노선으로 환승해야 더 빨리 갈 수 있느냐고 물었다. 노선표를 본 남자는 둘 다 비슷하다고 답했다. 뭐가 비슷하냐고 여자가 다시 묻자, 남자는 A선이 B선보다 역이 다섯 개 더 많지만 거리는 비슷하다고 대답했다. 여자는 역 개수가 다섯 개나 차이 나는데 그럼 당연히 B선을 타야 하지 않느냐고 역정을 냈다. 그러자 남자가 우물쭈물하며 어차피 거리는 별 차이 없다고 중얼거렸다. 여자는 답답한 표정으로 말했다.

"역마다 멈추고 문이 열리고 닫히는 시간도 생각해야죠!"

상황 2

여자가 최근 상영 중인 영화를 화제에 올렸다.

"그 영화 재미있다고 하던데요?"

그러자 남자가 대답했다.

"그러면 ○○로 가야 돼요. 거기 영화관이 그나마 덜 붐비거든요."

순간 여자는 할 말을 잃었다. 자신은 영화가 재미있다는 이야기를 했을 뿐인데 남자는 벌써 같이 영화 보러 갈 계획을 세우고 있었기 때문이다. 이게 웬 김칫국 들이켜는 소리란 말인가!

상황 3

함께 쇼핑을 하러 간 남녀. 옷을 고르던 여자가 남자에게 물었다.

"하얀 치마가 예뻐요, 까만 치마가 예뻐요?"

남자가 대답했다.

"까만 치마는 지금 신은 구두랑 안 어울려요."

여자는 속으로 생각했다.

'아니, 내가 가진 구두가 달랑 이거 하나인 줄 아나?'

위의 상황에서 주파수를 맞춘 대화는 무엇일까? 사실, 간단하다. 둘 중 어느 것이 더 예쁘냐는 질문을 받으면 하나를 고르면 된다. 영화가 재미있다고 하더라는 말에는 나 역시 그렇게 들었다며 맞장구치면 그만이다. 무언가 더 해보려고 애쓸 필요가 없다는 말이다. 상대의 질문에 답하는 것이야말로 주파수를 맞추는 대화의 기본이다. 잘해보겠다는 욕심으로 너무 앞서나가지 않아도 된다. 보조를 맞추지 않는 대화 역시 상대에게 불편한 요소로 작용할 수 있기 때문이다.

이성과의 대화에 자신이 없는 사람일수록 강의나 책에서 배운 화술과 유머 등을 달달 외워 그대로 쓰려고 하는 경향이 있다. 화술을 배우는 것이 나쁘다는 뜻은 아니다. 다만, 화술은 외워서 되는 일이 아니다. 실전에서 시행착오를 거치면서 체화되어야 비로소 내 것이 된다. 그렇지 않고 루틴 몇 가지를 암기해서 그대로 실전에 사용한다면 백이면 백 실패할 수밖에 없다. 내 것이 아니기에 어쩔 수 없이 남의 옷을 입은 듯한 어색함이 묻어나기 때문이다.

화술을 배우는 궁극의 목적이 무엇인지 생각해보자. 대개는 원활하고 매끄러운 대화를 통해 상대와의 거리를 좁히거나 상대의 뇌리에 자신을 매력적인 사람으로 각인시키기 위해 대화의 기술을 배우려 할 것이다. 그렇다면 이 같은 목적에 부합하는 대화란 대체 어떤 것일까? 다음의 예를 살펴보자.

상황 1

수강생 하나가 동료 몇 명과 함께 식사를 하러 갔다. 그가 먼저 나서서 물잔, 숟가락 따위를 챙기고 있자니 마침 평소 마음에 두고 있던 여자 동료가 그를 돕기 시작했다. 그가 농담조로 "요즘 서비스 의식이 많이 좋아졌네요"라고 하자 그녀는 "다 그쪽한테 배운 덕이죠"라고 받아쳤다. 당신이라면 뭐라고 답하겠는가? 내게 훈련을 받은 수강생은 "그럼 나한테 수강료를 줘야죠"라고 대답했고, 답례로 가벼운 펀치 한 방을 맞았다. 이렇게 장난스러운 반응이 돌아왔다는 것은 그만큼 그가 그녀의 주파수에 잘 맞춰 답했음을 의미한다.

상황 2

남자가 여자에게 전화를 걸었을 때, 여자가 이제 막 잠에서 깬 듯한 목소리로 전화를 받았다. 남자가 왜 이제야 일어났느냐고 묻자 여자는 짜증스러운 어투로 새벽부터 웬 사람이 자꾸 전화를 해서 잠을 설쳤노라고 대답했다. 그러자 남자는 "대체 누구야? 내가 가서 혼내줄까?"라고 말했다. 물론 이 정도는 누구나 할 수 있는 말이다. 하지만 남자는 여자와 마찬가지로 정말 화가 난다는 어투로 말함으로써 여자의 감정에 충분히 공감하고 있음을 어필했다. 이렇듯 같은 주파수에 맞춰 대화한다는 것은 단순히 내용뿐만 아니라 말투, 음정, 어조까지 모두 맞추는 것을 의미한다.

상황 3

여자에게 장난을 잘 거는 친구가 있다. 하루는 동료 여럿이서 같이 밥을 먹는데, 후식으로 귤이 나왔다. 마침 뒤늦게 온 여자 동료가 자리에 앉자 그는 기다렸다는 듯 말을 걸었다.

"어이, 귤 먹을래?"

그녀는 선선히 대답했다.

"좋아, 가져다주려고?"

그는 짓궂게 웃으며 말했다.

"응, 아예 입속까지 배달해주려고. 자, 입 크게 벌려!"

그다음 상황은 정확히 기억나지 않지만 어쨌든 나는 그 장면을 보면서 그가 상당한 고수라는 생각에 감탄을 금치 못했다. 루틴에 얽매이지 않고 주변 상황과 사물을 이용해 자연스레 말을 걸고 장난을 치는 그 모습이야말로 우리 모두가 꿈꾸는 경지 아니겠는가!

사실, 꼭 이성이 아니라도 타인과 대화할 때는 늘 주파수를 맞추려고 노력해야 한다. 그래야 농담도 통하고 공감대도 형성할 수 있기 때문이다. 남과 주파수를 맞추지 못하는 사람은 말 그대로 '분위기 브레이커'가 될 공산이 크다. 특히 상대와 상황을 살피지 않고 달달 외운 루틴을 읊어 댔다간 어이없다는 눈길과 비웃음을 함께 받게 될지 모른다. 최악의 경우, 다 잡은 물고기를 놓치는 결과가 올 수도 있다. 당신에게 기울던 그녀의 마음이 어색하고 우스운 루틴 하나 때문에 차게 식어서야 되겠는가!

시간과 장소, 대상을 막론하고 어디서든 능수능란하게 대화를 이어가는 화술의 달인은 대개 주파수를 기가 막히게 맞추는 재주를 갖고 있다. 이들은 겨우 두세 마디로 상대의 마음 문을 열어버린다. 마찬가지로 한 여인의 마음을 얻는 것 역시 많은 말을 필요로 하지 않는다. 주파수만 제대로 맞추면 단 몇 마디를 나눠도 그녀는 당신을 매력적인 사람이라고 느낄 것이다. 반대로 주파수를 맞추지 못하면 말이 많아질수록 오히려 비호감이 된다. 결국 얼마나 말하느냐가 아니라 무엇을 말하느냐가 중요하다.

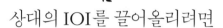

상대의 IOI를 끌어올리려면

요새는 누군가에게 관심이 생기면 그 사람의 SNS부터 찾아본다. 직접 만나기 전에 먼저 온라인상에서 정보를 얻는 것이다. 그래서 평소에 SNS를 잘 관리해야 한다. 앞에서도 언급했듯이 잘 관리된 SNS는 또 하나의 강력한 DHV 수단이 될 수 있다. 어쩌면 SNS에 줄줄이 남겨진 다른 여자들의 댓글을 보고 자극을 받은 '목표녀'가 자진해서 먼저 당신에게 연락을 해올지도 모른다.

하지만 문제는 그다음이다. 어찌어찌해서 '목표녀'의 관심을 끄는 것과 데이트까지 나오게 하는 것은 전혀 다른 차원의 일이다. 즉각 행동을 취하지 않고 어물대다가는 그나마 관심도 사라질 수 있다. 당신이 영화배우 원빈 수준의 외모를 가지고 있지 않은 이상 상대의 관심을 호감으로, 더 나아가 좋아하는 감정으로 발전시키려면 모종의 기술이 필요하다. 희미한 IOI를 강제적으로 끌어올리는 기술 말이다.

'목표녀'가 SNS상에서 먼저 말을 걸거나 댓글을 남긴 적 있는가? 웃는 이모티콘이나 'ㅋㅋ'에 불과할지라도 당신의 글에 반응을 보였다면 일단 IOI가 왔다고 볼 수 있다. 물론 매우 희미한 IOI라 대개는 알아차리지 못하고 넘어가는 경우가 다반사지만! 그러나 장담컨대 여자는 전혀 관심 없는 남자에게는 절대 아무런 반응도 보이지 않는다. 인기가 많은 여자일수록 더욱 그렇다. 그렇기 때문에 아무리 사소하더라도 반응이 있었다면 기회를 노려볼 만하다.

하지만 무조건 말부터 거는 것은 금물이다. 상대가 당신에게 약간의 관심이 있는 것은 사실이나 아직 호감이라고 할 만한 단계는 아니기 때문이다. 먼저 상대의 IOI를 증폭시킬 대화의 기술을 준비해야 한다. 사실, 대부분이 여기서 벽에 부딪힌다. 그래서 《대화의 힘(*Conversationally Speaking*)》 같은 책을 뒤적이며 답을 찾는다. 문제는 이런 종류의 책이 대부분 일반적인 인간관계 및 갈등 상황에 초점을 맞추고 있다 보니 '여자와 대화할 때도 남자와 하듯이 편하게 하라'는 식의 맞지 않는 조언이 등장한다는 점이다. 이는 일반적 인간관계에서는 통할지 모르겠지만 남녀관계에서는 절대 안 될 말이다. 보통 남자들끼리는 이야기의 하한선이라는 것이 존재하지 않는데, 이제 막 알게 된 여성과 대화할 때도 똑같이 하한선 없이 얘기한다고 가정해보자. 즉시 블랙리스트에 오를 것이다.

그러면 어떻게 해야 할까? 상대가 나에게 보낸 관심은 '나노급'이고, 그나마도 말 한마디 잘못했다간 흔적조차 사라질 판이다. 정말로 희망은 없는 것일까?

물론 아니다. 제대로 접근하기만 한다면 얼마든지 상대와 더욱 가까워질 수 있다. 실제로 실낱같은 관심을 비집고 들어가 '목표녀'와의 데이트까지 이끌어낸 고수들이 적지 않다. 그들이 사용한 방법 또한 다양하지만 여기서는 소위 '나쁜 남자'의 비결에 집중하고자 한다. 이 방법 역시 핵심은 앞서 소개한 주파수 맞추기다. 사실, 대화를 얼마나 나누느냐는 중요하지 않다. 심지어 내용도 중요치 않다. 상대의 첫 번째 방어벽만 돌파할 수 있으면 금세 심리적인 거리를 좁히고 특별한 사이로 발전할 수 있기 때문이다. 다음의 사례를 보고 고수는 어떻게 대화를 이끌어가는지 참고해보자.

목표녀 : 나 이제 씻으려고.

고수 : 와, 굳이 얘기하는 의도가 뭐야? 유혹하는 거임?

목표녀 : (쩨려보는 이모티콘)

고수 : (위축된 이모티콘)

목표녀 : (사악하게 웃는 이모티콘)

고수 : 얼른 가.

(시간이 흐른 후)

목표녀 : 나 왔어.

고수 : 오래도 걸렸다. 대체 며칠 만에 씻은 거야?

목표녀 : 아니거든! 거품 목욕을 해서 그래.

고수 : 오! 나도 그거 해보고 싶다.

목표녀 : 쉬워, 입욕제만 있으면 돼.

고수 : 그냥 다음에 네가 해줘(언어적 스킨십을 시도함으로써 관계 발전을 꾀하고 있다).

목표녀 : 해주긴 뭘 해줘?

고수 : 에이, 잘 알면서 그런다. 거품 목욕 말이야. 훔쳐볼 생각은 하지 말고(슬슬 장난에 발동을 걸고 있다)!

목표녀 : 누가 보고 싶대?

고수 : 발끈하기는. 앗, 설마 정말 그럴 생각이었던 거야?

목표녀 : 볼 건 있고? 혹시 식스팩이라도 있으면 모를까. 그럼 좀 봐줄 만

하지(상대도 장단을 맞추기 시작했다).

고수 : 이것 봐, 생각이 있었다니까. 들켰어, 너!

목표녀 : ㅋㅋㅋ(얼굴이 발그레해진 이모티콘)

이 대화의 발단은 별것 아닌 한마디였다. 하지만 수차례 강조했듯이 여자는 전혀 관심 없는 남자에게는 이런 말 한마디조차 건네지 않는다. 그렇기 때문에 고수는 이런 사소한 관심 한 자락도 놓치지 않고 신속히 간격 좁히기에 돌입한다. 위의 예를 보면 알 수 있듯 굳이 화제라고 할 만한 것도 없이 그저 말장난만 이어질 뿐이다. 그러나 매순간 상대의 주파수를 잘 맞췄기 때문에 자연스레 친밀한 분위기가 형성되는 것을 볼 수 있다.

굳이 이성이 아니더라도 사람들과 대화하는 것이 어렵게 느껴지거나 잘 어울리지 못한다면 이 역시 주파수를 잘 맞추지 못하기 때문이라고 볼 수 있다. 서로 같은 선상에서 이야기하는 것은 원활한 소통의 기본 원칙이다. 이를 위해서는 평소 다른 사람의 말을 주의 깊게 듣고 상대의 입장을 생각하는 역지사지(易地思之)의 태도를 갖춰야 한다.

대화의 기술이란 단순히 괜찮은 루틴 몇 가지를 교과서 암기하듯 외워서 익힐 수 있는 것이 아니다. 기본적으로 타인에게 관심을 기울이고 자신을 돌아보며 끊임없이 개선을 꾀해야 한다. 그래야 자신의 단점을 보완하고 장점을 부각시키면서 더욱 능란한 대화의 기술을 체득해갈 수 있다.

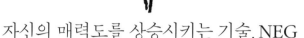

자신의 매력도를 상승시키는 기술, NEG

NEG(Negative)란 쉽게 말해 '깎아내리기'라고 할 수 있다. 이는 상대의 흥미를 자극하고 관계에서 비교적 유리한 고지를 점하기 위해 이뤄지는 상호작용이다. 본래 목적에 부합하기만 한다면 NEG도 부정적인 것이 아니다. 잘만 활용한다면 오히려 친밀감을 높일 수 있다.

상대의 흥미를 자극하고 관계에서 유리한 고지를 점하려면 먼저 상대가 스스로의 가치를 높지 않다고 생각하게 만들어야 한다. 이를 위해 부정적 언어를 사용하는 것이 바로 NEG다. NEG는 가치의 낙차를 발생시킨다는 면에서 DHV와 일맥상통한다고 볼 수 있다. DHV가 나의 가치를 높게 설정해서 낙차를 만드는 반면, NEG는 상대의 가치를 낮게 설정하는 것이 다를 뿐이다.

상대가 스스로를 부족하다고 인식하게 만드는 방법은 크게 두 가지다. 하나는 실제로 존재하는 부족함을 건드리는 것이고 다른 하나는 적절한 비꼬기를 통해 상대가 부족한 점이 있다고 스스로 믿게 하는 것이다.

NEG에는 크게 두 가지 원칙이 있는데 이에 모두 부합해야만 진정한 의미의 NEG라고 할 수 있다.

즐거운 분위기를 망치지 말아야 한다

NEG는 기본적으로 좋은 분위기를 망치지 않는 선에서 진행되어야 한다. 만약 분위기가 어색해지거나 상대가 불쾌해한다면 실패한 NEG라 볼 수 있다. 예를 들어 상대에게 난데없이 "뚱뚱하다"거나 "얼굴에 뭐가 그렇게 났냐, 못생겨 보인다"고 했다 치자. 과연 어느 여자가 화를 내지 않겠는가? 이런 행동은 NEG가 아니라 얻어맞을 짓이다. 상대도 즐겁고 나도 즐거운 NEG의 기술은 여러 가지가 있으나 자세한 내용은 후에 소개하기로 한다.

NEG를 통해 상대가 스스로의 부정적 가치를 의식해야 한다

제대로 된 NEG라면 상대가 자신에게 부족한 점이 있다고 스스로 인정하도록 만들어야 한다. 일례로 상대가 솜털이 많은 편이라면 "너 수염 났다"는 식으로 NEG를 시도할 수 있다. 하지만 이런 NEG가 허용되는 것은 어디까지나 실제 수염이 아니라 솜털이 많고, 상대 역시 이를 불쾌하지 않게 받아들일 수 있는 경우에만이다. 그녀가 실제로 콧수염이 콤플렉스라 평소에 신경 써서 관리하고 있다면, 다시 말해 늘 깨끗하게 밀고 다닌다면 이 말을 듣는 순간 바로 기분이 상할 것이다. 이후로는 그녀의 관심을 끌기가 거의 불가능해질 수도 있다.

NEG를 시도할 때 반드시 주의해야 할 사항이 있다. 나의 부정적 가치가 부각되는 일은 최대한 피하라는 것이다. 솜털을 가지고 수염이 났다고 놀렸을 때, 상대가 "그러는 너는 남자가 솜털 하나 없이 매끈한 게 자랑이냐"고 받아친다면 그 NEG는 실패한 것이다. 자신도 키가 작으면서 상대에게 키가 작다고 놀리는 것도 마찬가지다. 가치의 낙차를 만들어 내지 못하는 NEG는 그저 기분 나쁜 비난에 지나지 않는다.

물론 NEG 다음에는 이를 보완할 후속책이 따라와야 한다. 밀기와 당기기의 비율 및 타이밍이 적절히 맞아떨어져야 제대로 된 효과를 얻을 수 있기 때문이다. 이해를 돕기 위해 나의 경험을 소개하겠다.

예전에 지인들과 노래방에 갔다가 부적절한 NEG에 기분이 상한 적이 있었다. 그는 친구의 친구로, 잘 아는 사이도 아니었다. 그런데 내가 노래를 고르고 있는 사이 곁에 앉더니 갑자기 "그 치마 정말 별로다"라고 하는 게 아닌가. 처음에는 나도 장난으로 받아들였다. 하지만 내가 맞받아치려는 순간 그는 몸을 일으켜 가버리고 말았다. 나는 당연히 어리둥절했고 기분이 나빠졌다. 그러나 잠시 후, 그는 아무 일도 없었다는 듯 다시 다가와서 마치 사랑에 빠진 사람이라도 된 양 그윽한 표정으로 내 노래를 따라 부르기 시작했다. 단언컨대 그것은 NEG는커녕 그 무엇도 아니었다. 그저 무례한 행동일 뿐이다! 나는 당장 그를 피해 자리를 옮겨버렸다.

love story

'밀당'의 고수는 NEG를 잘한다

NEG는 '밀당'의 일종으로, 앞서 제시한 두 가지 원칙만 잘 기억한다면 효과적으로 목적을 달성할 수 있다.

DHV + NEG

DHV와 NEG를 함께 활용하면 훨씬 쉽게 소기의 목적에 도달할 수 있다. 이때 주의할 것은 태도다. 어디까지나 장난치듯 가볍고 유쾌한 태도를 유지해야 한다. 혹자는 NEG를 시도할 때 긴장한 나머지 말투가 지나치게 진지하거나 심각해지는데, 이러면 즐거운 분위기를 망치지 말아야 한다는 첫 번째 원칙에 어긋나게 된다. 예를 들어보자.

내 친구 A는 옥을 주로 다루는 보석상이다. 어느 날, 여럿이 모여 노는 자리에서 한 여성이 차고 온 토파즈(황옥) 팔찌가 그의 레이더에 포착됐다. 그는 그 팔찌를 자세히 살펴본 후, 보기 드문 좋은 원석이라며 칭찬해 마지 않았다. 그리고 진짜 좋은 옥을 고르는 법을 설명하면서 이런 말을 했다.

"사실, 우리처럼 전문적으로 옥을 다루는 사람들은 표면에 보이는 색과 깎았을 때 드러나는 색이 다른 원석을 최고로 친답니다. 이것처럼요."

그리고는 마침 자신이 걸고 있던 목걸이에 달린 옥을 보여줬다. 그의 말대로 전체적으로는 노란빛이 돌지만 가운데 불상 모양으로 깎아낸 부분은 하얗게 빛나는 아주 멋진 보석이었다. 어찌나 반지르르하게 윤이 돌던지 한번 만져보고 싶을 정도였다. 아니, 실제로 그 자리에 있던 여자 대부분이 저도 모르게 그의 가슴께로 손을 뻗었다. 그러자 그는 모두의 손을 가볍게 쳐내며 툴툴댔다.

"아니, 여기는 죄다 여자 치한들이 모였나. 왜 남의 가슴을 만지려고 그래요?"

우리는 곧 웃음을 터뜨렸고, 어울리지도 않게 정숙한 척하지 말라며 그를 놀려댔다. 하지만 속으로는 다들 그를 매우 재미있는 남자라고 생각했다.

칭찬 + NEG

진심 어린을 칭찬을 한 후에 NEG를 사용하면 효과가 배가된다.

예전에 팔을 다쳐서 붕대를 감은 적이 있었다. 어느 날 친구가 밥을 사준다기에 나갔는데, 만나자마자 그가 오늘 왜 이리 예쁘냐며 칭찬을 했다. 그러더니 "이렇게 예쁜 아가씨가 그렇게 더러운 붕대를 감고 있다니 참 보기 드문 광경이다"라며 웃는 게 아닌가. 황급히 팔을 보니, 과연 붕대가 꽤 더러웠다. 아마 내 기억이 틀리지 않았다면 그 순간 내 얼굴은 새빨갛게 달아올랐을 것이다. 부끄러움과 동시에 그의 앞에서 작아진 느낌이 들었다. 상대가 스스로의 가치를 낮게 생각하도록 만드는 것이 NEG의 목적이라는 점에서 그의 전략이 제대로 먹힌 셈이다.

비꼬기 NEG

NEG로서의 비꼬기는 유머를 동반해야 한다. 그래야 기대하던 효과를 얻을 수 있다. 예를 들어보자.

지인이 가라오케에서 연 파티에 간 B. 우연히 한쪽 구석에 앉아 있던 미인을 발견하고 다가가서 말을 걸었다.

> B : 안녕! 혼자 뭐해? 같이 게임할래?
> 미녀 : 아니, 괜찮아(가벼운 거절을 당했지만 B는 물러서지 않고 한 번 더 시도했다).
> B : 노래는 어때? 내가 예약해줄게.
> 미녀 : 안 부를래.
> B : 에이, 그렇게 이도 저도 싫으면 집에서 쉬지 곱디고운 아가씨가 여기
>   까지 웬 행차시래?
> 미녀 : 그냥, 지금 기분이 좀 안 좋아서…….

B의 넉살 좋은 접근에 미녀는 점차 마음을 열었고, 두 사람은 곧 소곤 소곤 이야기를 나누기 시작했다.

비밀 NEG

귓속말이나 문자, 쪽지, 메신저 등 두 사람을 제외한 다른 사람은 알 수 없도록 사적인 채널을 이용해 NEG하는 것을 말한다. 예를 들어보자.

친구의 모임에 초대받은 C. 다양한 사람을 만날 수 있는 기회라 기꺼

이 참석했지만 뜻하지 않게 불쾌한 경험을 했다. 다 같이 즐겁게 먹고 마시며 대화하는 와중에 한 남자가 그녀에게 갑자기 "패션 센스가 엉망이다"라고 말한 것이다. 순간 찬물을 끼얹은 듯 좌중이 조용해졌다. 그러자 그녀는 물론이고 그 말을 한 당사자도 크게 당황한 눈치였다. 잠시 후 다른 사람이 화제를 바꾸면서 사태는 일단락되었지만 그녀는 느닷없이 모욕당한 느낌에 이미 기분이 상한 뒤였다. 잠시 후 그가 사과를 했지만 그녀의 마음속에 그는 이미 다시는 보지 않을 사람으로 낙인찍힌 상태였다.

위 사례에서 남자의 NEG가 실패한 이유는 간단하다. 첫 번째 원칙을 무시했기 때문이다. 모두가 들을 수 있는 자리에서 상대의 패션 센스를 지적한 것은 NEG가 아니라 비방이요, 모욕이다. 이런 경우에는 둘만 알 수 있는 방법으로 NEG를 시도해야 했다. 살짝 귓속말로 "오늘 입은 옷이 예쁘긴 한데, 당신한테는 잘 어울리지 않는 것 같다"고 말한다든지, 메신저로 '괜찮은 옷가게를 알려주겠다'고 하는 식으로 말이다.

NEG의 목적은 상대의 가치가 자신에 비해 낮다고 느끼게 하는 것이지, 다른 사람 앞에서 상대를 망신을 주는 것은 아니다. 내용에 따라서는 둘만이 알 수 있는 채널을 이용해야 한다.

거울식 NEG

상대를 거울에 비친 것처럼 따라하는 방식이다. 상대의 행동을 똑같이 따라서 해도 되고, 과장하거나 축소해도 된다. 거울식 NEG는 상대가 말도 안 되는 요구를 할 때 특히 효과적이다. 상대의 성숙하지 못한 행동을 거울에 비추듯 그대로 따라 보여줌으로써 스스로 부정적인 가치를 깨닫게 하는 것이다.

예컨대 어느 날 그녀가 갑자기 전화를 걸어서는 배가 고프다며 자신이 좋아하는 특정 음식을 사달라고 한다면? 물론 군말 없이 사줄 수도 있지만 평소에도 이런 식의 무리한 부탁을 자주 한다면 한 번쯤은 이를 거울식 NEG를 써볼 기회로 활용하자. 방법은 어렵지 않다. 그녀와 똑같은 어조로 "지금 내가 아프니 약 좀 사다줄 수 있겠느냐"고 묻는 것이다.

물론 이 방법도 상황을 봐가며 해야 한다. 그녀가 실제로 당신의 도움을 필요로 하는 상황이라면, 그리고 그녀의 마음을 얻기 원한다면 열 일 제치고 달려가야 마땅하다.

거울식 NEG는 상대를 풍자적으로 비꼬는 데도 매우 효과적이다.

한번은 지인 모임에서 한 여성의 명품백이 화제에 오른 적이 있다. 그날 모인 사람은 대부분 경제적 수준이나 사회적 지위가 높은 편이었는데, 그런 자리에서 자신의 가방이 관심을 받자 그녀는 눈에 띄게 으스대기 시작했다.

"아! 이거, 이번에 새로 나온 라인이에요. 보자마자 너무 마음에 들어서 가방, 클러치, 지갑까지 같은 디자인으로 한꺼번에 사버렸지 뭐예요? 제가 마음에 드는 건 꼭 사야 하는 편이라서요. 호호!"

그러자 잠자코 듣고 있던 한 친구가 입을 열었다.

"그러고 보니 나 얼마 전에 상하이 갔다가 우울해진 적이 있는데 말이지."

리더십 있고 재치가 넘쳐서 평소 모두의 신임을 한 몸에 받던 친구인지라 우리는 일제히 그의 말에 반응했다.

"왜? 무슨 일이 있었어?"

그는 한숨을 쉬며 말했다.

"사실, 헬리콥터를 사러 갔거든. 아니 근데 가보니까 웬 종류가 그리 많은지! 프로펠러가 한 개 달린 거, 두 개 달린 거부터 무슨 산악 지대 전용에 심지어 해상 전용도 있더라. 그걸 비행기 파는 사람이 하나하나 다 시범 운전해서 보여주는데 눈이 팽글팽글 돌 지경이더라고. 결국 뭘 고를까 고민하다가 지쳐서 그냥 집히는 대로 대충 세 대 골라서 집에 왔어. 한 삼천 달러 썼나? 근데 와보니 집에 둘 데가 없네? 그래서 말인데, 헬리콥터 필요한 사람?"

멍하니 이야기를 듣던 우리는 그제야 농담인 것을 깨닫고 박장대소했다. 그는 거울에 비치듯 비슷한 행동을 더욱 과장되게 해서 명품백의 그녀를 은근히 비꼰 것이다.

거울식 NEG는 언어뿐만 아니라 몸짓, 텍스트에서도 동일하게 쓸 수 있다.

간격 두고 반복하기 NEG

상대와의 소통 과정에서 핵심 단어를 포착한 뒤 이를 간격을 두고 반복적으로 NEG의 소재로 삼는 기술이다. 단, 핵심 단어는 유머러스해야 하며 부정적이거나 폄하의 의미가 담겨선 안 된다. 그래야 NEG의 대상도 즐겁게 받아들일 수 있고, 긍정적 인상을 남기려는 소기의 목적도 달성할 수 있다. 게다가 반복하는 입장에서도 부정적 단어나 비속어는 그리 편치 않은 것이 사실이다. 예를 들어보자.

일전에 남자인 친구와 만났는데, 여러 이유가 있어서 평소보다 화장에 훨씬 많은 시간을 투자했다. 아마 두 시간쯤 걸렸던 듯싶다. 아무튼 친구를 만나서 함께 식사하러 갔는데, 식사 도중 그가 갑자기 "이 정도 화장하는 데 얼마나 걸리느냐?"고 물었다. 나는 두 시간 걸렸다고 솔직히 대답했다. 그러자 그는 미친 듯 웃기 시작했다. 내가 이상한 눈으로 쳐다보자 그는 꺽꺽거리며 간신히 입을 열었다.

"너 그런 말 못 들어봤어? 여자가 얼굴에 한 시간을 들이면 화장이지만 두 시간부터는 분장이라잖아!"

나는 순순히 "그래, 나 분장했다"고 받아쳤고, 그는 "날 만나러 오는데 뭐하러 분장까지 했느냐?"는 둥 "나는 네 정체를 알고 있다"는 둥 계속 장난을 쳤다. 그리고 그날 내내 잊을 만하면 분장 얘기를 꺼냈다. 심지어 다른 사람에게 나를 "우리 동네 최고의 분장사!"라고 소개하기도 했다. 그러다가도 내가 조금 삐친 기색을 보이면 언제 그랬냐는 듯 다정하게 웃으며 하도 예뻐서 장난을 친 거라고 속삭였다.

그의 '분장' 타령은 그 후로도 뜨문뜨문 이어졌다. 만약 그가 나를 만날 때마다 그 얘기를 했다면 어느 순간 나도 화가 나거나 질렸을지 모른다. 하지만 그가 어쩌다 한 번씩 절묘한 타이밍에 분장이라는 단어를 꺼낸 덕에 매번 즐겁게 웃을 수 있었다.

별명도 훌륭한 핵심 단어가 될 수 있다. 물론 듣기 싫을 정도로 상대의 자존심을 건드리는 별명은 금물이며, 약간 부끄러울 정도가 적당하다. 사실, 남녀관계에서 서로 별명을 붙이며 장난을 칠 수 있을 정도의 사이라면 심리적으로 이미 꽤 가까워진 것이다. 결론적으로 이 기술의 백미는 둘만 아는 핵심 단어를 만들어서 친밀감을 높이고 관계를 더욱 가깝게 하는 데 있다.

스톡홀름증후군 NEG

고급 기술은 대개 여러 기술의 종합체인 경우가 많다. 스톡홀름증후군 NEG도 마찬가지다.

스톡홀름증후군이란 인질이 그들을 구해주려는 사람보다 인질범에게 더 동조하는 심리 상태를 말한다. 생사가 인질범의 손에 달려 있는 상황에서 살아남기 위해 자기최면을 거듭하다 결국 인질범과 자신을 운명공동체로 여기고, 인질범의 안전이 곧 자신의 안전이라고 여기게 되는 것이다.

남녀관계에서도 스톡홀름증후군이 있다. 매번 자신을 NEG하고 놀리고 괴롭히던 남자가 어느 날 갑자기 아무것도 하지 않을 때, 여자는 이상하게도 허전함을 느낀다. 당할 때는 싫고 짜증났지만 막상 그가 아무런 관심을 보이지 않으면 괜히 섭섭하다. 이런 심리 상태에 빠지게 하는 것이 바로 스톡홀름증후군 NEG의 주된 목표다. 방법은 간단하다. 상대를 끊임없이 '괴롭히면' 된다. 물론 당신에게 질려버릴 정도로 심하게 괴롭히는 것은 절대 금물이다. 이 NEG의 목적은 어디까지나 그녀의 관심과 흥미를 끌고 당신의 존재를 매력적으로 인식하게 하는 데 있다. 그저 약간 짜증날 정도로, 하지만 습관이 될 만큼 지속하는 것이 관건이다. 이해를 돕기 위해 내 경험을 예로 들어보겠다.

만나기만 하면 내 화장법이 이상하다고 지적하는 남자 친구가 있었다. 한동안 어찌나 신경이 쓰였는지, 그를 마주칠 일이 생기면 아예 화장을 안 하고 나갔을 정도다. 하지만 여자가 매번 민낯으로 나타나는 것도 예의가 아닌지라 다시 화장을 하고 나갔는데, 어느 날은 그가 화장한 나를 보고도 아무 말을 하지 않았다. 놀라운 것은 내 속에서 일어난 반응이었다. 그가 아무 말도 하지 않자 왠지 어색하고 심지어 섭섭한 느낌까지 들었던 것이다. 아마 그가 내게 더 이상 관심을 보이지 않는다는 사실이 섭섭했던 모양이다.

또 다른 예를 들어보자. 내 친구의 남자 친구는 툭하면 그녀를 깨문다. 물론 친구는 진절머리를 내며 거부하고 화도 내봤지만 언제나 방심하는 틈에 뺨이나 어깨 등을 물린다. 그와 만나는 이상은 그 살 떨리는 애정 표현에서 벗어날 수 없는 셈이다. 결국 그녀는 남자 친구에게 뺨만 물라는 타협안을 제시했다. 물렸을 때 그나마 제일 덜 아픈 곳이었기 때문이다.

한번은 이 친구와 며칠 출장을 가게 되었는데, 희한한 광경을 목격했다. 친구가 잠시도 가만있지 못하고 자기 뺨을 꼬집거나 때리는 것 아닌가. 내가 "대체 뭐하는 짓이냐?"고 묻자 친구는 약간 민망한 표정으로 대답했다.

"남자 친구가 뺨을 무는 게 습관이 됐나 봐. 지난 삼 일 동안 한 번도 안 물렸더니 뭔가 이상해서 나도 모르게 자꾸 뺨을 건드리게 되네."

나는 말했다.

"스톡홀름증후군에 빠진 걸 축하해, 친구!"

틀 깨기 NEG

상대의 세계관 및 가치관에 정면으로 부딪침으로써 상대에게 부정적 일면이 있다고 믿도록 만드는 방법이다. 기존의 사고방식을 바꾸려고 시도한다는 점에서 최면과 비슷하다고 봐도 무방하다. 물론 이 기술을 시도할 때는 상대가 충분히 받아들일 만큼의 논리적 근거가 있어야 한다. 그리고 아무도 건드린 적이 없는 부분을 공략할 때 훨씬 효과가 크다. 예를 들어보자.

아름다운 외모에 카리스마까지 갖추고 패션 센스마저 흠잡을 곳이 없는 여성에게는 NEG를 하기가 쉽지 않다. '틀 깨기'는 바로 이런 경우에 최적화된 기술이다. 먼저 상대에게 이렇게 접근한다.

"정말 완벽한 미인이시네요. 그런데 좀 안쓰러운 생각도 들어요. 보이는 모습이 화려할수록 속은 외로운 사람을 많이 봤거든요. 마음이 공허할수록 그 빈자리를 감추기 위해 겉을 더 열심히 치장하잖아요. 물론 그쪽은 그렇지 않을 수도 있지만요."

핵심은 상대의 가치에 의문을 제기하는 데 있다. 내면이 아닌 외면에 치중하는 얄팍한 가치관의 소유자가 아닌지 상대가 스스로를 의심하게끔 만드는 것이다. 일단 이런 접근이 성공하면 따로 DHV를 시도하지 않아도 상대적으로 높은 가치를 지닌 사람으로 보일 수 있다.

지금까지 소개한 기술들은 모두 실전을 통해 검증된 것들이다. 물론 효과는 장담하지만 이론적 내용을 실제로 응용하고 도입하는 것은 개인의 노력과 능력에 달려 있다. 물론 같은 내용이라도 얼마든지 변형 가능하다. 또한 각자의 조건, 장점, 약점, 상황에 따라 누군가에게는 맞는 내용이 누군가에게는 틀릴 수 있다. 그렇기 때문에 성공 가능성을 더욱 높이려면 위의 기술들을 기본으로 하되, 자기 자신을 객관적으로 분석하고 상대를 바르게 파악해서 각각의 상황에 유연히 대처해야 한다.

쉽게 얻을 수 없는 사람이 되라

당신은 그녀에게 어떤 사람인가? 돌아보았을 때 늘 같은 모습으로 그 자리에 있는 사람인가, 아니면 언제 사라질지 몰라서 마음 졸이게끔 하는 사람인가? 전자라면 그녀는 계속 다른 사람, 다른 일을 찾아갈 것이고 후자라면 당신에게 온전히 집중할 것이다. 안타깝게도 사랑의 속성이 그렇다. 그래서 가끔은 그녀에게 이런 사람이 될 필요가 있다.

• 때로는 전화를 받지 않는 사람

- 부재중 전화를 남겨도 바로 전화를 걸어오지도 않고, 못 받은 이유도 설명하지 않는 사람
- 만나자고 해도 늘 만날 수는 없는 사람
- 나 외에도 이성 친구가 많은 사람

다시 말해 그녀에게 불확실성을 느끼게 하는 남자가 되라는 것이다.

특히 서로 '밀당'을 하는 단계에서는 이런 종류의 불확실성을 높여야 한다. 그래야 상대에게 더욱 매력적으로 보일 수 있기 때문이다. 물론 상대가 호감을 품고 있는 점이 확실해지면 나 역시 특별한 감정이 있음을 표현해야겠지만 이때도 '내겐 너밖에 없다'는 것처럼 보이는 말아야 한다.

일단 관계가 확실해진 후에는 '좋아하는 사람은 너뿐'이라는 점을 확신시켜야 한다. 그렇다고 다른 이성 친구까지 전부 정리할 필요는 없다. 이 세상에는 남자 아니면 여자뿐이다. 이런 세상에 사는 데 당신 곁의 이성이 오직 그녀뿐일 수는 없다. 기존의 인간관계나 사회생활을 포기해가면서까지 상대에게 모든 관심을 집중하는 사람은 오히려 매력도가 떨어진다. 생각해보자. 친구도 만나지 않고 일도 하지 않으며, 오직 내 연락만 기다리다가 언제 어디서 부르든 당장 뛰어나오는 여자가 과연 매력적이겠는가?

심지어 어떤 사람은 자신의 입장, 생각, 가치관까지도 모두 좋아하는 사람에게 맞추려 한다. 그러나 이런 태도는 두 사람 모두에게 해가 될 뿐이다. 물론 사랑한다면 서로 의지할 수 있는 버팀목이 되어야 하지만 나를 포기하면서까지 전적으로 상대에게 맞출 이유는 없다. 게다가 사람

은 뭐든 자기 뜻대로 움직일 수 있는 상대보다는 쉽게 손에 잡히지 않는 상대에게 더욱 끌리는 법이다. '어장 속의 물고기'가 아니라 진짜 사랑을 쟁취한 승리자가 되고 싶다면 불가득(不可得)적인 존재, 즉 쉽게 얻을 수 없는 존재로 자신을 각인시켜야 한다.

지인 중에 모 패션 잡지의 메인 에디터가 있다. 그는 3년 넘게 한 여자를 짝사랑 중인데 그동안 단 한 번도 다른 사람에게 한눈을 판 적이 없다. 게다가 얼마나 지극정성인지 그녀가 SNS에 '체리 먹고 싶다'고 올리면 그 즉시 싱싱한 체리를 한 박스 사서 바치고, 기본적으로 아무 때 아무 곳에서든 그녀의 연락 한 번이면 군말 없이 달려갈 정도다.

한번은 누군가가 그녀에게 왜 그와 사귀지 않느냐고 물었다. 그만하면 사람도 괜찮고 조건도 좋은 데다 무엇보다 그녀를 아주 많이 좋아하는 것이 주변 사람 눈에도 보였기 때문이다. 그녀 역시 그 점은 인정한다면서 이렇게 대답했다.

"그가 나를 정말 좋아하는 건 알고 있어요. 하지만 아직은 좀 더 많은 사람을 만나보고 싶어요. 만약 내게 맞는 사람을 못 찾으면 그때 그와 만나면 되죠, 뭐."

그녀의 대답은 불가득성이 없으면 아무리 매력적인 사람도 사랑을 얻기 힘들다는 사실을 단적으로 보여준다.

여자는 고양이와 비슷하다. 무조건 잘해주는 것만으로는 관심을 끌기 어렵다. 마치 고양이가 제자리에 가만히 있는 공에는 흥미를 갖지 않는 것과 같다. 공이 이리저리 구르고, 예측할 수 없는 방향으로 튀어야 고양이는 비로소 흥미를 느끼고 공을 쫓기 시작한다. 그렇다고 아예 통제할 수 없는 것은 곤란하다. 어떻게 해도 자기 뜻대로 다룰 수 없으면 곧 그 공을 포기하고 비교적 '말을 잘 듣는' 공에게 관심을 돌릴 것이기 때문이다. 놀이든 연애든 적정선을 찾는 일이 가장 중요하다.

다음 사례는 불가득성이 사랑이라는 감정에 얼마나 큰 영향을 미치는지 잘 보여준다.

그녀와 나는 한 동호회에서 만났습니다. 먼저 연락한 사람은 그녀였어요. 동호회 정모 때 다 같이 찍은 사진에서 나를 보고 마음에 들어서 다른 회원에게 전화번호를 물어봤다고 하더군요. 금요일엔가 전화가 왔는데 대화를 하다 보니 어쩌다 과거 연애사까지 얘기하게 되면서 한참을 통화했어요. 기본적으로 그녀가 말하고 나는 듣는 쪽이었지만요.

우리가 처음 만난 건 그 주 일요일이었어요. 나는 괜찮았는데 그녀가 오히려 잔뜩 긴장하고 있었죠. 솔직히 딱 내 스타일은 아니었지만 그 모습은 꽤 귀엽게 느껴지더라고요. 나름대로 대화도 통하고, 그럭저럭 재미있는 시간을 보내다가 그녀가 같이 사진을 찍자고 했어요. 평소 사진 찍는 걸 별로 좋아하지 않는 터라 카메라를 보는 대신 그녀 쪽으로 고개를 돌리고 있었죠. 몇 장 찍었는데 아무래도 마음에 안 들었나 봐요. 또 찍자고 하더니 이번엔 그녀도 제 쪽으로 고개를 돌렸어요. 그 순간, 제가 먼저 살짝 키스를 했어요. 거부하지 않더군요. 그다음부터 우리는 거의 연인처럼 서로 기대고 앉아서 이런저런 얘기를 속삭였어요.

그날은 5시 넘어서 헤어졌어요. 그동안 다른 남자 두 명한테서 전화가 왔는데 전부 데면데면하게 대하더라고요.

그다음 주에도 우리는 계속 연락을 주고받았어요. 확실히 감정이 달아오르는 게 느껴졌죠. 그런데 어느 날 갑자기 전화를 하더니, 널 좋아할 수는 있지만 사랑할 수는 없다고 하는 거예요. 아직은 누군가를 사랑하기가 너무 버겁다나요. 솔직히 잘됐다고 생각했어요. 저도 진지한 관계보다는 '썸'을 타고 즐기는 쪽이 더 편했거든요. 그래서 그냥 '썸'만 타자고 했지요. 그런데 며칠 후에 그녀가 '두렵다'고 문자를 보내왔어요. 무슨 소리냐니까, 저를 잃을까 봐 두렵다는 거예요. 제 미래에 자기 자리가 없는 것도 두렵다고 했어요. 그 말을 들으니 저도 괜히 마음이 복잡해지더라고요. 그래서 진지하게 만나볼까 했는데 제가 그런 식의 말을 꺼내면 자꾸 피하는 거예요. 좀 이상하기는 했지만 한편으로는 오히려 그녀가 더 좋아지기 시작했어요.

이때쯤이었을 거예요, 그녀가 남자 친구가 있다고 고백한 게! 제 얘기도 했다 하더라고요. 남자 친구는 용서했고, 그녀도 다시는 저와 연락하지 않겠다고 했대요. 하지만 그 후로도 우리는 계속 연락을 주고받았어요.

정말 괴로웠어요. 도무지 그녀를 포기할 수가 없을 것 같았거든요. 밤에 잠도 못 잤어요. 그녀도 남자 친구와 나 사이에서 많이 괴로워했어요. 둘 다 잃고 싶지 않았던 거죠.

지난 일요일, 우리는 마지막으로 만났어요. 그녀는 절 보며 눈물을 흘렸고 저도 끝내 울음을 참지 못했어요. 서로 이렇게 좋아하는데, 함께할 수 없다는 사실이 너무나 고통스럽고 슬펐어요. 우리는 그렇게 한참을 울다가 헤어졌어요. 제가 여자 때문에 운 건 평생 이번이 처음이었어요.

이 이야기를 듣고 나는 나의 첫 연애를 떠올렸다. 열정적이고 순수했지만 그만큼 어리석고 미숙했던 첫 연애 말이다. 사람은 누구나 드라마 같은 사랑을 꿈꾼다. 하지만 실제로 우리가 겪게 되는 것은 차가운 현실뿐이다.

위 사례의 주인공이 정신없이 사랑에 빠진 이유는 그녀가 쉽게 손에 넣을 수 없는 상대였기 때문이다. 만약 그녀에게 남자 친구가 없었다면, 다시 말해 사랑을 방해하는 요소가 전혀 없고 그녀 또한 불가득적인 존재가 아니었다면 장담컨대 그는 얼마 지나지 않아 그녀에게 질리고 말았을 것이다. 실제로 그는 그녀가 '자기 스타일이 아니었다'고 했다. 그러나 불가득성이라는 마법이 덧씌워지는 순간, 그에게 그녀는 주위의 그 어떤 여자보다 매력적인 존재가 되었다. 그가 사랑이라고 느낀 것도 사실은 불가득성이 만들어낸 착각이자 자기최면의 결과일 가능성이 크다.

그녀 역시 마찬가지다. 그녀가 끝까지 연락을 끊지 못한 것도 그에게 불가득성이 있었기 때문이지, 그를 남자 친구보다 더 사랑했기 때문은 아니다. 이 점은 그녀가 결국 남자 친구에게 돌아간 것만 봐도 알 수 있다.

사람은 자신이 통제할 수 없는 것에 더 큰 관심을 보인다. 사랑도 자신의 통제권 밖에 있을 때, 즉 쉽게 얻을 수 없는 것처럼 보일 때 더더욱 뜨겁게 불타오른다. 여자가 헌신적인 남자보다 소위 '나쁜 남자'에게 더 끌리는 까닭도 이와 일맥상통한다. 그러니 가끔은 일편단심을 내려놓고 쉽게 얻을 수 없는 사람으로 자신을 포지셔닝하는 편이 사랑을 쟁취하는 데 훨씬 유리하다는 점을 명심하자.

관계를 지속하는 비밀, 공통의 화제 만들기

처음 데이트할 때는 앞서 소개한 여러 화제나 루틴 등을 활용해 대화를 이어갈 수 있다. 하지만 어느 정도 친해지고 익숙해진 후에는 자연스레 자신의 이야기를 하게 된다. 그런데 이 시점에서 서로 공통된 화제나 관심사를 찾지 못하면 어느 순간 대화가 벽에 가로막힌다. 문제는 대화가 막히면 그 관계도 얼마 안 가 끊어질 공산이 크다는 점이다.

이 같은 사태를 방지하려면 대화가 막히기 전에 먼저 공통된 화제를 만들어내야 한다. 가장 좋은 방법은 시작과 과정, 결과까지 함께 공유할 만한 둘만의 프로젝트를 진행하는 것이다. 같은 책을 읽는 둘만의 북클럽을 만든다든지, 영어 능력이나 자격증 같은 시험에 함께 응시해서 스터디를 하는 식으로 말이다. 물론 상대가 혹은 당신이 학구적인 타입과 거리가 멀다면 같이 게임을 하는 것도 괜찮다. 통상적으로 남자가 여자보다 게임을 잘하게 마련이니, 그녀를 리드하고 가르쳐주면서 함께 게임을 즐겨보자. 상대가 게임에 재미만 붙인다면 이후로 이야깃거리가 떨어질 일은 없을 것이다. 그밖에도 동호회 활동을 하거나 운동을 하는 등 공통의 취미를 찾아보는 것도 좋다.

둘만 즐길 수 있는 무언가를 만드는 것은 첫 만남에서 친밀감을 형성하는 데도 매우 유용하다. 실제로 내 친구 중 이 기술을 기막히게 쓸 줄 아는 녀석이 있는데, 거의 백발백중의 성공률을 자랑한다. 방법은 간단하다. 상대와 내기를 하는 것이다. 내용도 거창하지 않다. 누가 먼저 화장실을 갈지, 누가 먼저 취해서 뻗을지, 누가 게임에서 이길지 등을 놓고 내기를 한다. 재미있는 것은 여성 대부분이 이 수에 넘어갈 뿐만 아니라 심지어 더 적극적으로 내기를 제안할 정도로 매우 즐거워한다는 점이다.

얼마 전, 이 친구가 실제로 기술을 쓰는 광경을 목격할 기회가 있었다. 다 같이 모여서 한잔하며 게임을 하는 중이었는데 그는 어느 순간 자연스레 목표로 한 여성 곁에 앉더니 자기랑 내기하지 않겠느냐며 말을 걸었다.

"저 테이블에 두 사람 보이지? 난 저 남자가 오 분 안에 전화 받으러 간다는 데 걸겠어."

'목표녀'가 어이없다는 듯 웃으며 대꾸했다.

"뭐야, 네가 전화하려는 거 아냐?"

그는 스마트폰을 꺼내 테이블 위에 놓고 손을 들었다.

"물론 아니지! 나 그렇게 치사한 사람 아냐. 아무튼 지는 사람이 한 잔 마시는 거다. 콜?"

그녀도 재미있겠다는 표정으로 고개를 끄덕였다.

첫 번째 내기에서는 그가 이겼고, 벌주는 그녀의 몫이 됐다. 그러자 이번에는 그녀가 먼저 내기를 제안했다. 한창 게임 중인 테이블을 가리키면서 누가 이기는지 내기하자는 것이었다. 잠시 후, 그가 졌는지 술 한 잔을 들이켰다. 이런 식으로 소소한 내기에 열을 올리는 동안 두 사람은 금방 친해졌고 그는 손쉽게 그녀의 전화번호를 받아냈다.

그밖에 눈 맞춤도 둘만의 무언가를 만드는 기술이 될 수 있다. 조사한 바에 따르면 처음 말을 걸기 전, 일정 시간 동안 서로 눈빛 교환을 한 경우는 그렇지 않은 때보다 상대가 응답할 확률이 훨씬 높았다. 눈 맞춤을 하면서 둘만의 교감이 이뤄졌기 때문이다. 반대로 이런 사전 작업 없이 다짜고짜 말부터 걸면 도리어 상대의 경계심을 자극하기 쉽다. 일단 한 번 경계심이 생기면 아무리 감언이설을 늘어놔도 상대의 마음은 쉽게 열리지 않는다. 그러니 성급하게 다가서기보다는 먼저 상대와 공통의 무언가를 만드는 데 시간과 노력을 투자하자.

여자 심리

남자 생각

CHAPTER 6

관계의 핵심,

리듬감과 안정감

감정 파동의 리듬을 맞춰라

상대의 IOI는 자신이 시도한 DHV와 NEG의 성공 여부를 판단할 수 있는 바로미터다. 만약 상대가 당신에게 매력을 느꼈다면 많든 적든 IOI를 보내 자신을 어필할 것이다. 이때 적절한 반응을 보이지 않으면 상대는 당신이 IOD를 보내는 것으로 오해하고 멀어질 수 있다.

남녀관계에서는 그만큼 타이밍이 중요하다. 그래서 적절한 시기에 적합한 반응과 행동을 보이는 것도 매력 지수를 높이는 요인 중 하나다. 예를 들어 첫 데이트 때 당신에 대한 그녀의 호감도가 5라고 해보자. 헤어진 이후 별다른 연락도 하지 않다가 일주일 후에 다시 만나자고 한다면 그녀의 호감도는 2로 떨어질 수 있다. 물론 데이트를 한 뒤에 다시 4로 높아질 수 있지만 그 후에도 똑같이 일주일이 지난 뒤에나 만난다면 또

다시 2로 떨어져 있을 것이다. 여자는 호감도가 최소 8 이상은 되어야 연애를 시작할 마음이 생긴다. 만일 당신이 일주일에 한 번 만나는 전략을 계속 고수한다면 호감도는 아무리 가도 5를 넘지 못한다. 여자에게 호감도 5의 남자는 그저 좋은 사람, 좋은 오빠에 불과하다. 이런 식으로는 그녀의 남자 친구가 되는 것은 언감생심 꿈도 못 꿀 일이다.

그렇다면 어떻게 해야 할까? 첫 데이트를 한 뒤 이삼 일 안에 바로 약속을 잡아야 한다. 이렇게 하면 그녀의 호감도가 크게 떨어지지 않은 상태에서 다시 한 번 호감도를 높일 기회를 얻을 수 있다. 처음 호감도가 5였고 다시 만났을 때가 4였다면 데이트를 통해 6까지 끌어올릴 수 있는 것이다. 그다음 데이트도 마찬가지로 시간 간격을 오래 두지 않고 잡는다. 이렇듯 착실하게 점진적으로 호감도를 남자 친구의 관문인 8까지 높여가야 한다.

이렇게 생각해보자. 한 친구가 당신을 매우 재미있는 모임에 데려가겠다고 나섰다. 이 모임에는 여러 업계의 다양한 사람이 모이는데, 그때마다 업계의 비책을 공유한다고 한다. 당신은 꽤 흥미를 느꼈고, 그 주 금요일에 함께 가기로 약속했다. 그런데 막상 금요일이 되자 친구가 일이 생겼다며 다음 주에 가자고 했다. 그다음 주에도 바쁘다는 핑계로 약속을 미뤘다. 그렇게 3개월이 흐른 어느 날, 친구가 이번에야말로 같이 가자며 연락을 해왔다. 과연 기분이 어떨까? 아마 간다고 해도 처음처럼 들뜨거나 기대되지는 않을 것이다. 여자도 마찬가지다. 쇠도 뜨거울 때 두드리라는 말이 있듯이 여자의 마음도 달아오르기 시작할 때 바짝 당겨 잡아야 한다. 그렇지 않고 일주일에 한 번, 혹은 2주에 한 번 만나는 식으로 드문드문 불을 지피면 연애의 온도에 영원히 도달하지 못한다.

이 점은 연애할 때도 똑같다. 사람마다 조금씩 차이는 있겠지만 대체적으로 사귄 지 한 달 안에 키스를 하지 않으면 여자는 상대가 자신을 좋아하지 않는다고 생각한다. 지나치게 성급히 들이대도 문제지만 적당한 때가 지나도록 보통의 연인처럼 진도를 나가지 않는 것도 여자에게는 상당한 실례인 셈이다. 다음의 사례를 통해 좀 더 구체적으로 논해보자.

남자와 여자는 소개팅으로 만났다. 처음부터 말이 잘 통하고 코드가 맞았던 덕에 두 사람은 금세 서로에게 호감을 느꼈다. 그날 여자를 집까지 데려다주는 길에 남자가 살 것이 있어서 잠시 마트에 들렀는데, 여자는 자발적으로 먹을 것을 사서 남자에게 안겼다.

사실 이는 강력한 IOI로, 남자는 이에 응하는 행동을 보였어야 했다. 단순히 고맙다는 말만 하지 말고 살짝 손을 잡는다든지 어깨동무를 하는 등 신체적 언어로 호감을 표현했어야 한다는 뜻이다. 남녀관계에서는 몸짓 표현도 언어만큼 중요하다. 그렇기 때문에 상대가 강력한 IOI를 보내올 경우에는 반드시 스킨십 등의 신체 반응을 보여주어야 한다. 하지만 그는 그렇게 하지 않았다. 그저 고맙다고 말한 뒤 그녀를 집에 데려다줬을 뿐이다. 첫 번째 기회를 놓친 것이다.

그 후로 2주 동안 두 사람은 적극적으로 연락을 주고받았다. 메신저로 매일 서로의 일상을 공유했고 가끔은 남자가 먼저 전화를 걸기도 했다. 하지만 일이 바쁘다는 이유로 만나자는 말은 한 번도 하지 않았다. 여기서 그는 또 한 번 중대한 실수를 했다. 첫 만남 이후 적어도 사흘 안에 다음 약속을 잡았어야 했는데 그렇게 하지 않은 것이다.

상대가 자신에게 비교적 강한 호감을 보인다면 기회를 놓치지 말고 더욱 자주 연락하고 관심을 보여서 상대의 감정을 지속적으로 끌어올려야 한다. 만약 이 시기에 연락을 소홀히 하면 여자는 당신이 자신을 좋아하지 않는다고 생각하고 점차 흥미를 잃을 것이다. 그렇기 때문에 즉시 두 번째 만남을 추진하는 것이 중요하다. 바쁘다는 것은 핑계에 불과하다. 마음만 있으면 퇴근 후에 잠깐이라도 볼 수 있을 터다. 또한 여자는 바쁜 와중에도 어떻게든 짬을 내어 자신을 만나려고 하는 남자의 태도에 굉장히 후한 점수를 준다.

두 번째 데이트에서 여자는 남자에게 선물을 줌으로써 둘 사이를 500보쯤 진전시키고자 하는 뜻을 비쳤다. 하지만 남자는 선물을 받고도 별다른 말이나 행동을 하지 않았다. 그 순간, 여자는 그를 포기해버렸다. 자신이 할 수 있는 모든 행동을 동원해서 마음을 표현했는데도 남자는 단 한 번도 제대로 된 반응을 보이질 않았으니 어찌 보면 당연한 결과였다. 게다가 굳이 남녀관계가 아니더라도 선물을 받았을 때 적극적으로 고맙다는 반응을 보이지 않는 것은 예의에 어긋난다. 명심하자. 여자가 선물을 하면 그 즉시 열광적으로 반응해야 한다. 그리고 다음에 만날 때는 작은 선물이나마 꼭 답례를 하는 것이 좋다. 여자는 선물 자체보다 그것을 고르며 자신을 생각했을 남자의 마음에 더 감동을 받기 때문이다.

하지만 이 사례의 남자는 아무것도 하지 않았다. 열광적인 반응을 보이지도, 그녀에게 선물을 안기지도 않았다. 심지어 두 번째 데이트를 한 후에 장기간 여행을 다녀오느라 연락도 제대로 하지 않았다! 여행에서 돌아온 남자는 여자에게 만나자며 연락했지만 당연히 거절당하고 말았다. 그는 그제야 고백의 의미로 선물을 줘야겠다고 생각했지만 때는 이미 늦은 뒤였다. 그녀가 더 이상 연락에 답하지 않았던 것이다. 두 사람은 그렇게 영영 남이 되었다.

연애의 리듬 1, 지나치게 빠를 경우

먼저 다음의 고민 상담 사례를 살펴보자.

그녀를 알게 된 순간부터 저는 꾸준히 호감을 표시했어요. 그녀도 일이 잘 풀리지 않을 때마다 종종 제게 조언을 구했고요. 그러다 마침내 데이트를 하게 됐지요. 정말 정성을 다했어요. 문 열어주고 의자 빼주고 차가 오면 막아주고……. 결국 손을 잡는 데까지는 성공했는데 키스를 하려는 순간 그녀의 아버지한테 전화가 온 거예요. 빨리 들어오라고요. 김도 새고 분위기도 엉망이 됐지만 어쩌겠어요. 그냥 들여보냈죠. 어제 또 만나자고 했는데 감기에 걸렸다고 하더라고요. 그래서 일단 점심때까지 기다릴 테니 몸 상태 봐서 연락해달라고 했어요. 그런데 3시까지도 연락이 없는 거예요. 더 늦어지면 안 되겠다 싶어서 어떠냐고 전화를 했는데, 그녀는 계속 얼버무리면서 망설이기만 했어요. 그래서 그냥 얼른 나으라고 하고는 끊었죠. 이번 주말에는 같이 연극을 보러 가자고 할 생각이에요. 이번에는 좀 강하게 나가려고 먼저 표를 산 뒤에 얘기를 할까 하는데, 괜찮을까요? 혹시 표를 날리게 될까 봐 걱정입니다.

위 사례의 연애 리듬은 너무 빨랐다. 첫 데이트에서 키스까지 시도한 것은 소위 '엔조이'적 관계에서나 할 법한 행동이지, 진지한 관계에는 어울리지 않는다. 아마 상대 여자도 진도가 너무 빨라서 당황했을 것이다. 어쩌면 자신을 쉬운 여자로 봤다고 생각할지도 모른다. 그래서 그를 피하게 된 것일 수도 있다. 리듬이 너무 빠르면 여자는 진심이 아니라고 느낀다. '진지한 연애가 아니라 그냥 즐기려는 거구나'라고 생각하는 것이다. 결국 지나치게 빨리 다가가려 한 것이 그의 실수였다.

연애의 리듬 2, 지나치게 느린 경우

털 끝 하나 건드리지 않는 것이 그녀를 진심으로 좋아하고 존중해주는 방식이라고 여긴다면 크나큰 오해다. 오히려 그녀는 당신이 자신을 좋아하지 않는다고 생각할 것이다.

Q 2년 동안 좋아한 여자가 있습니다. 초반에는 '썸'이 좀 있었고, 손도 잡고 포옹까지 했어요. 하지만 늘 사람 없을 때만 허락한 걸 보면 아마 절 '스페어'로 생각하지 않았나 싶어요. 그녀는 남자 보는 눈이 꽤 까다로운 편이라 그동안 퇴짜 놓은 남자도 제가 아는 것만 두 사람 정도 돼요. 그래서 그녀도 지난 2년간 계속 솔로였지요. 평소 그녀는 사람들에게 남자 친구를 한 번도 안 사귀어봤다고 말했는데 최근 저한테 갑자기 사실은 고등학교 때 한 명 사귀었다고 하더라고요. 요즘 자기를 쫓아다니는 사람이 생겼다는 말도 하고요. 게다가 요새 들어 저에게 잘해줬다 싸늘해졌다, 한마디로 태도를 종잡을 수가 없어요. 저도 계속 이런 식으로 가면 안 된다는 건 잘 알아요. 그녀만 바라보고 있기보단 저 자신의 발전을 위해 노력해야 한다는 것도 알고요. 하지만 아무래도 쉽게 포기가 되지 않아요. 어떻게 하면 좋을까요? 그녀의 마음을 확실하게 잡을 방법이 없을까요?

A 지난 2년 동안 대체 어떤 식으로 대시했는지는 모르겠네요. 하지만 자주 연락을 주고받기 시작한지 3개월이 지나도록 연인이 되지 못했다면, 이생에서는 그녀와 그저 보통 친구로 남는 데 만족해야 할지도 몰라요.

Q 그녀와 알게 된 지는 반년 정도 됐습니다. 몇 번 데이트를 했는데 느낌이 괜찮았어요. 기습 키스를 했을 때는 얼굴이 빨개져서 아무

말도 하지 않았고요. 그런데 요즘은 영 순조롭지가 않아요. 스킨십을 하려고 해도 자꾸 피하고, 어쩌다 허용해도 금세 빠져나가거든요. 심지어 어깨동무 같은 아주 간단한 스킨십에도 이렇게 반응한다니까요. 다시 말해서 단둘이 있는 건 문제가 없는데 그 이상 진도를 나가는 것이 힘들어요. 어쩌면 좋을까요?

A 몸짓언어에 조금만 더 주의를 기울이면 충분히 그녀의 의도를 알 수 있을 텐데, 앞선 몇 번의 데이트가 괜찮았다는 느낌 때문에 눈이 가려진 것은 아닌가요? 그녀가 당신의 손길을 피한다는 것은 이미 마음이 떠났음을 의미한답니다. 그러니 그녀는 내버려두고, 새로운 인연을 찾아 떠나도록 하세요.

Q 만난 지는 한 달째, 데이트도 몇 번 했습니다. 그런데 제가 실수를 좀 해서 그녀의 호감도가 많이 떨어진 상태입니다. 대화를 잘 주도하지 못한 탓에 어색해진 적도 한두 번이 아니고요. 기본적으로 말이 자주 끊겨서 그녀가 애써 새로운 화제를 찾아 대화를 이어가는 경우가 많았습니다. 결국 지난번에 만났을 때 그녀가 서로 잘 통하는 사람을 만나고 싶다고 하더군요. 제가 좋은 사람이라는 건 알지만 그것만으로는 저와 시작할 확신도 생기지 않고, 제가 어떤 사람인지조차 아직 잘 모르겠다고 했어요. 저도 제가 그녀의 타입이 아니라는 것은 압니다. 하지만 쉽게 포기가 되지 않아요. 그녀는 완벽한 제 이상형이거든요. 이런 상황에서도 기회가 있을까요? 전 대체 어떻게 해야 할까요? 너무나 혼란스럽습니다. 부디 가르침을 주세요!

A 세상의 반은 여자랍니다. 안타깝지만 다른 인연을 찾아보세요. 다

행히도 자신의 잘못을 잘 알고 있으니, 그 점만 고친다면 다음에는 분명 성공할 수 있을 거예요.

Q 첫 만남은 좋지도 나쁘지도 않았어요. 같이 밥을 먹고 차 마시며 얘기 좀 하다 헤어졌지요. 그 후로는 주로 온라인 메신저에서 이야기를 했고, 제가 세 번 정도 먼저 전화를 걸어서 짧게 통화도 했어요. 그중 한번은 퇴근 후에 뭐하냐고 물었더니 회사 동료와 약속이 있다고 해서 데이트 신청은 하지 않았고요. 이런 식으로 드문드문 연락을 주고받으며 두 달쯤 지냈어요. 그런데 어느 날 그녀가 그러더군요. 우리 둘 다 어울리는 상대를 아직 못 찾지 않았냐고요. 그 말을 듣는 순간, 제가 아직도 그녀에게 호감을 갖고 있다는 걸 깨달았어요. 그래서 늦기 전에 기회를 잡자는 심정으로 같이 밥을 먹자고 했지요. 식사를 하면서 그녀가 제 근황을 묻기에 이런저런 얘기를 하다 솔직하게 고백했어요. 난 당신에게 아직 호감이 있고 잘해보고 싶다고요. 그랬더니 이미 늦었대요. 제가 소극적으로 굴어서 기회를 날렸다나요? 그리고 얼마 전에 소개팅으로 말이 잘 통하는 사람을 만났다고 했어요. 식사를 마치고 그녀는 바로 돌아갔어요. 다음 날, 저녁때쯤 통화할 수 있냐고 문자를 보냈는데 부디 좋은 사람 만나길 바란다는 답문이 오더군요. 전 절망했지만 전화를 걸어서 그녀의 선택을 존중한다고 말했어요. 그리고 그동안 제가 어떤 심적인 과정을 거쳤는지 설명했죠. 그녀는 잠자코 듣기만 했어요. 그다음 날, 혹시라도 마음이 바뀐다면 내게 다시 한 번 기회를 달라는 문자를 보냈어요. 그 후로 열흘이 지났는데 아직 답문은 없고요. 마

지막으로 한 번 더 연락을 해볼까 고민 중인데, 그래도 될까요?

A 그녀의 마음은 이미 완전히 떠난 상태로 보여요. 연락해봤자 아무 소용없을 겁니다. 처음 만났을 때 마음에 들었다면 적극적으로 나섰어야 해요. 빨리 다음 약속을 잡고, 친밀감을 높이고, 손을 잡고, 키스를 하고, 관계를 확실히 했어야 했지요. 우물쭈물하거나 지지 부진한 남자를 기다려줄 여자는 없답니다. 기억하세요. 사랑에도 리듬이라는 게 있어요. 리듬을 맞추지 못하면 연애의 규칙에 어긋나게 되고, 규칙에 어긋나면 결국 밀려나게 된답니다.

Q 친구에게 8점짜리 여자를 소개받았습니다. 저는 7점쯤 되는 남자이고요. 일이 바빠서 일주일에 한 번 정도 만나는 게 전부고, 그동안 스킨십은 전혀 없었습니다. 시도도 하지 않았고요. 하지만 늘 잘해주려고 노력했고 이 점은 그녀도 인정했어요. 일고여덟 번 정도 데이트를 한 뒤 한 달인가를 데이트 없이 메신저나 문자만 주고받았어요. 전화도 거의 안 했고요. 그런데 7월 말에 갑자기 좋아하는 사람이 생겼다며 미안하다고 하더라고요. 다른 남자를 만나는 거냐고 물었더니 그건 아니고 짝사랑이라고 했어요(나중에 알고 보니 그녀도 상당히 힘들어하고 있었어요). 더 자세히 묻고 싶었지만 그녀가 화를 내서 묻지 못했어요. 그러다 만나서 얘기하자고 했더니 선선히 알았다고 하더군요. 실로 오랜만에 그녀를 만나는 거였죠. 얘기를 하다 보니 마음이 아팠어요. 그녀도 속상한지 울었고요. 저는 그제야 그녀를 안고 뺨에 키스를 했어요. 그랬더니 이건 아닌 것 같다며, 제가 자기 마음을 생각하지 않고 이기적으로 군다고 비난하더

군요. 저도 잘못을 인정했지요. 그런 뒤 밖으로 나와 길을 건너면서 그녀의 손을 잡았는데 뿌리치지 않았어요. 하지만 그날 이후로는 아무리 해도 저를 만나주지를 않아요. 심지어 연락도 무시하고 있고요. 그녀의 친구에게 전해들은 바에 따르면 제가 그날 그렇게 하지만 않았어도 친구 정도는 될 수 있었을 거라 했대요. 이제 와서 만회하려는 건 너무 늦은 걸까요? 어떻게 하면 좋을까요?

A 모든 일에는 리듬이 있고, 연애도 마찬가지랍니다. 일고여덟 번 데이트를 할 동안 스킨십을 한 번도 하지 않았다니, 그녀는 아마 당신이 자신을 좋아하지 않는다고 생각했을 거예요. 더욱 안타까운 것은 그녀가 당신에게 호감을 가지고 끊임없이 기회를 줬다는 점이에요. 그렇지 않았다면 아마 일고여덟 번이나 데이트하지는 않았겠지요. 하지만 당신은 기회를 제대로 잡지 못했고, 결국 그녀가 당신을 포기하게 만들었어요. 그래놓고 이제 와서 키스라니요? 그녀의 마음은 전혀 생각하지 않은 건가요? 그렇게 수없이 데이트를 하는 동안 생기지 않은 연애의 감정이 스킨십 한 번에 생길 거라고 생각했다면 큰 오산이에요. 그녀가 당신의 연락을 피하는 것도 당연하답니다. 그래도 여전히 그녀와 함께하고 싶다면 당신이 근본적으로 변할 필요가 있어요. 예전과 똑같은 모습이라면 그녀가 한 번 포기한 당신을 또다시 선택할 이유가 없지 않겠어요?

'니디'한 것과 승세를 굳히는 것은 다르다

남녀관계에서 굳이 승패를 따진다면 상대에게 대시해서 마음을 얻는 쪽이 승자이고, 마음을 빼앗긴 쪽이 패자이다. 그러나 결국은 두 사람 모두 행복한 결과를 얻기 때문에 제로섬 게임보다는 윈윈(Win-Win) 게임에 가깝다.

전쟁을 예로 들어보자. 양측의 전력이 막상막하일 때는 교전 과정 중에 손실이 막심하다. 이런 경우에는 조금이라도 승기가 보일 때 이를 놓치지 않고 확실하게 밀어붙이는 쪽이 승리한다. 어떠한 전쟁이든 손실이 적어야 진짜 이긴 것이라고 할 수 있다. 상처뿐인 승리는 승리가 아니다.

연애에서도 승세를 굳히는 것이 중요하다. 승리의 기운이 돌기 시작할 때(상대의 호감을 얻기 시작할 때) 기세를 몰아 좀 더 적극적으로 몰아붙여서 상대가 나를 좋아하게(상대의 패배) 만들어야 한다. 다시 말해 제때 승세를 굳히는 것이야말로 최소의 투자로 최대 이익을 얻는 가장 좋은 방법이다.

하지만 많은 사람이 승기가 넘어왔음에도 종종 밀어붙이지 않고 망설인다. 자신이 너무 '니디(Needy)'해 보일까 봐 걱정하는 것이다. 하지만 '니디'한 것과 승기를 잡는 것은 근본부터 다르다. '니디'는 여성에게 충분한 호감을 얻지 못한 상태에서 매달리는 것으로, 절박하고 궁한 상태를 가리킨다. 그에 반해 '승기를 잡고 몰아붙이는 것'은 말 그대로 여성이 충분히 호감을 보인 상태에서 확실한 굳히기에 들어가는 것을 말한다. '니디'한 상황에서는 밀어붙일수록 호감도가 떨어지지만 승기를 잡은 상황에서는 밀어붙이지 않는 것이 오히려 호감도 하락의 원인이 된다. '나는 당신에게 그 정도로 관심이 있지는 않다'는 뜻이 되기 때문이다. 특히 '완벽녀'에 가까울수록 이 같은 상황을 견디지 못하고 먼저 손을 놔버린다. 워낙 자존심이 강하기 때문에 자신이 언제든지 대체될 수 있다는 느낌을 참지 못하는 것이다.

승세를 몰아 굳히기에 들어가는 방법은 간단하다. 첫 데이트에서 호감도가 5 이상(최소한 손까지 잡은 경우)이라는 확신이 들면 바로 다음날 데이트를 추진한다. 아니면 적어도 첫 만남에서 헤어지기 전에 다음 약속을 확실하게 잡는다. 만약 호감도가 5 이하라면 애프터 신청을 해도 거절당할 공산이 크며, 이런 경우에는 밀어붙이는 것 자체가 '니디'하게 보일 수 있다. 그러니 상대방의 호감 정도를 잘 파악하여 승세를 몰아 밀어붙일지, 아니면 '니디'한 짜증스런 남자가 되지 않기 위해 적당히 물러날지를 재빨리 판단하자.

고백을 대하는 그녀들의 자세

남자들이 가장 두려워하는 상황 중 하나가 바로 고백한 뒤 거절당하는 것이다. 거절에 대한 두려움이 어찌나 큰지, 거절처럼 보이는 행동 뒤에 숨은 여자의 진짜 마음을 읽지 못하고 다음 기회마저 놓치는 일도 빈번하다. 그래서 무턱대고 고백하기 전에 먼저 여자의 심리를 이해할 필요가 있다. 그래야 진짜 거절과 가짜 거절을 구별해낼 수 있기 때문이다.

사실, 여자 입장에서는 남자의 고백이 결정을 미루는 것처럼 느껴질 수도 있다. 특히 남자가 확신을 주지 않은 상태에서 "만나보면 어떨까?" 하는 식으로 고백하면 여자는 고민에 빠진다. 결정권이 자신에게 넘어온 셈이기 때문이다. 가뜩이나 선택과 결정을 싫어하는데, 여자에게 이런 고백이 달가울 리 없다.

여자가 선택과 결정을 싫어하는 이유는 고민이 많아서다. 어느 정도냐 하면 같은 디자인, 다른 색상의 스커트 두 벌을 놓고 어느 것이 더 나은지 선택하지 못할 정도다. 그래서 같이 간 사람에게 어떤 것이 더 괜찮아 보이냐고 묻는다. 이런 상황이 당신에게 닥친다면 반드시 어느 것이 왜 더 나은지를 명확히 대답해주어야 한다. 단순히 '비슷하다'라고 대답했다가는(설령 실제로 두 가지가 똑같다 하더라도) 대번에 성의 없다는 질타를 받기 십상이다. 이런 사태를 피하려면 다음과 같이 대답하는 게 가장 좋다.

"흰색이 예쁘네. 까만색보다 분위기 있어 보이고 네 피부도 더 환해 보여."

물론 그녀가 당신의 의견을 받아들여서 흰색을 선택하리라는 보장은 없지만 그래도 대답은 구체적으로 해야 한다. 비슷하다는 대답은 선택과 결정을 싫어하는 여자의 고민을 조금도 덜어주지 못하기 때문이다.

이처럼 여자는 선택을 싫어한다. 얼마나 싫은지, 무언가를 선택해야 할 중대한 사안이 생기면 모래에 머리를 박는 타조처럼 아예 외면해버리기도 한다. 그래서 당신의 고백이 반드시 선택을 해야 하는 문제로 변하는 순간, 그녀는 자신의 감정과 상관없이 부담감에 거절을 해버릴 수도 있다. 물론 좋아하는 마음이 없는 것은 아니기에 이후에 마치 아무 일도 없었다는 것처럼 다시 연락하는 경우도 적지 않다. 만약 그녀가 계속 연락해온다면 십중팔구 선택을 해야 한다는 부담감 때문에 고백을 거절한 것이라 봐도 무방하다. 하지만 남자 입장에서는 여자의 이러한 태도가 혼란스럽기만 하다. 과연 그녀가 자신을 좋아하는지, 그렇지 않은지조차 알 수 없기 때문이다.

부담감이 아니라 다른 이유로 고백을 거절하는 경우, 상황은 더 복잡해진다. 다음은 내가 대학 시절에 한 여자 동기와 나눈 대화를 재구성한 것이다.

나 : 남자 친구랑 어떻게 사귀게 된 거야?
그녀 : 걔가 먼저 날 따라다니다 고백했어.

나 : 내 여자 친구가 되어줘, 뭐 이런 거야? 바로 받아줬어?

그녀 : 당연히 아니지. 첫 번째 고백은 거절했어.

나 : 왜? 너도 걔를 좋아하지 않았어?

그녀 : 물론 좋아했지. 그렇다고 고백을 받자마자 옳다구나 하고 사귈 수는 없었어. 나도 나름 인기가 있다면 있는데, 달랑 사귀자는 말 한마디에 넘어가면 너무 쉬운 여자 같잖아. 게다가 정말로 나를 좋아한다면 한 번 거절했다고 나를 포기할 리도 없고 말이야. 안 그래?

실제로 많은 여성이 남자가 고백을 하자마자 받아들였다가는 쉬운 여자로 보일 수 있다고 생각한다. 하지만 막상 거절하자니 남자가 다시는 자신을 찾지 않을까 봐 두렵기도 하다. 이런 경우 여자가 가장 많이 하는 말이 바로 "생각 좀 해볼게"이다. 그렇기 때문에 이 말이 나왔다면 절반은 성공했다고 볼 수 있다.

하지만 바보 같은 남자들은 그녀가 자신의 고백을 흔쾌히 받아주지 않았다는 사실에 의기소침해져서 그녀에게 생각할 시간을 준다는 핑계로 하염없이 연락만 기다리거나 아예 잠수를 타버린다. 그녀를 정말로 좋아한다면 한 번쯤 더 상처받을 각오를 하고 덤벼볼 법도 한데, 쉽게 포기해버리는 것이다. 더욱 안타까운 것은 그 순간에도 그녀는 그가 다시 한 번 고백하기를 기다리고 있을지 모른다는 점이다.

만약 거절당하는 상황이 너무 두렵다면 말로 고백하기 전에 먼저 행동으로 고백해보자. 로맨틱한 분위기에서 서로 충분히 감정이 통했다고 느꼈을 때, "좋아해"라고 말하기 전에 먼저 키스로 마음을 전하는 것이다. 사실, 고백은 말보다는 행동으로 보여줄 때 더욱 힘이 있다. 물론 행동으로 고백할 때는 상대도 자연스럽게 받아들일 수 있도록 전후 상황과 분위기를 잘 살펴야 한다.

또 한 가지, 여자가 곧장 고백을 받아들이지 않는 이유가 있다. 인기가 없는 여자로 보이고 싶지 않기 때문이다. 게다가 여자는 조신하고 소극적이어야 한다는 유교적 가치관의 영향을 벗어나지 못한 여성이 아직도 많다. 그래서 좋아하는 남자가 고백을 해도 그 자리에서 받아들이지 못하고 망설이는 모습을 보인다.

두 사람이 사랑에 빠지는 것은 매우 자연스러운 일이다. 그래서 고백을 하건 안 하건, 종종 많은 과정이 매우 자연스럽게 진행된다. 초반에 가까워질 때는 루틴이나 DHV 같은 기술적 측면이 분명 유용하지만 어느 정도 마음이 통한 후에는 두 사람의 관계를 자연스런 감정 흐름에 맡겨야 한다.

특별 강습 : 미인 공략법

미인은 보통 여자와 전혀 다른 존재다. 그런 의미에서 특별히 미녀를 공략할 때는 다음의 몇 가지 주의 사항을 염두에 둘 필요가 있다.

미인에게는 함부로 잘해주지 않는다.

이는 자신의 패를 훤하게 펼쳐 보여주는 셈이다. 설령 별다른 뜻 없이 그저 여자니까 잘해준다고 해도 미인은 자신에게 관심이 있어서 그런다고 생각할 것이다. 물론 미녀도 관심을 즐긴다. 그러나 어느 정도 호감을 얻기 전에 무작정 잘해주기만 하는 것은 오히려 자신의 가치를 떨어뜨릴 수 있다.

공개적인 NEG를 자제한다.

미녀는 자존감이 상당히 높기 때문에 어설픈 NEG는 오히려 반감을 사기 쉽다. 특히 다른 사람이 있는 자리에서 공개적으로 NEG를 하는 것은 상대에게 시비를 거는 것이나 다름없다. 미녀에게 NEG를 시도할 때는 두 사람만 듣거나 알 수 있도록 사적인 채널을 이용하는 편이 바람직하다.

의식적이든 무의식적이든 신체 접촉을 하는 일이 없도록 한다.

시커면 속을 대놓고 드러내 보이는 것과 다름없다.

미인의 흥미를 끌 수 있는 화제 및 루틴을 미리 준비한다.

낭만도 정도껏 해야 낭만이다.

특히 꽃이 그렇다. 잘 사용하면 낭만적이지만 잘못 쓰면 오히려 독이 된다. 여자는 대부분 꽃을 좋아한다. 하지만 그것도 누가 어떤 상황에서 어떻게 보내느냐에 따라 달라진다. 안 지 얼마 되지 않았는데 무턱대고 꽃을 보낸다든지, 상대의 반응과 상관없이 끈질기게 꽃을 보내는 것은 대개 결과가 좋지 않다. 실제로 대학교 시절 룸메이트 중에 남자들에게 인기가 많았던 동기가 있었는데, 한 남자가 기숙사로 매일같이 꽃을 보내왔다. 얼마나 많이 보냈는지 아예 화원을 사버린 것이 아닌가 싶을 정도였다. 문제는 그녀가 이미 그에게 거절 의사를 분명히 밝혔다는 점이다. 결국 그 수많은 꽃은 도착하는 족족 죄다 쓰레기통으로 직행하고 말았다.

일문일답식 문자는 지양한다.

비단 미인뿐만 아니라 여자라면 누구나 싫어하는 문자 타입이다. 처음 문자를 보낼 때야 흥미를 끌기 위해 질문을 할 수 있지만 이후로는 자연스레 대화가 될 수 있도록 방향을 이끌어야지, 단순하게 계속 질문만 던져서는 결코 호감을 얻을 수 없다.

헌팅은 과감하게 한다.

점수가 높은 미인일수록 의외로 헌팅 경험이 적은 경우가 많다. 이유는 단 하나, 남자들이 용감하게 나서지 못하기 때문이다.

여자는 결단력 있게 행동하는 남자에게 끌린다. 미인도 다르지 않다. 뒤에 서서 우물쭈물, 말을 걸어볼까 말까 고민하는 것이 눈에 보이는 남자는 아무래도 매력적이지 않다. 여럿이 우르르 몰려와서 서로 말을 걸어보라며 등 떠미는 모습은 더더욱 별로다. 차라리 거절당할지라도 한번 질러보는 용기가 남자에게는 필요하다. 또 혹시 아는가? 그녀가 당신에게 선뜻 전화번호를 알려줄지 말이다.

훈계는 필요치 않다.

예전에 수강생의 친구가 SNS에서 친구 신청을 해온 일이 있었다. 수강생의 체면을 생각해서 신청을 수락하고 잠시 대화를 나누었는데, 이것이 화근이었다. 그날 이후로 자꾸만 만나자고 하는 것이다. 밥을 먹자고 해서 거절하면 당구나 치러 가자고 말을 붙였고, 당구 못 친다고 하면 노래방에 가자며 꼬드겼다. 그래도 내가 끝까지 거절하자 너무 차갑게 군다며 볼멘소리를 해대더니 지금 어디서 무얼 하느냐고 물었다. 혼자 집에 있다고 대답하자 다음과 같은 대화가 이어졌다.

> 그 : 남자 만나기 싫으세요? 혼자 집에만 있으면 인연도 못 찾아요. 그러니
>   누구라도 만나서 재미있게 노는 게 낫지 않아요?
> 나 : 제 인연은 제가 알아서 찾을게요. 만날 인연이라면 집에만 있어도 만
>   나게 된답니다.
> 그 : 인연이라는 게 뭔데요? 공중에 달린 과자인가요? 만약 그렇다고 해도
>   어쨌든 손을 뻗어 잡든지 폴짝 뛰어올라 베어 물든지 해야 내 것이 되
>   잖아요. 지금처럼 죄다 싫다면서 집에만 틀어박혀 있는데 무슨 인연
>   을 만나겠어요? 잘 생각해봐요. 그렇지 않아요?

안 그래도 가뜩이나 마뜩치 않은데 훈계까지 늘어놓다니! 나는 가차 없이 그를 친구 명단에서 삭제해버렸다.

아낌없이 칭찬하라.

칭찬을 싫어하는 사람은 없다. 자신이 공들이고 노력하는 부분에 대한 칭찬이라면 더더욱 그렇다. 미인을 칭찬할 때는 아름다운 외모나 각

선미만 찬양하지 말고 그녀가 노력을 기울인 면을 찾아 칭찬하자. 훨씬 더 쉽게 그녀의 마음을 건드릴 수 있을 것이다.

희롱과 치근거림, 그리고 구애

예전에 다른 남성 PUA(Pick-up Artist)는 다들 여자를 '낚는' 법을 가르치는 데 홀로 꿋꿋이 여자를 '쫓아다니는' 법을 강조하는 이유가 무엇이냐는 질문을 받은 적이 있다. 일단 '낚다'는 여성을 존중하지 않는 단어이기 때문에 여성인 나로서는 듣기도, 쓰기도 불편하다. 아마 다른 여성들도 이 말에 거부감을 느낄 것이다.

단기적 연애관계, 엔조이적 관계를 추구하는 사람일수록 '낚는다'는 말을 즐겨 쓴다. 그리고 자신이 얼마나 많은 여자를 '낚았는지' 자랑한다. 나는 이런 남성이야말로 여성들이 경계하고 피해야 할 남자 1순위라고 생각한다.

실제로 여자는 이런 남자를 싫어한다. 게다가 여러 여자를 낚은 과거가 자랑거리라고 생각하지도 않는다. 같은 맥락으로 자신의 남자 친구가 바람둥이이기를 바라는 여자는 아무도 없다. 유명 PUA인 미스터리

(The Mystery)가 수많은 모델, 심지어 할리우드 스타를 '낚았다'고 하지만 그중에 자신의 이름이 그의 이름과 나란히 거론되는 것을 달갑게 생각하는 사람은 아무도 없다. 그와 장기적인 관계를 맺고 싶어 하는 사람은 더더욱 없다. 미스터리와 엮였다는 것 자체가 자신에게 크나큰 오점이라고 생각하기 때문이다.

잠시 잠깐의 쾌락을 추구한다면 소위 PUA에게 조언을 구하라. 그러나 진지하고 진실한 관계를 맺기 원한다면 부디 나의 조언에 귀 기울이길 바란다.

많은 남성이 여성을 쫓아다닐 때 자기감정에만 집중한 나머지 상대가 자신의 구애방식을 어떻게 받아들일지 전혀 신경 쓰지 않는 실수를 범한다. 그 결과, 자신은 구애라고 한 행동이 상대에게는 치근거림이나 희롱으로 받아들여지기도 한다. 그렇다면 과연 어떤 것이 구애고, 어떤 것이 치근거림 혹은 희롱일까? 이해를 돕기 위해 실제 사례를 들어보자.

• 치근거림

그는 소개팅으로 그녀를 만났다. 그녀가 마음에 들었던 그는 적극적으로 먼저 전화를 걸어 데이트를 신청했다.

그 : 오늘 저녁에 시간 있으면 같이 밥 먹어요.
그녀 : 미안해요, 오늘은 일이 있어요. 다음에 봐요.
그 : 그래요, 그럼.

표면적으로 보면 이상할 것 없는 아주 단순한 대화였다. 그녀가 그날 저녁 아무 일도 없었다는 점만 빼면 그랬다. 사실, 그녀는 한 번 팅겨봤을 뿐이었다. 물론 그가 두 번 다시 묻지 않고 그렇게 쉽게 포기할 줄은 몰랐지만 말이다. 그녀는 조금 실망했지만 더 이상 생각하지 않고 배달 음식이나 시켜먹기로 했다. 한편, 그는 그녀가 자신에게 별 호감이 없거나, 아니면 정말 일이 있을 것이라고 생각했다.

일주일 후, 그는 다시 그녀에게 전화를 걸었다. 그녀는 그에게 한 번 기회를 줘보기로 결심하고 데이트에 응했다. 두 사람은 함께 밥을 먹고 영화를 봤다. 별다른 말은 오가지 않았다. 여자의 호감을 얻으려면 선물을 사주는 것이 가장 좋다고 생각한 그는 그녀에게 고급 지갑을 선물했다.

또다시 일주일이 흘렀고 그와 그녀는 다시 만났다. 이전과 다르지 않은, 평범한 데이트였다. 집으로 돌아오는 길에 그녀는 그가 여러모로 조건이 괜찮긴 하지만 연애 감정이 느껴지지 않는다고 생각했다. 더구나 그날 데이트에서 그는 진도를 나가겠다는 일념으로 영화를 보던 도중 그녀에게 기습 뽀뽀를 했는데, 오히려 이 행동은 그녀가 그에게 호감을 잃는 결정적 계기가 되었다. 그날 이후 둘은 거의 연락을 하지 않았다.

한 달쯤 지난 어느 날, 그는 또다시 그녀에게 데이트를 신청했다. 물론 그녀는 거절했다. 하지만 그는 끈질기게 전화와 문자를 퍼부으며 그녀를 귀찮게 굴었다. 그녀는 그가 지나치게 치근덕대는 데 질렸지만 소개해준 친구의 체면 때문에 차마 어쩌지도 못한 채 고민에 빠졌다.

하지만 그는 끝까지 그녀의 입장은 생각하지 못했다. 오히려 이렇게 오랫동안 '구애'를 했는데도 그녀가 아직도 자신의 여자 친구가 되지 않은 것을 이상하게 여길 뿐이었다.

• 희롱

오후 4시, 남자는 동시에 세 명의 여자에게 저녁에 만나자는 문자를 보냈다. 함께 있던 친구가 물었다.

친구 : 왜 한꺼번에 세 명한테 데이트를 신청하는 거야?

남자 : 셋 중 하나는 걸리게 마련이거든.

친구 : 세 명 다 오케이라고 하면 어쩌려고?

남자 : 그중에 제일 예쁜 애랑 만나야지. 나머지 두 명한테는 갑자기 일이 생겼다고 하면 돼.

친구 : 그럼 그 세 명 중 누구랑 사귀고 싶은 건데?

남자 : 마찬가지야. 셋 중 하나 걸리면 사귀는 거지, 뭐. 내 눈에는 다 비슷하거든.

위 사례의 남자처럼 여러 여자에게 한꺼번에 작업을 걸면 당연히 간절함이 매우 낮거나 없을 수밖에 없다. 문제는 간절함이 느껴지지 않는 데이트 신청은 웬만해선 여성의 마음을 움직이지 못한다는 점이다. 특히 가치가 높은 미녀나 '완벽녀'는 충분히 간절하지 않은 데이트 신청은 아예 거들떠보지도 않는다. 그 밖의 선택지가 많기 때문이다.

여자의 육감은 상상 이상으로 뛰어나다. 당신이 진심인지, 아니면 어장관리 중인지를 그녀가 모를 것이라고 생각했다면 엄청난 오산이다.

그녀는 모두 눈치채고 있다. 다만 아무 말없이 지켜보고 있을 뿐이다.

• 구애

간단히 말해서 구애는 상대에게 쉬이 대체될 수 없는 존재라는 인식을 심어주는 것이다. 이런 식으로 말이다.

"나는 매우 까다로운 남자라 보통 여자는 눈에 들어오지도 않아. 하지만 네가 나타난 순간, 내 세계는 빛나기 시작했어. 난 아무 여자나 쫓아다니지 않아. 너니까 쫓아다니는 거야."

물론 수많은 남자가 이 부분에 실패한다. 그렇다고 노력할 가치가 없는 것은 아니다. 상대에게 '나는 이렇다'는 인식을 최대한 심어줄 수 있으면 된다.

'너 아니어도 만날 여자는 많다'는 태도는 장기적이고 진실한 관계와 맞지 않는다. 진지한 연애를 생각한다면 이런 태도는 처음부터 접어두자.

구애에서 가장 중요한 요소는 진실함과 간절함이다. 그런 의미에서 어느 정도 '니디'해보일 필요도 있다. 그래야 상대를 희롱하려는 것이 아니라 진지하게 구애하고 있음을 어필할 수 있으니까. 물론 지나치게 정도를 벗어나는 것도 곤란하다. 간절함이 지나쳐서 "나와 만나주지 않으면 죽어버리겠다"는 식으로 나가면 상대에게는 협박이나 다름없으니 더더욱 지양해야 한다.

여기 그야말로 '구애의 정석'이라 해도 손색이 없는 사례를 소개한다.

두 사람은 친구 모임에서 만났다. 그녀에게 첫눈에 반한 그는 처음부터 조심스레 다가갔다. 얼마나 조심스럽고 배려심이 넘쳤는지, 그녀는 그의 구애를 받는 중에 단 한 번도 불쾌함이나 불편함을 느끼지 못했다.

그가 그녀에게 처음 데이트 신청을 했을 때, 그녀는 친구와 선약이 있었다. 그래서 먼저 친구를 만나고 상황을 봐서 저녁 7시쯤에 연락을 주겠노라고 말했다. 그는 순순히 알겠다고 대답했다. 하지만 그녀는 7시까지 친구와 헤어지지 못했고, 결국 그에게 전화를 걸어 괜찮으면 합석하겠느냐고 물었다. 그는 두말없이 그녀가 있는 곳으로 달려갔다. 그날은 셋이서 노래방까지 가서 놀다가 헤어졌다.

다음 날은 공휴일이었다. 그는 또다시 그녀에게 만나자고 연락을 했다. 그러나 그녀는 난처하다는 듯 대답했다.

"어쩌죠? 친구가 집에 놀러 와 있어요. 기껏 왔는데, 두고 나가는 건 좀 아닌 것 같아요."

그날 저녁, 그는 차를 몰고 그녀의 집 앞으로 가서 문자를 보냈다.

'지나가는 길에 들렀어요. 잠깐 얼굴이라도 볼 수 있을까요?'

그녀는 금방 내려왔다. 그녀와 잠시 이야기를 나눈 후, 그는 집으로 돌아왔다.

평일에는 두 사람 모두 바빴기 때문에 좀처럼 만날 시간이 없었다. 하지만 그가 일을 마친 후 종종 그녀의 집까지 온 덕에 그나마 잠시라도 얼굴을 보고 이야기할 수 있었다. 그녀가 일이 바빠 집에 늦게 들어오는 날이면 그는 한참을 기다리다 돌아가기도 했다.

어느새 그녀는 그의 존재 자체를 고맙게 느끼기 시작했다. 워낙 출중한 미모 덕에 여태껏 많은 남자가 그녀에게 접근해왔지만, 그는 그들과 달랐다. 한결같은 모습으로 자신을 생각하고 걱정해주는 남자는 그가 처음이었던 것이다. 그에게는 진심으로 구애받는 느낌이었다. 그뿐만 아니라 진정으로 소중히 보호받는 기분이 들었다.

보통 남자들은 그녀가 일 때문에 바빠서 시간이 없다고 하면 다음에 만나자고 했다. 그러다 다음번에도 시간이 없다고 하면 또 다음을 기약하다가, 결국 연락이 끊어지는 일이 다반사였다. 하지만 그는 끝까지 포기하지 않고 집 앞까지 와서 그녀를 기다렸다. 그녀로서는 단 한 번도 받아보지 못한 배려요, 정성이었다. 결국 그가 좋아진 그녀는 그의 마음을 받아들였고 두 사람은 마침내 연인이 되었다.

사랑, 감정 투자의 법칙

먼저 '감정 투자'에 대해 이야기해보자.

투자는 대개 리스크를 동반한다. 그래서 투자를 하기 전에는 반드시 투자 대상에 대해 제대로 평가하고 판단하는 작업이 필요하다. 그래야 효과적으로 리스크를 감소시킬 수 있다.

그렇다면 '감정'이 자산이라고 했을 때, 투자에 앞서 해야 할 준비 작업은 무엇일까? 요즘에는 남을 믿기보다는 의심부터 하는 경향이 강하다. 이런 분위기에서는 만난 지 얼마 안 된 사람에게 마음의 문을 열거나 조건 없이 잘해주기란 힘들다. 그렇기 때문에 상대의 투자를 이끌어내려면 먼저 나부터 모범을 보여야 한다. 즉, 나에게 투자를 해도 되겠다는 확신이 들게끔 작지만 확실한 '달콤함'을 선사해야 한다. 처음에는 그가 나에게 한 가지를 잘해주면 나는 그에게 두 가지를 잘해준다. 그가 혼자 투자를 하는 것이 아니라 쌍방 간에 투자가 이뤄지고 있음을 보여주는 것이다. 이런 식의 상호 투자가 계속되다 보면 서로에게 들인 '밑천'이 점점 커지게 되고, 그럴수록 그는 당신을 더욱 소중히 여기게 된다. 투자한 것이 많기 때문이다.

때로 사람은 상대 자체가 아니라 상대에게 자신이 투자한 것을 사랑하기도 한다. 나와 예전 남자 친구도 그랬다. 사실, 우리 둘 사이에는 좋은 감정이 조금도 남아 있지 않았다. 심지어 눈만 마주치면 싸울 정도였다. 결국 싸움에 지친 나는 먼저 헤어지자고 말해버렸다. 하지만 헤어지고 나서도 우리는 한동안 연락을 주고받으며 애매한 사이를 유지했다. 그러던 어느 날부터 그가 더 이상 내게 연락을 하지 않았다. 나는 그에게 여자 친구가 생겼음을 직감했다. 희한하게도 그때부터 내 속에서 불이 일기 시작했다. 마치 아직도 그를 미친 듯이 사랑하는 것 같았다. 지금 생각해보면 완전히 착각이었지만 말이다. 어쩌면 내가 사랑한 것은 그가 아니라 그에게 바친 내 청춘이었을지도 모른다. 내게 가장 소중한 것을 쏟아부었지만 결과적으로는 아무런 보상도 받지 못했다는 느낌이 나를 고통스럽게 한 것이다.

때로는 내가 투자한 만큼 상대가 소중하고 아름다워 보인다. 그래서 처음부터 누구에게 어떻게 투자를 하고, 또 어떤 식으로 상대에게서 투자를 이끌어내느냐가 중요하다. 성공적인 감정 투자를 위해서는 다음의 프로세스가 필요하다.

투자 목표 정하기

투자 목표를 선택하려면 어느 정도 시간을 들여 관찰할 필요가 있다. 그가 친구를 어떻게 대하는지, 일과 인생에 대해 어떤 태도를 가지고 있는지, 부모는 어떻게 대하며 심지어 전 여자 친구는 어떻게 대했는지 등을 꼼꼼히 살펴보는 것이다. 이런 면들을 관찰함으로써 내가 감정을 투자했을 때 회수할 수 있는지, 또 얼마나 회수 가능한지를 예측해야 한다. 이제 관찰의 실례를 구체적으로 알아보자.

예를 들어 부모님과 통화할 때는 말투와 태도에 참을성이 있는지를 봐야 한다. 아무래도 부모님 세대는 연세가 있기 때문에 새로운 문물을 받아들이는 능력이 우리 세대에 비해 떨어진다. 그래서 새로운 무언가를 배우려면 당연히 여러 질문을 하실 수밖에 없다. 그런데 요즘에는 이 점을 짜증스럽게 생각하는 청년이 많다. 그렇다 보니 부모님과 통화하는 태도도 자연히 우호적이지 못하다. 만일 자신의 부모님께 이런 태도를 보이는 상대라면 투자하더라도 적절한 보상을 기대하기란 어렵다. 생각해보라. 여태껏 자신을 키워준 부모도 그런 식으로 대하는데 자신과 아무런 관계도 없는 당신에게 잘해줘봤자 과연 얼마나 잘해주겠는가?

일하는 태도 역시 눈여겨봐야 한다. 일을 대충 하고 넘기지는 않은지, 불성실하지는 않은지 잘 살펴야 한다. 삶의 근간이라고 할 수 있는 돈을 버는 방식마저 대충 처리하는 사람이 당신에게 성실할 것이라고 기대할 수는 없기 때문이다. 이런 사람은 기본적으로 진지한 투자 대상이 될 수 없으며, 만나더라도 가볍게 만나고 마는 편이 좋다.

그렇다면 어떤 사람이 투자할 만한 상대일까? 사실, 이는 개인의 가치관에 따라 달라진다. 확실한 것은 내가 상대에게 얻기 원하는 가치를 투자했을 때, 그에 상응하는 보답을 해줄 만한 상대를 선택해야 한다는 점이다. 그러려면 먼저 상대가 그러한 가치를 가지고 있어야 한다. 또한 당신이 투자한 만큼, 혹은 그 이상으로 당신에게 쏟아부을 수 있는 사람이어야 한다. 이 점이 가장 중요하다.

투자 기회 포착하기

투자 대상을 정했으면 투자 기회를 기다려야 한다. 그래야 그가 도움을 필요로 할 때 적시적소에 나타나 도움(투자)을 줄 수 있다. 이러한 도움은 티가 나야 한다. 그런 의미에서 목표의 주변인, 특히 친구에게 보일 수 있으면 더 좋다. 그러면 당신이 굳이 스스로 나서지 않아도 그의 친구들이 당신의 가치를 그에게 강조해줄 것이기 때문이다. 남자 주변에 있는 친구의 영향력을 결코 무시하지 마라.

사업을 하는 사람은 사람을 잘 못 믿는다. 성공한 사업인일수록 더욱 그렇다. 내 친구 중에도 그런 케이스가 있는데, 어느 날 만난 지 얼마 안 된 여자 친구와 결혼까지 생각한다고 고백해서 나를 깜짝 놀라게 만들었다. 어떻게 된 일일까?

얼마 전, 그는 사업 때문에 마음고생을 심하게 했다. 한 프로젝트에 가지고 있던 돈을 모두 투자한 탓에 일시적으로 자금이 돌지 않았던 것이다. 엄청난 스트레스에 시달리던 그는 도망치듯 여자 친구의 집으로 향했다. 그녀가 무언가 해줄 수 있으리라고 기대한 것은 아니었다. 그저 혼자 집에 있기 싫은 마음에 도피처 삼아 갔을 뿐이었다. 그의 얼굴을 본 여자 친구는 아무것도 묻지 않고 그저 다정하고 친절하게 그를 대해주었다. 여자 친구의 세심한 보살핌에 조금씩 마음이 풀어진 그는 저도 모르게 사업이 어려워진 이야기를 했다. 이야기를 다 들은 후, 여자 친구가 말했다.

"지금 내가 살고 있는 이 집을 담보 삼아 대출을 받아서 빌려줄게요. 난 괜찮으니까 필요한 만큼 쓰고 천천히 돌려줘요."

그는 깜짝 놀랐지만 한편으로는 감동하고 말았다. 여태껏 자신에게 이 정도로 마음을 써준 여자는 없었기 때문이다. 물론 그녀의 제안을 받아들일 생각은 전혀 없었다. 하지만 그녀가 그 정도로 자신을 생각해준다는 데 감동한 그는 처음으로 그녀와의 결혼을 진지하게 고민하기 시작했다.

나는 투자 기회를 기가 막히게 포착한 그녀의 지혜에 감탄을 금치 못했다. 물론 친구에게는 아무 말도 하지 않았지만 말이다.

내가 상대에게 얻기 원하는 가치를 투자했을 때,
그에 상응하는 보답을 해줄 만한 상대를 선택해야 한다.

투자방식

그에게 무조건 잘해준다고 능사는 아니다. 언제 잘해주고 언제 잘해
주지 말아야 할지를 알아야 한다. 구체적인 전략은 상대에 따라 달라지
지만 기본 원칙은 같다. 또한 투자는 그가 예상치 못한 곳에서 예상치 못
한 방식으로 이루어졌을 때 훨씬 효과적이다.

A 남자의 집에 가서 쌓여 있는 빨랫감을 봤을 때, 빨래를 해주면 남자
　가 감동할 것이라 생각한다면 잘못 판단한 것이다. 당신은 가사도우
　미가 아니다. 더구나 평생 누군가가 자신의 빨래를 해주는 데 익숙
　해진 남자라면 당신이 빨래를 해줬다고 해서 감동받지도 않는다.

B 선물을 보내는 것이 남자만의 전략이라고 생각한다면 오산이다. 여
　자도 선물로 남자를 즐겁게 해줄 수 있다. 꼭 비싼 선물이 아니어도
　당신의 진심을 전달할 수만 있으면 된다. 만약 그가 당신을 정말로
　좋아한다면 당신이 선물을 했다는 사실 자체에 감격할 것이다.

C 그의 일에 특별한 관심을 보인다. 다른 여자라면 보이지 않을 법한
　관심을 보이는 것이 중요하다. 예를 들어 그가 오늘 아주 중요한 회
　의에 참석했다면 자연스럽게 회의에 관한 이야기를 이끌어내도록
　한다. 성과가 있었다면 그에게 자신의 능력을 자랑할 기회를 주고,
　잘 풀리지 않았다면 불만을 토로할 기회를 주는 것이다. 단, "회의가
　어땠느냐?", "잘했느냐?"는 식으로 직접적인 질문을 던지는 것은 삼
　간다. 대화를 하면서 자연스레 이야기할 분위기를 조성하는 것이
　중요하다. 만약 그가 이야기할 마음이 생기면 시키지 않아도 자연

히 이야기를 꺼낼 것이다. 말할 기분도 아닌데 자꾸 물어보는 것은 지나치게 참견한다는 인상을 줄 수 있으니 주의해야 한다. 그에게 항상 관심을 갖고 있는 것으로 보여야지, 단순히 시끄럽고 수다스러운 여자로 보이면 곤란하다.

D 그의 생활에 관심을 보인다. 감시하듯 매일 연락을 하라는 것은 아니다. 가끔씩 '오늘은 추우니 옷 잘 챙겨 입어'라든지, '밥 먹었어? 거르지 말고 먹어'라는 식의 문자를 보내는 정도가 적당하다. 일단 문자를 보내면 그다음은 흘러가는 대로다. 그가 답신을 보내서 안부를 물으면 적당히 대답하면 된다. 고맙다는 말뿐이면 굳이 답문을 보내지 않아도 좋다. 만약 그에게서 답문이 오지 않더라도 신경 쓰지 않는다. '왜 답을 안 하느냐'는 식으로 추궁하는 것은 절대 금물이다.

투자를 하고 난 뒤 주의 사항이 있다. 그가 응답하기를 기다리지 않는 것이다. 되도록 무심하게 지내는 편이 좋다. 그렇지 않으면 그가 어떻게 보답해 올지를 상상하다가 기대치가 생기게 된다. 일단 기대치가 생기면 그가 상상만큼 잘해줘도 문제, 못해줘도 문제다. 잘해주면 당연한 것으로 생각하고 못해주면 실망할 것이기 때문이다. 이렇게 되면 어느 순간 저도 모르게 원래 투자하려던 것 이상의 감정을 투자하게 된다. 그러니 일단 던졌으면 그다음은 신경 쓰지 말고 당장 해야 할 일에 집중하자. 일부러 바쁘게 지내면서 잠시 신경을 다른 곳에 돌리는 것도 좋다. 시간이 남아돌면 아무래도 자꾸 그쪽으로 생각이 흐르고, 동시에 자신도 모르는 감정적 투자가 생기기 때문이다.

지나치게 감정을 투자하면 그가 잘해주든 못해주든 불만이 생기게
된다. 그가 보답할 수 있는 이상으로 감정이 투입됐기 때문이다. 이
세상에는 남자 말고도 신경 써야 할 일이 많다. 남자라는 한 가지
목표에 지나치게 집중하다가는 건강한 생활을 할 수 없다. 일단 던
졌다면, 그쪽에서 응답할 때까지는 신경을 끄자. 무엇보다 마음의
평정을 유지하는 것이 중요하다. 그래야 혹 투자가 실패로 돌아가더
라도 크게 영향 받지 않고 또 다른 투자 대상을 찾아 나설 수 있다.
기억하자. 그 사람이 내 곁에 없어도 이 세상은 문제없이 돌아간다.

기대 심리와 희소성이 남녀관계에 미치는 영향

일전에 친구가 추천한 책을 읽다가 남녀관계에도 적용할 수 있을 것
같은 이야기를 발견했다. 먼저 함께 이야기를 읽어보자.

어느 날, 지인에게 전화가 걸려왔다. 그녀는 얼마 전 인도 보석을 파는
보석상을 개업했는데, 최근 이해할 수 없는 일이 생겼다며 심리학자인

나의 의견을 들어보고자 연락을 했다는 것이다. 도무지 팔리지 않았던 터키 옥에 관한 이야기였다.

"그 터키 옥은 가치에 비해 가격이 저렴한 편이었어요. 그래서 금방 팔릴 줄 알았는데 그렇지 않더라고요. 심지어 한창 관광객이 몰리는 시즌이라 가게 안이 늘 북적거렸는데도 전혀 팔리지 않았어요. 그걸 팔려고 별별 시도를 다해봤어요. 가장 눈에 띄는 중앙에 전시를 하기도 하고, 직원더러 터키 옥을 특별히 추천하게 시키기도 하고요. 그래도 별 효과가 없더군요.

보석을 구매하러 출장을 떠나기 전날 밤, 저는 마침내 결심을 했어요. 손해를 보더라도 문제의 터키 옥들을 어떻게든 팔기로 한 거죠. 그래서 직원에게 터키 옥 전시 케이스에 이렇게 써서 붙이라고 했어요. '이 케이스 안의 상품은 모두 정상가의 1/2배입니다'라고요. 그리고 저 지긋지긋한 터키 옥들이 제발 팔리기를 바라며 출장길에 올랐어요. 며칠 후, 가게로 돌아온 저는 깜짝 놀랐어요. 터키 옥이 죄다 팔리고 없었던 거예요. 하지만 직원과 이야기를 나눈 후 더 놀랐어요. 알고 보니 직원이 제 지시를 잘못 알아듣고 '1/2'이 아니라 '2배'라고 적었던 거예요! 원래 가격의 절반도 아니고, 두 배나 더 비싼 가격이었는데 오히려 더 잘 팔려나갔던 거죠. 대체 어떻게 된 일일까요?"

사실, 이는 당연한 결과다. 사람은 무의식적으로 귀한 물건이 곧 좋은 물건이라고 생각한다. 인간의 능력에는 한계가 있어서 모든 물건의 가치를 정확하게 판별할 만큼 광범위한 지식을 가질 수 없기 때문이다. 그렇다 보니 자연히 희소성을 가치 판단의 기준으로 삼는다. 그런데 희소한 물건은 대부분 값이 비싸다. 그래서 손님들은 가격이 상승한 것을 곧 가치의 상승으로 인식하고 앞다투어 터키 옥을 구매한 것이다.

남녀 사이의 감정도 이와 비슷하게 희소할수록 더욱 좋고 가치 있는 것으로 보이는 경향이 있다. 예를 들어 당신이 상대에게 좋아한다고 말한 뒤, 무언가 구애의 행동이 있을 것이라는 그녀의 기대와 달리 아무 일도 하지 않는다면 어떻게 될까? 그와 그녀의 이야기를 통해 그 답을 알아보자.

그와 그녀는 소개팅으로 만났다. 첫 만남은 두 사람 모두에게 비교적 유쾌하고 즐거웠다. 그리고 그날 그녀를 집까지 바래다준 그는 헤어지기 직전, 그녀에게 좋아한다고 말했다. 그녀는 순간 당황했다. 오늘 처음 만난 사람에게 이런 말을 들으리라고는 꿈에도 생각지 못했던 것이다. 게다가 첫 만남에 이런 뜬금없는 고백을 하는 상대의 속내도 도무지 알수가 없었다. 그래서 얼떨떨하게 "알았다"고만 대답한 뒤, 후다닥 집으로 들어갔다.

그녀는 그날부터 그가 당연히 자신을 쫓아다닐 것이라고 생각했다. 어쨌든 좋아한다고 했기 때문이다. 그녀는 무의식적으로 자꾸 스마트폰을 들여다봤다. 하지만 일주일이 지나도록 그에게서는 아무 연락이 없었다. 그러다 그녀가 기다림에 지쳐 포기할 때쯤, 그가 갑자기 전화를 해서는 데이트 신청을 했다. 그녀는 거절해야겠다고 생각했지만 저도 모르게 알았다고 대답해버렸다.

사실, 이는 정상적인 반응이다. 누군가에게 좋아한다는 말을 들으면 사람은 저절로 상대가 향후 어찌어찌 행동하리라는 기대를 갖게 된다. 그런데 기대와 달리 상대가 아무런 행동도 취하지 않으면 오히려 더 신경이 쓰이고 괜히 불안해진다. 없던 관심도 생기고, 있던 흥미는 더욱 증폭되는 것이다. 그녀가 처한 심리 상태가 바로 이러했다.

두 사람은 두 번째 데이트를 했다. 이날 길을 건너면서 그는 그녀의 손을 잡았다. 그녀는 본능적으로 손을 빼려 했지만 그가 힘껏 잡고 있어서 그러지 못했다. 이날 역시 데이트 후 그는 그녀를 집까지 데려다주었다. 집 앞에서 삭별 인사를 하기 위해 서로 마주보고 섰을 때 두 사람의 거리는 약 1미터였다. 그녀가 "들어갈게요"라고 하는 순간, 그가 그녀 쪽으로 바싹 다가오더니 귓가에 대고 속삭였다.

"잘 들어가요."

깜짝 놀란 그녀는 또다시 도망치듯 계단을 뛰어올라 집으로 들어갔다. 그가 키스라도 하는 줄 알았던 것이다.

그녀가 그렇게 생각한 것도 무리는 아니다. 실제로 여자는 남자가 갑자기 다가오면 덜컥 경계심부터 든다. 만약 그날 그가 키스를 했다면 분명히 그녀의 반감을 샀을 것이다. 하지만 그는 키스가 아니라 귓속말을 했다. 만일 그가 정말 고수라면 다음 행동을 위해 미리 포석을 깔았다고도 볼 수 있다. 다음번에는 그가 가까이 다가가도 그녀는 또 귓속말을 하려는 것으로 생각하고 피하지 않을 것이기 때문이다.

그날 헤어지기 전, 그는 그녀에게 저녁에 전화하겠노라고 말했다. 시간이 7시에 가까워지자 그녀는 저도 모르게 스마트폰을 힐끔거렸다. 전화하겠다던 그의 말이 신경 쓰였던 것이다.

하지만 8시가 되도록 전화가 오지 않자 단순히 신경 쓰이는 것을 넘어 초조해지기 시작했다.

'왜 전화한다고 해놓고 아직까지 감감무소식인 걸까?'

이 생각에 사로잡힌 채 어쩔 수 없이 막 잠자리에 들려는 순간, 그에게 전화가 왔다. 반갑게 전화를 받으며 그녀는 생각했다.

'오늘이 지나기 전에 전화를 하긴 했네. 거짓말을 하진 않았어!'

그가 오랫동안 기다리게 했는데도 그녀는 화를 내기는커녕 기쁘게 전화를 받았다. 이유가 무엇일까? 그의 전화를 기다리는 동안 감정 투자가 일어났기 때문이다. 사람이 화가 나는 경우는 투자에 따른 보상을 받지 못했을 때다. 일단 보상이 주어지면 기쁘게 반응할 수밖에 없다. 또한 기다린 시간이 길어질수록 감정적 투자도 많아지기 때문에 원망보다 결국 보상을 받았다는 기쁨이 더 커진다. 그가 다음 날 또다시 만나자고 했을 때 그녀가 즉시 오케이를 외친 것도 같은 맥락에서 이해할 수 있다.

남녀관계에서는 이처럼 직접 경험하지 않으면 깨달을 수 없는 '정상적 반응'이 매우 많다. 그렇기 때문에 실제 사례를 보며 어떤 반응들이 있는지 이해한 뒤 실전에서 직접 경험하며 깨우치는 것이 가장 바람직하다. 이러한 경험치가 쌓이면 어떠한 돌발 상황에도 침착하게 대처할 수 있는 여유와 능력이 생긴다.

그녀가 펼치는 고도의 심리전, 페품 테스트

얼마 전, 구원 요청 메일이 도착했다.

선생님, 도와주세요! 전 여자 친구가 갑자기 여자를 소개해주겠다고 해서 알겠다고 했는데, 그 즉시 그녀의 대화명이 이렇게 바뀌었어요.

'거짓말, 모든 게 거짓말이었어!'

아마 저를 두고 한 말 같아요. 그녀가 여자를 소개해준다고 했을 때 저는 더 이상 희망이 없다는 생각에 거의 자포자기한 심정으로 알겠다고 한 거였거든요. 사실은 아직도 그녀를 만나고 싶어요. 어떻게 하면 좋을까요?

여자는 남자에게 대체 불가능한 존재가 되고 싶어 한다. 게다가 여자라면 누구나 어느 정도 '공주병'이 있다. 그래서 상대가 바람둥이여도 나만은 그에게 특별하며, 그가 결국은 개과천선하고 나라는 종착역에 머물 것이라고 믿는다. 상대가 보통 남자여도 상황은 비슷하다. 바보 온달이 평강공주를 만나 훌륭한 남자로 거듭났듯이 이 남자도 나를 만나 인생의 전환을 맞이할 것이라 믿어 의심치 않는다. 뛰어나게 아름답거나 특출하게 똑똑하지 않은 여자도 이런 착각에서 자유롭지 못하다. 어쨌든 그에게만큼은 불가사의한 흡입력을 지닌 대체 불가능한 존재가 되는 것이 모든 여자의 바람이기 때문이다.

여자의 이러한 바람은 너무 강해서 헤어진 뒤에도 남자가 자신의 빈 자리를 다른 사람으로 채우지 못하리라고 믿는다. 정말로 사랑했다면 자신을 그리 쉽게 잊을 리 없다는 것이다. 여자 쪽에서 헤어지자고 한 경우일수록 이런 생각이 더욱 강하다.

하지만 이는 모두 추측일 뿐 확실한 증거가 필요하다. 그래서 다른 여자를 소개해주겠다는 미끼를 던진다. 일종의 테스트인 셈인데 나는 이를 '폐품 테스트'라고 부른다. 만약 상대가 거절하면 여자는 자신의 추측이 맞았다는 생각에 흡족해한다. 그러나 반대로 제안을 덥석 받아들이면 엄청난 상처를 받는다. 남자가 벌써 다른 여자를 만날 준비가 됐다는 데 배신감을 느끼기도 하지만 그보다는 여태껏 자신이 믿어온 모든 것이 착각에 불과했다는 사실에 더욱 고통을 느낀다. 그렇다! 그녀는 대체 불가능한 존재가 아니었다.

'나를 그렇게 사랑한다고 해놓고서 금세 다른 여자로 내 자리를 채울 생각을 하다니!'

이런 생각이 드는 순간 여자는 그동안 자신이 속아왔다고 느낀다. 그래서 위 사례의 전 여자 친구처럼 죄다 거짓말이었다며 분노를 토한다. 하지만 이런 제안을 받아들이는 남자의 심리를 살펴보면 대개 위의 사례처럼 자포자기한 경우가 많다. 즉, 다른 여자를 소개해주겠다고 하는 것 자체를 철저한 거절의 뜻으로 받아들인다. 그러나 그가 무슨 생각을 했든 간에 일단 알겠다고 대답하는 순간, 그녀와의 관계 회복은 완벽히 물 건너간 일이 된다고 보아야 한다.

그렇다면 상대가 폐품 테스트를 시도할 때 어떻게 대처해야 할까? 답은 간단하다. 아직도 그녀와 잘해보고 싶거나(전 여자 친구) 앞으로 잘되고 싶다면('썸녀'), 무조건 '내게 네가 아닌 다른 여자는 필요 없다'고 어필해야 한다. 실제로는 아닐지라도 최소한 그녀에게는 그렇게 보여야 한다. 여자는 자신이 대체 불가능한 존재임을 확인해야 비로소 마음이 누그러지고, 상대와 함께할 합리적으로 보이는 이유를 발견하기 때문이다. 이런 점에서 이 테스트는 그녀에 대한 지고지순한 마음을 확인시키는 수단으로 얼마든지 역이용할 수 있다.

소위 폐품 테스트는 이밖에도 여러 가지가 있다. 무언가를 확인하고 싶지만 직접 물어보면 상대가 거짓으로 답하거나 감언이설을 할 가능성이 있는 경우, 여자는 폐품 테스트를 시도한다. 문제는 이 테스트가 워낙 교묘해서 대부분의 남자는 상대가 대체 무엇이 알고자 질문을 던졌는지조차 모른다는 데 있다. 그러나 폐품 테스트가 무엇인지, 여자가 대체 왜 이런 질문을 던지는지 그 진의를 파악하고 나면 의외로 쉽게 대처할 수 있다. 예를 하나 들어보자.

여자 : 나하고 자기 엄마하고 물에 빠지면 둘 중 누구를 구할 거야?

남자 : 그럴 일 없어. 자기랑 엄마 둘 다 물가 근처에는 얼씬도 못 하게 할 거거든.

여자 : 만약에 말이야, 만약에! 어떻게 할 거냐니까?

남자 : 자기야, 그러니까 자기랑 우리 엄마 사이에 문제가 생기면 누구 편을 들 거냐고 묻고 싶은 거지? 걱정하지 마. 내가 중재 역할을 잘할

게. 자기가 속상해할 일은 절대 만들지 않을 테니, 날 믿어.

사실, 여자는 자신과 어머니 중 남자에게 누가 더 소중한지를 알고 싶었다. 남자 입장에서는 의미 없는 질문일지 모르겠지만 여자에겐 중요한 문제다. 양자 간에 분쟁이 생기면 결국 '마음속에서 더 중요한 쪽'의 편을 들 수밖에 없음을 알기에 이런 질문을 던진 것이다. 다행히 남자는 질문 속에 숨은 진짜 의도를 정확히 짚어내고, 그녀의 테스트에 매우 현명히 대처했다. 그러나 이런 속내를 제대로 파악하지 못한 채 무조건 "널 구하겠어!"라는 식으로 대답하는 것은 아무 소용없다. 여자는 절대 그 대답을 믿지 않을 것이기 때문이다. 여자가 진짜로 궁금해하는 것은 당신이 누구를 구하는지가 아니라는 점을 명심하자.

내용보다 태도가 중요하다

폐품 테스트의 실제 사례와 적절한 대처법을 좀 더 자세히 다뤄보자. 폐품 테스트는 상대의 진심을 알아보는 데 쓰이기도 하지만 자신이 원치 않는 유형을 골라내는 데 사용되기도 한다. 일종의 '걸러내기'인 셈이다. 그래서 일부러 남자가 대답하기 곤란한 질문을 던진다. 어찌나 곤란한지, 소위 '자격 없는 남자'들은 질문을 듣기만 해도 지레 겁을 먹고 물러설 정도다. 하지만 이 테스트에서 중요한 것은 대답의 내용이 아니라 대답하는 태도다. 사실, 여자는 당신이 무슨 대답을 하던 신경 쓰지 않는다. 그녀가 집중해서 보는 것은 '어떻게' 대답하느냐다.

• 테스트 1. 너, 나 좋아해?

단순히 "좋아해"라고 대답하면 테스트에 통과하지 못한다. 쉬운 대상으로 보이기 때문이다. 너무 쉬운 여자도 그렇지만 너무 쉬운 남자도 매력 없다. 이 경우, 가장 좋은 답은 이런 것이다.

"너 생각이 너무 많은 거 아니야?"

이러면 여자는 아직 당신을 '정복'하지 못했다는 느낌을 받을 것이다.

• 테스트 2. 내 집에 놀러와(만난 지 얼마 되지 않은 상황에서)!

이 말을 액면 그대로 믿었다간 함정에 빠지게 된다. 그녀는 당신이 얼마나 급하고 궁한지를 떠보려는 것뿐이다. 만약 냉큼 "알겠다"고 대답하면 그녀는 당신을 그저 그런 남자로 생각하고 선을 그을 것이다. 그러나 반대로 "나 그렇게 쉬운 사람 아니야"라고 대답한다면? 테스트 통과다. 기억하자. 여자가 진심으로 당신을 집에 부르고 싶었다면 말이 아니라 행동으로 표현했을 것이다.

• 테스트 3. 난 키가 185센티미터 이하인 남자는 별로더라!

"185센티미터? 와! 그럼 넌 적어도 20센티미터짜리 힐을 신어야겠네. 그래야 키스라도 할 수 있을 거 아냐."

• 테스트 4. 난 철 안 든 남자는 싫어!

"하하, 맞아. 나도 다른 사람 아빠 노릇은 하기 싫어."

이런 질문에 대처하는 핵심은 상대도 못지않게 어리고 유치한 면이 있음을 꼬집는 데 있다. 결코 상대의 말에 주눅 들어서 스스로 미성숙하다는 자괴감에 빠지지 마라. 이는 그녀가 당신을 테스트하는 방법일 뿐이다.

• 테스트 5. 난 가수 ○○는 별로더라. 넌 어때?

이런 경우, 무조건 동의하고 맞장구치는 것은 지나치게 상대의 비위를 맞추려 한다는 인상을 줄 수 있다. 가장 좋은 대응법은 소신껏 대답하는 것이다. 평소 그 가수에 대해 좋게 생각했다면 "나는 이러이러해서 괜찮았다"고 말하면 되고, 아니라면 "나도 별로더라"고 동의하면 된다. 다시 말해 어떤 화제에 대해서든 자신만의 관점과 의견을 가진 남자로 보여야 한다. 위에도 언급했듯이 여자가 이런 질문을 던질 때 중요하게 보는 것은 답변의 내용이 아니라 답변하는 태도다. 여자는 자신의 말에 무조건 고개를 끄덕이며 늘 기분을 맞추려는 남자보다는 소신과 자신감을 가지고 자기 의견을 피력하는 남자에게 더 매력을 느낀다.

그렇다고 상대가 의견을 내놓을 때마다 부정하라는 말은 아니다. 예를 들어 그녀가 어느 풍경을 보며 "정말 아름답다"고 말했다면, 그리고 실제로 그 풍경이 아름답다면 굳이 "아름답지 않은데"라고 할 이유가 없다. 특히 첫 데이트에서 여자가 먼저 주도적으로 화제를 꺼낸 경우에는 그녀의 관점에 동의하는 모습을 보여야 한다. 그래야 그녀도 자신감을 얻고 더욱 능동적으로 대화에 임할 수 있기 때문이다. 입장을 바꿔서 생각해보자. 내가 하는 말마다 어깃장을 놓는 상대와 계속 대화하고 싶겠는가? 소신 있는 것과 시비를 거는 것은 엄연히 다르다. 자기 의견을 제시할 때도 상대의 관점을 무시하는 태도를 취하는 것은 지양해야 한다. 그녀가 당신에게 원한 모습은 자신감 넘치는 남자이지, 사사건건 어깃장을 놓는 좀팽이가 아니라는 점을 염두에 두자.

미궁에 빠진 관계에서 벗어나려면

갖기는 싫고 남 주기는 아까운 그런 존재, 계륵(鷄肋). 여러 조건이 아슬아슬하게 합격선을 넘었지만 사랑은 느껴지지 않는 남자, 혹은 어떤 면은 그런 대로 마음에 들지만 아주 만족할 수준은 아닌 남자! 그런 남자가 대개 계륵이 된다. 그보다 더 나은 사람이 있다면 모르지만 그렇지 않은 경우, 여자는 그를 '스페어'로 남겨둔다. 100퍼센트 마음에 드는 대상을 찾지 못했을 때를 대비하는 것이다. 이런 상황에서는 남자가 아무리 노력해도 관계가 더 이상 진전되지 않는 교착상태에 빠진다.

교착상태가 되는 원인은 그밖에도 여러 가지가 있다. '썸' 타는 기간이 너무 길어졌거나 방심하는 사이에 우정의 영역에 들어간 경우에도 실질적인 진전을 기대하기 어렵다. 일단 교착상태에 빠졌다면 상황을 타개할 길은 단 하나, 파부침주(破釜沈舟)의 정신으로 부딪치는 것뿐이다. 말 그대로 밥 지을 솥을 깨고 돌아갈 때 탈 배를 가라앉히는 각오로 상대와 결판을 내야 하는 것이다. 더 이상 자연스럽게 관계가 발전되기를 바랄 수 없는 상황이라면 이처럼 배수의 진을 치는 강경책이 필요하다. 이렇게 해야 스스로도 결과를 두려워하지 않고 마지막 승부수를 띄울 용기를 얻을 수 있다.

방법은 간단하다. 그녀에게 'All or Nothing'의 선택지를 주는 것이다. 이해를 돕기 위해 세 가지 사례를 준비했으니, 하나씩 살펴보자.

사례 1

그녀와 저는 어려서 같은 동네에서 자란 친구입니다. 제가 연상이고요. 어렸을 때는 골목대장처럼 그녀와 다른 아이들을 데리고 다니며 놀았어요. 어른이 된 후에는 마주치면 인사하는 정도였고요. 그러다 작년에 그녀가 수능을 보면서 상황이 달라졌어요. 그때 저는 서울에서 직장을 다니고 있었는데, 대학 진학과 관련해서 상담하고 싶다며 연락이 온 거예요. 그녀는 시험 점수가 기대한 것만큼 나오질 않아서 상심해 있었어요. 그래서 고민도 들어주고, 이런저런 얘기도 해줬죠. 그날 이후로는 가끔 연락을 주고받는 사이가 됐어요.

연락은 했지만 직접 만날 기회는 좀처럼 생기지 않았어요. 그러다 어느 날 고향에 내려간 김에 어디냐고 물어봤더니 친구들이랑 밥 먹고 노래방에 갈 거라고 하더라고요. 그래서 제가 먼저 밥을 사겠다고 했어요. 그녀는 당연히 좋아했죠. 그날은 제가 노래방 비용까지 다 내고 신나게 놀아줬어요. 보니까 여자애들은 내숭 떠느라 마이크를 안 잡고 남자애들은 그런 여자애들한테 정신이 팔려서 노래를 못 부르더라고요. 물론 전 그런 거 신경 쓰지 않고 신나게 노래 부르며 분위기를 띄웠지만요. 어쨌든 그날은 참 재미있게 놀았어요.

그녀가 부산에 있는 대학에 간 이후, 저는 매달 몇 번씩 전화를 걸었어요. 많지도 적지도 않게요. 주로 어떻게 지내는지를 물었고 고민이 있다고 하면 제 경험을 떠올리며 조언도 해주었지요. 그러던 어느 날, 평소처럼 대화를 하다가 제가 있는 서울에 놀러 오면 어떨까 하는 이야기가 나왔어요. 마침 연휴를 앞두고 있었거든요. 하지만 이번 연휴에는 제 부모님이 오시기로 해서 안 되고, 설 연휴에 놀러 오기로 했어요. 그녀는 굉장히 기대에 차 있었죠. 그 후로 우리는 종종 전화를 주고받으며 계획을 세웠어요.

그리고 마침내 그녀가 진짜로 왔어요. 실로 오랜만의 만남이었죠. 그녀를 본 순간, 전에는 없었던 감정이 느껴졌어요. 곁에 두고 있던 인연을 이제야 알아본 느낌이라고 할까요? 그녀가 제 운명이라는 생각마저 들었어요. 그녀가 서울에 머문 사흘 동안, 저는 그녀를 최고로 대접했어요. 여자한테 그렇게 많은 돈을 쓴 적도 없었지요. 솔직히 예전에 다른 여자들을 만날 때는 돈도 많지 않았고, 돈을 쓰면서도 좀 아까웠는데 이번에는 전혀 그렇지 않았어요. 어려서부터 알고 지낸 사이라 오빠 동생 같은 면도 있어서 그랬는지 그녀에게 쓰는 돈은 하나도 아깝지 않더라고요. 그렇다고 정말 오빠 동생처럼 지내진 않았어요. 길을 걸을 때도 서로 팔짱을 끼거나 허리를 감싸 안고 다녔고, 서로 먹을 것도 떠먹여주고 그랬거든요. 보통의 연인처럼 말이에요.

그녀가 돌아간 이후에도 우리는 계속 연락을 주고받았어요. 그런데 언제가부터 그녀의 태도가 이상하게 냉랭해지더군요. 제가 불편할 정도로요. 그게 아마 4월쯤이었을 거예요. 안 되겠다 싶어서 휴가를 내서 찾아가보기로 했죠.

먼저 차표를 끊어놓고 그녀에게 연락을 했어요. 그런데 연락이 안 되는 거예요. 전화도 안 받고 문자를 보내도 답이 없더군요. 그전에 그녀가 한동안 부모님이 와 계실 것 같다는 말을 얼핏 했었는데, 그것 때문에 그런 건지 뭔지 도무지 알 수가 없었어요. 설령 그렇다고 해도 솔직히 말하면 되지, 연락을 피할 필요는 없잖아요. 내일모레면 떠나기로 한 날이에요. 전대체 어떻게 해야 할까요?

이 사례의 주인공은 결정적 실수를 했다. 쇠가 뜨거울 때 두드렸어야 했는데 그 시기를 놓친 것이다. 앞서 언급했듯이, 여자의 호감도가 가장 높아졌을 때 적절한 행동을 취하지 않으면 여자는 실망하고 관심을 돌려버린다. 아마 당사자는 알아차리지 못했겠지만 상대 여성이 한창 IOI를 보낼 때 적절히 대처하지 못했을 가능성이 크다.

어쩌면 이미 '좋은 오빠'의 굴레에 빠져버렸을 수도 있다. 언제 어디서나 손짓 한 번이면 달려오는, 충실하지만 재미없는 그런 남자 말이다. 역시 앞에서 언급했지만 여자는 이런 남자에게 매력을 느끼지 못한다. 고양이와 공의 예를 떠올려보자.

상황이 이쯤 되면 남자는 수동적 위치에 처하게 마련이다. 말 그대로 여자에게 코가 꿰어 끌려다니는 것이다. 이러한 난관을 타파하는 길은 '생즉사 사즉생(生卽死 死卽生, 살고자 하면 죽을 것이요 죽고자 하면 살 것이다)'의 결의로 과감하게 승부수를 띄우는 것뿐이다. 설혹 그녀를 영영 볼 수 없게 되더라도 지금의 답답한 상황보다는 낫지 않겠는가.

나는 다음처럼 써서 그녀에게 보내기를 권한다.

'원래는 모레 가려고 했는데, 요 며칠 통 연락이 되지 않아서 먼저 문자를 보낸다. 네가 무슨 생각을 하는 건지 모르겠어. 혹시 부모님이 오셔서 내가 오는 게 불편한 거야? 그게 아니라 다른 이유가 있다 해도 나는 알 도리가 없네. 그동안 고민하고 생각도 많이 했어. 그리고 결정했지. 내일도 연락이 없으면 난 가지 않을 거야. 그리고 앞으로 너에게 연락하지 않을게. 그냥 예전처럼 어릴 때 알던 동네 오빠 동생 사이로 돌아가자.'

핵심은 하나다. 자신이 언제나 같은 자리에서 그녀를 기다리지는 않는다는 사실을 그녀에게 일깨워주는 것이다.

사례 2

그녀와 저는 직장 동료입니다. 언제부터 우리 사이가 애매해졌는지는 잘 모르겠어요. 어쨌든 한창 '썸'을 타다가 고백했는데 거절당했습니다. 하지만 그 후로도 예전처럼 지냈어요. 물론 좀 어색한 감은 있었지만 그녀가 먼저 아무렇지도 않게 대했거든요. 그러다 언젠가부터 다시 애매한 기운이 돌기에 용기를 내서 두 번째 고백을 했는데 또 거절하더라고요. 솔직히 무척 우울했어요. 하지만 저를 더 힘들게 만드는 건 아직도 그녀와의 사이가 애매하다는 겁니다. 게다가 먼젓번 고백을 했을 때는 남자 친구가 생겼다며 거절하더니, 며칠 전에 SNS 상태를 보니까 남자 친구가 없다고 해놨더라고요. 제가 근처에 있을 때 다른 사람과 얘기를 하면서 일부러 들으라는 듯 남자 친구 없다는 말도 크게 했고요. 그녀의 이런 행동, 너무 모순되지 않나요?

위 사례의 주인공은 교착상태에 빠진 지 이미 오래된 것으로 보인다. 역시 해결책은 '파부침주'의 정신으로 대응하는 것밖에 없다. 그녀에게 이렇게 말하자.

"너를 정말 좋아하긴 하지만 지금 이런 상황이 내겐 너무 힘들어. 네게 많은 걸 바라진 않아. 나에 대한 감정이 그냥 친구일 뿐이라면 그렇다고 확실하게 말해줘. 그리고 지금까지처럼 좋은 친구로 지내자. 하지만 이런 애매한 관계는 이제 그만두고 싶어. 연인인지 친구인지, 우리 관계를 확실히 해두었으면 좋겠다. 잘 생각해보고 어떻게 하고 싶은지 말해줘."

상대를 다소 몰아붙이더라도 확실히 결정을 내리도록 만들어야 한다. 그렇지 않으면 자신만 너무 힘들다. 어떤 결과가 나오든 간에 애매한 상태에 머물면서 쓸데없이 에너지를 낭비하는 것보다는 훨씬 낫다.

사례 3

그녀와는 온라인 소개팅으로 만났습니다. 저는 박사 학위를 딴 이후 대학에서 교편을 잡고 있고, 그녀는 무용과 전공으로 졸업한 뒤 중학교에서 선생님으로 일하고 있습니다. 저 자신은 그녀에 비해 조건이 나쁘지 않다고 생각하고요. 아무튼 저는 처음부터 그녀가 마음에 들었습니다. 실제로 대화도 잘 통했어요. 그녀도 제가 좋은 눈치였고요. 헤어질 때는 저한테 먼저 택시를 잡아주기도 했습니다. 하지만 경계심이 꽤 많은 타입인지, 끝까지 진짜 이름은 안 알려주더라고요. 만나고 난 다음 날 연락을 주고받을 때까지만 해도 분위기가 좋았습니다. 일요일에 같이 영화를 보러 가기로 약속도 했고요. 원래는 제가 일하는 학교로 놀러 오라고 했는데, 단박에 싫다고 해서 영화를 보기로 한 거죠. 그런데 금요일에 갑자기 부모님이 오셨다는 거예요. 그럼 일요일 날 못 만나는 거냐고 물었더니 아무래도 그럴 것 같다고 하더군요. 그래서 결국 못 만났어요. 방금도 내일 나올 수 있냐고 물어봤는데 안 된다는 답이 왔네요. 요 며칠 영 삐걱거리는 느낌입니다. 그녀가 저를 피한다고 할까, 말투도 묘하게 냉랭하고요. 최소한 그전처럼 친밀감이 느껴지지는 않습니다. 사실 그녀의 부모님이 돌아가시고 난 이후에 한 번 더 만나기로 했었는데, 당일에 취소하더라고요. 바람이 엄청나게 부는 걸 보니 비가 올 것 같고, 또 학교 주임 선생님이 자기를 찾을 수도 있다나요? 결국 따져보면 지금까지 그녀와 만난 건 한 번뿐인 셈입니다. 만나자고 하면 알겠다고 대답하면서 정작 만나주지는 않는 그녀, 대체 무슨 생각인 걸까요?

그녀에게 이런 식으로 문자를 보내보길 바란다.

'비록 한 번밖에 만나지 못했지만 나는 당신에게 매우 호감이 있어요. 하지만 당신이 나를 어떻게 생각하는지 모르겠네요. 만나기로 해놓고 매번 직전에 약속을 취소하는 것도 정말 일이 있어서 그런 건지, 다른 이유가 있는 건지 모르겠고요. 솔직히 농락되는 기분도 들어요. 설마 남자를 가지고 놀면서 성취감을 느끼는 그런 여자는 아니겠지요? 혹시라도 그렇다면, 당신에게 호감이 있는 건 사실이지만 계속 이렇게 당하고 싶지는 않군요. 부디 솔직한 마음을 얘기해줘요. 당신도 내게 호감이 있다면 난 잘해볼 마음이 있어요, 진심으로요. 하지만 그렇지 않다면 이제 그만 연락하는 게 맞을 것 같네요.'

위 세 가지 사례는 전형적으로 '파부침주'의 자세가 필요한 경우다.

이처럼 마지막 선언을 한 뒤에도 상대는 여전히 똑같은 태도로 당신을 대할 수 있다. 그렇다 해도 흔들리지 않고 그녀가 확실한 결정을 내릴 때까지 변함없이 위의 태도를 고수해야 한다. 교착상태에 빠진 관계는 붙들고 있을수록 손해다. 이런 상태에서 벗어나고 싶다면 과감히 결정해야 한다. 설혹 그녀와 다시는 연락조차 못하는 사이가 되더라도, 지질하게 매달려 있는 것보다는 승부수를 던지고 떠나가는 쪽이 훨씬 남자다운 모습으로 기억될 것이다.

여자 심리

남자 생각

CHAPTER 7

손잡기에서 키스까지,

연애의 과정

먼저 묘한 분위기를 만드는 쪽이 승기를 잡는다

여태껏 내가 본 바에 따르면 대부분의 남성은 '묘한 분위기'를 조성할 줄 모른다. 묘한 분위기란 무슨 말을 하든지 묘하게 들릴뿐더러 평소 민망해서 하지 못했던 말을 해도 전혀 이상하거나 어색하지 않은 마법 같은 분위기를 말한다. 이런 분위기에서는 '널 좋아해', '넌 참 아름다워', '우리 같이 있자' 같은 표현이 하는 쪽이나 듣는 쪽이나 양자 모두에게 거부감이 없다.

묘한 분위기는 남녀가 가볍게 시시덕거리는 것과 엄연히 다르며, 스킨십으로 만들어낼 수 있는 것도 아니다. 오히려 이런 분위기에서 스킨십을 시도한다면 상대를 존중하지 않는 것이다. 묘한 분위기가 제대로 잡히면 굳이 스킨십을 하지 않아도 눈빛만으로 상대를 취하게 할 수 있다.

내 주변에 묘한 분위기를 만드는 데 선수인 남자가 있다. 그는 언제든

맞은편에 앉아 있는 여성의 얼굴을 발갛게 달아오르도록 만드는 능력자다. 하지만 기본적으로 절대 스킨십을 하지 않는다. 한다고 해도 상대 여성의 얼굴에 무언가가 묻었을 때 예의바르게 살짝 떼어주는 정도가 전부다. 그런데도 여자들은 모두 그의 앞에서는 수줍은 토끼처럼 몸을 웅크리며 어쩔 줄 몰라 한다. 처음 이런 광경을 목격했을 때 나는 속으로 외쳤다.

'진정한 고수가 여기 있었구나!'

묘한 분위기 만들기는 서로에게 분명히 호감을 가지고 있지만 아직 마음을 확인하지 못했을 때 특히 유용하다. 예를 들어 밸런타인데이에 '썸녀'가 초콜릿을 주었다고 가정해보자. 사실, 밸런타인데이에 초콜릿을 줬다는 것 자체가 강한 호감을 가지고 있다는 뜻이다. 하지만 초콜릿을 받아들고 쭈뼛거리며 "고마워"라고 말하는 것으로는 당장 관계를 진전시킬 수 없다. 그렇다면 어떻게 해야 묘한 분위기를 조성할 수 있을까? 그녀가 초콜릿을 줬을 때 이렇게 묻는다.

"나한테 초콜릿을 왜 주는 거야?"

상대는 여러 가지로 반응할 수 있다. 당황할 수도 있고, 괜한 변명을 할 수도 있고, 혹은 당당하게 좋아해서 줬다고 할 수도 있다. 어쨌든 좋아하는 마음이 있는 것은 사실이니까, 그녀가 뭐라고 하든 간에 솔직히 당신의 마음을 표현하면 된다. "나는 너를 정말 좋아한다, 너밖에 없다"고 말이다.

혹자는 결국 고백이 아니냐고 반문할 수 있다. 하지만 이는 고백과 다르다. 단지 마음을 솔직하게 말로 표현한 것뿐이다. 고백은 상대와 사귈 것을 염두에 두고 하지만, 좋아하는 마음을 표현했다고 해서 꼭 사귀어야 하는 것은 아니다. 좋아하는 사람이 생길 때마다 전부 연애를 할 수는 없지 않은가.

사실, '널 좋아해'라는 말에는 묘한 마력이 숨어 있다. 당신이 자신을 좋아한단 사실을 안 순간, 그녀의 마음에는 사랑의 씨앗이 뿌려진다. 그리고 언젠가는 그 씨앗이 싹을 틔우고 꽃을 피워서 열매를 맺는다. 그녀도 당신을 좋아하게 되는 것이다.

어떤 사람은 먼저 좋아한다고 말하면 지는 것이라고 생각하지만 사실 그렇지 않다. 특히 묘한 분위기에서는 '좋아한다'는 말이 단순히 호감에 머물러 있던 상대의 감정을 엄청나게 증폭시키는 마법의 단어가 된다. 애매하게 좋은 감정만 갖고 있던 그녀와의 사이를 확실히 진전시키고 싶다면 먼저 묘한 분위기를 조성해보자.

모든 연애는 손끝에서 시작된다

남자들이 명심해야 할 여자의 특징이 있다. 여자는 쉬운 여자로 보이는 것을 가장 싫어한다. 그래서 실제로 쉬운 여자일지라도 어떡하든 끝까지 정숙한 숙녀로 보이려 애쓴다. 그렇다 보니 속으로는 바라면서도 겉으로는 아닌 척하는 때가 많다. 먼저 이러한 특징을 알고 있어야 수수

께끼 같은 그녀의 속내를 조금이나마 짐작할 수 있다.

손잡는 문제도 마찬가지다. 먼저 다음의 질문을 보자.

Q 오늘 저녁에 어떤 여자애랑 영화를 봤습니다. 지하 통로를 지나갈 때 손을 잡았는데 뿌리치고 먼저 가버렸어요. 제가 실수한 걸까요? 참고로 알게 된 지 삼 일 됐습니다.

A 그녀가 손을 뿌리친 것은 매우 정상적인 반응이에요. 저도 제 남자친구가 처음 손을 잡았을 때 그랬거든요. 무작정 손부터 잡으려 하지 말고, 이렇게 해보세요. 길을 건널 때 손을 잡는 거예요. 그녀가 손을 빼려고 하면 더 꽉 잡으면서 말하세요.

"위험해서 그래. 길 다 건너면 놓아줄 테니 걱정 마."

남자에게 호감이 있어도 처음부터 좋다고 덥석 손잡는 여자는 없다. 쉬운 여자로 보일 수 있기 때문이다. 그래서 손을 잡아도, 혹은 잡혀도 이상하지 않을 만한 이유를 제공해주어야 한다.

물론 손잡을 시기가 지나도록 손끝 하나 건드리지 않는 것도 곤란하다. 얼마 전, 여자에 관해서는 자신감이 바닥을 쳤다고 해도 과언이 아닌 한 편집자 친구가 내게 조언을 구했다.

"오늘 그녀랑 영화를 보기로 했는데 뭐 당부할 말 없어?"

"벌써 세 번째 데이트랬지? 그럼 오늘은 꼭 손을 잡아."

"뭐라고 말하면서 잡아야 해?"

"말은 무슨 말? 그냥 잡으면 돼."

"그녀가 뿌리치면 어떻게 해?"

"뿌리치지 못하게 꽉 잡으면 되지."

"그러다 화내면?"

나는 답답해서 소리쳤다.

"손 좀 잡았다고 화낼 것 같으면 너랑 그렇게 자주 영화를 보겠니?"

손잡기의 적절한 시기

여자가 IOI를 충분히 보냈다면 손잡기 등 가벼운 스킨십을 해야 한다. 호감도가 최고조에 달했을 때 적절한 반응을 보이지 않으면 얼마 지나지 않아 그녀는 당신에게 흥미를 잃기 시작한다. 당신이 그녀에게 흥미가 없다고 생각하기 때문이다. 호감도가 일정선 이하로 떨어지면 손을 잡으려는 시도조차 거절할 것이다. 그렇기 때문에 상대의 IOI를 민감하게 파악하는 것이 무엇보다 중요하다.

다음은 손잡기를 시도할 때 유용한 루틴이다.

신뢰감을 동반한 손잡기 루틴

남 : 한 사람을 완벽히 믿어본 적 있어?

여 : 음…… 없는 것 같아.

남 : 한 사람을 완벽하게 믿어보면, 그러니까 자신의 마음을 완전히 그 사람에게 의지해보면 예전에는 전혀 몰랐던 감정을 경험할 수 있어.

여 : …….

남 : 자, 손 내밀고 눈을 감아봐. 어서(이때 당신은 인도자이자 의지할 대상이 된다).

여 : ……(망설이는 중).

남 : 괜찮아, 어서 해봐(포기하지 않고 꿋꿋이 밀어붙여야 한다).

여 : ……(천천히 손을 내밀고 눈을 감는다).

남 : 자, 이제 내 손을 잡고 걸어보는 거야. 멀리 가진 않을 거야, 한 오십 미터쯤? 아무 생각도 하지 말고 내가 이끄는 대로 걷기만 하면 돼. 겁낼 것 없어, 내가 있잖아.

여 : 하지만 무서운걸. 돌부리에 걸려 넘어지기라도 하면 어떡해(눈을 감고 걸으라면 누구나 겁을 낸다. 이때야말로 당신의 가치를 보여줄 기회다)?

남 : 내가 잘 잡아줄게. 날 믿어, 긴장 풀고 용기 있게 걸어보는 거야. 내가 옆에 있으니까 아무것도 겁낼 필요 없어.

여 : 응……(50미터쯤 걸은 뒤).

남 : 자, 이제 눈을 떠.

여 : 와, 정말 무서웠어.

남 : 그래도 느낌이 나쁘지는 않지(이쯤에서 손을 놓아도 된다)?

만약 처음 시도에서 그녀가 손을 잡는 데 거부감을 보이지 않고 순응도가 높다면 목표한 지점에 도착한 후에 그녀의 머리칼을 쓰다듬는 등 가벼운 스킨십을 시도할 수 있다. 이 또한 그녀가 피하지 않고 받아들인다면 뺨에 키스를 하는 등 좀 더 과감한 스킨십도 가능하다. 남녀관계는 물살을 탔을 때 기회를 놓치지 않고 밀어붙여야 가속도가 붙는다.

어떤 식으로 손을 잡든 오직 손을 잡는 것이 목표라는 느낌을 주는 것은 금물이다. 또 한 가지, 절대로 하지 말아야 할 행동이 있다. 바로 "손잡아도 돼?"라고 묻는 것이다. 이 질문이 당신의 넘치는 배려심을 보여줄 것이라 생각한다면 크나큰 오산이다. 오히려 남자다운 매력을 반감시킬 뿐이다. 설상가상으로 분위기마저 어색해질 수 있으니 삼가자.

거절일까, 팅기는 것일까?

여자가 손을 잡고 싶을 때 보내는 신호는 다양하나 여기에서는 네 가지만 소개할까 한다.

첫째, 식사 후 나란히 걸으며 산책을 할 때, 그녀가 가까이 서서 걷거나 무심결인 듯 손을 건드린다면 당장 손을 잡는 편이 좋다. 그러지 않고 그녀가 자신에게 호감이 있다는 사실에 들떠서 속으로 몰래 웃기만 하고 아무 행동도 취하지 않는다면 머지않은 미래에 그녀에게 차일 공산이 크다. 주의할 점은 반드시 먼저 식사를 해야 한다는 것이다. 배가 고픈 여자의 우선순위는 먹는 것이지, 로맨스가 아니다. 장소 선택도 중요하다. 비교적 조용하고 한산하며 차분한 환경이 자연스레 손을 잡기에 유리하다. 서로의 말소리가 들리지 않을 정도로 시끄러운 도로변이나 어수선한 시장통 같은 곳에서는 분위기를 절대로 만들 수 없다.

둘째, 천천히 걷는 것도 손을 잡으라는 신호다. 특히 비 오는 날 함께 우산을 쓴 상황에서 그녀가 일부러 천천히 걷는다면 손을 잡든 허리를 감싸 안든, 무언가 행동을 취해야 한다. 몇 번이나 강조했듯이 상대가 호감을 보였을 때 적절히 반응하지 않으면 '연애하기에는 부적합한 사람'으로 보일 수 있다.

셋째, 그녀가 가방을 반대쪽으로 메거나 들고 당신 쪽을 향한 손을 비워둔다면 손을 잡으라는 뜻이다. 반대로 자신과 당신 사이에 가방을 둔다면 당신이 마음에 안 든다는 뜻이다. 당신을 마음에 들어 하지 않는 구체적인 이유는 스스로 생각해보길 바란다.

넷째, 때로는 부끄럼 때문에 좀처럼 당신에게 가까이 오지 않으려 할 수도 있다. 이럴 때는 먼저 적극적으로 다가가보자. 자연스럽게 손을 잡을 수 있는 거리, 다시 말해 20센티미터 이하로 거리가 줄어들어도 그녀가 물러서지 않는다면 손을 잡는 데 동의한 것이라고 보면 된다.

물론 이러한 신호들을 좀처럼 파악할 수 없을 때도 있다. 그렇다고 신호가 오기까지 마냥 기다리고 있을 수만도 없는 일! 이럴 때는 손을 잡은 뒤, 상대의 반응을 보고 거절인지 튕기는 것인지를 판단해야 한다. 다음 몇 가지 기준이 바른 판단에 도움을 줄 것이다.

- **손을 잡자 약 2초 정도 가만히 있다가 손을 빼려 한다.**

이때는 놓치지 말고 더 굳건하게 손을 잡아야 한다. 손을 잡자마자 뿌리치지 않은 것은 그녀가 그전에 이미 당신이 손을 잡을 것을 기대하고 있었다는 뜻이다. 그래서 손을 잡아도 무심코 가만히 있다가 문득 너무 쉬워 보일 수 있다는 생각에 그제야 손을 빼려고 한 것일 수 있다. 이때는 남자다움을 발휘해서 더욱 꼭 손을 잡도록 하자.

- **손을 잡자마자 뿌리친다.**

이 경우는 마음의 준비가 전혀 되어 있지 않아 당황했거나 혹은 낭신이 싫거나 둘 중 하나다.

- **손을 잡았을 때 표정**

만약 입을 꼭 다물고 웃거나 부끄러운 얼굴로 뿌리친다면 일종의 팅기기라고 보면 된다. 그러나 미간을 찌푸리는 경우는 싫어하는 것이다.

그렇다면 손은 언제 잡는 것이 좋을까? 단둘이 한두 번 데이트를 했을 때가 적당하다. 만난 지 일주일밖에 되지 않았더라도 두 번 이상 데이트를 했다면 손을 잡아도 괜찮다. 사실, 구체적인 시기는 상대가 나에게 IOI를 얼마나 보내는지에 근거해서 판단하는 게 가장 좋다. 그러려면 먼저 IOI를 바르게 판독할 수 있어야 한다.

소개팅으로 만났다면 두 번째 데이트에서 시도해도 나쁘지 않다. 두 번째 만남이 이뤄졌다는 것 자체가 어느 정도 서로에게 호감을 가지고 있다는 뜻이기 때문이다.

이왕에 손을 잡는다면 조금이라도 센스 있게 시도해서 그녀의 마음을 설레게 하면 어떨까? 다음으로 소개할 루틴은 실제로 내 친구의 남자 친구가 그녀에게 썼던 방법이다. 내게 이 방법을 전수받고 실제로 사용해 본 수강생들도 모두 성공했다고 하니, 효과는 입증됐다고 할 수 있다. 데이트를 할 때, 음식점에서 자리가 나기를 기다려야 하는 경우가 많은데 이때 사용할 수 있는 루틴이다.

기다리는 동안 그녀에게 말한다.

"내가 재미있는 퀴즈를 낼게. 손 좀 줘 봐."

그녀가 손을 내밀면 잡고 손바닥을 위로 향하게 한 뒤 한가운데 길게 뻗은 손금을 가리키며 말한다.

"이 손금을 강이라고 생각해봐. 폭이 아주 넓은 강인데, 이쪽 편에는 남자애가 있고 저쪽 편엔 여자애가 있어. 남자애는 수영을 못 해. 그럼 어떻게 해야 강 건너편의 여자애에게 갈 수 있을까?"

그런 뒤 음식점에 자리가 날 때까지 그녀가 어떤 대답을 내놓든 모두 틀렸다고 한다. 그러다 차례가 돌아오면 들어가자고 하면서 자연스레 손을 잡고 자리를 옮긴다. 손을 잡는 시간은 1분을 넘기지 않는 것이 좋고, 그녀가 손을 빼기 전에 먼저 놓도록 한다. 만약 손을 놓기 전에 그녀가 먼저 손을 빼려고 하면 장난스럽게 말한다.

"이렇게 간단한 퀴즈도 못 맞히는데 우리 테이블도 못 찾아오면 어떡해? 불안해서 잡고 가야겠어."

이후에도 그녀가 계속 답이 무엇인지 물어본다면 어떻게 해야 할까(사실, 이 퀴즈에 답은 없다)? 그럴 때는 그녀의 눈을 지그시 바라보며 말한다.

"실은 그 남자애는 여자애한테 관심 없대. 내가 그냥 네 손을 잡고 싶어서 그런 거야."

순조롭게 키스를 부르는 주문

키스를 특별히 어려운 관문으로 생각하는 사람이 매우 많다. 하지만 키스는 감정이 어느 정도 무르익으면 자연스레, 또 필수적으로 거치게 되는 과정일 뿐이다. 그래서 키스하기 전에 무슨 말을 할지는 중요하지 않다. 상대도 당신이 한 말 때문에 키스를 허락하거나 거절하는지는 않는다. 키스의 성패를 가르는 것은 그전까지 둘 사이에 쌓인 감정이기 때문이다. 그런 의미에서 당신이 어떻게 키스를 해야 할지 고민하고 있을 때, 그녀 역시 남몰래 키스를 기다리고 있는지 모른다.

다년간 연애 코칭 수업을 진행한 경험을 통해 볼 때, 어떤 사람들은 키스 전에 무언가 말하지 않으면 아예 키스할 엄두도 내지 못했다. 마치 주문 같은 몇 마디가 키스할 용기를 주는 모양이다. 혹시 독자 중에도 그런 케이스가 있을 것을 고려하여 '키스를 부르는 주문' 몇 가지를 소개한다.

• 주문 하나

나 그렇게 쳐다보지 마. 확 키스해버린다(이 말을 하면 대개 여성은 "어떻게 봤다고 그래?" 하고 되묻는다. 그러면 잠시 고개를 돌려 다른 곳을 보았다가 다시 상대를 바라본다. 상대도 같은 행동을 할 것이다. 그러다 또다시 눈이 마주치면 이렇게 말한다).

난 경고했어(그런 뒤 키스한다).

• 주문 둘

나한테는 네가 아직 모르는 특기가 있어. 바로 냄새를 아주 잘 맡는다는 거야. 특히 여자랑 10분 정도 대화를 하고 상대의 냄새를 맡으면 앞으로 나랑 어떻게 될지 알 수 있어(구체적인 시간은 실제 이야기를 나눈 시간에 따라 달라질 수 있다).

못 믿겠으면 가까이 와봐. 자, 어서(상대가 가까이 오면 냄새를 맡는 척하다가 장난스럽게 말한다)!

아, 네가 이렇게 가까이 있으니 키스하고 싶은 걸 참을 수가 없잖아(만약 상대가 가까이 오지 않으면 이 루틴은 포기한다).

• 주문 셋

(사전에 상대에게 불꽃놀이를 보고 소원을 빌면 이루어진다고 말해둔다 그런 뒤 불꽃놀이를 보러 가서 말한다)

자, 이제 눈 감고 소원을 빌어봐(상대가 눈을 감지 않으면 눈을 감고 소원을 빌어야 효력이 있다고 말한다. 그런 뒤 그녀가 눈을 감으면 다가가서 살짝 키스를 하고, 그녀가 놀라기 전에 먼저 놀랐다는 표정을 지으며 말한다).

뭐야, 나 왜 너한테 키스했지? 설마 나랑 키스하고 싶다는 소원을 빈 거야(아마 상대의 반응은 여러 가지로 나오겠지만 대개 나쁘지는 않을 것이다. "싫다"고 하든, "사기꾼"이나 "나쁜 놈"이라는 식으로 퍼부어대든, 얼굴을 감싸 안고 아무 말도 하지 못하든 상관하지 않고 마지막에는 조용히 말한다)?

사실, 나도 너랑 키스하게 해달라고 소원을 빌었어.

• 주문 넷

남 : 여자는 다 겉 다르고 속 다른가 봐.

여 : 왜? 무슨 일 있었어?

남 : 내 친구 녀석이 얼마 전에 아주 힘든 경험을 했거든. 한창 목하 열애 중인데, 어느 날 밤에 달빛을 받으며 나란히 앉아 있는데 여자 친구가 살짝 품에 기대면서 물었대. '무슨 생각하고 있어?' 녀석은 별 생각 없이 대답했지. '너랑 같은 생각!' 그런데 채 말이 끝나기도 전에 여자 친구가 뺨을 짝 때리더니 '저질!'이라고 소리치더래. 아니, 대체 무슨 생각을 하고 있었기에 그러냐? 이래도 여자가 겉 다르고 속 다른 게 아니라고 할 거야?

여 : 에이, 난 안 그런걸?

남 : 그래? 그럼 나 너랑 키스해도 돼(여자가 당장 아니라고 대답하지 않으면 2초 정도 지그시 바라보다 키스한다)?

위의 주문들이 자신과는 맞지 않다고 섣불리 단정하지 마라. 감히 입

밖으로 낼 용기가 없을 뿐이지, 실제로 당신과 맞는지 여부는 알 수 없다. 처음에는 이 주문들이 실효성이 없다고 생각했다가 키스에 성공한 이후 내게 감격과 놀라움의 피드백을 해온 수강생도 여럿이다. 한 수강생은 이 주문을 사용해 키스에 성공한 후 비록 상대가 욕을 하며 가슴팍을 때리기는 했지만 입가에 숨길 수 없는 웃음이 떠올라 있었다고 했다. 그 역시 주문을 써보기 전에는 효용성을 의심했지만 지금은 누구보다도 확신을 가지고 있다.

당신도 한번 용기 내보시길! 장담컨대 후회하지 않을 것이다.

영화관 내 키스 명당자리

한 학생이 영화관에서의 스킨십 공략법에 대해 질문한 적이 있다. 실제로 영화관은 이제 막 스킨십을 시작하는 초보 연인에게 훌륭한 공간이다. 어둡고, 서로 가까이 앉아 있고, 무슨 말이든 귓속말로 소곤대야 하기 때문이다. 이런 곳에서는 서로 3초만 눈을 마주치고 있어도 훨씬 가까워지는 기분이 든다.

영화관에서 서로 3초 이상 시선이 얽혀 있었다면 망설이지 말고 키스

해도 좋다. 만약 상대가 키스할 마음이 전혀 없다면 그렇게 오랫동안 눈을 마주치고 있지도 않을 테니, 속으로 충분히 시간을 세어본 뒤 시도하면 된다.

첫 키스는 오래 끌지 말고 먼저 거두자. 키스에 굶주린 늑대가 아니라 신사답게 굴라는 말이다. 또 한 가지, 키스를 결심했다면 잊지 말고 구강 관리에 신경 쓰자. 이 부분이 특히 중요하다. 입 냄새 때문에 황홀해야 할 첫 키스의 추억이 엉망이 돼서야 되겠는가.

연애 초기에는 무서운 영화나 재미없는 영화를 고르는 편이 좋다. 너무 재미있어서 상대가 당신에게 신경 쓸 겨를도 없이 영화에 빠지면 키스할 기회도 없기 때문이다. 그렇다고 지나치게 화제성이 없거나 유명 배우가 단 한 명도 출연하지 않은 영화 역시 곤란하다. 상대가 처음부터 표를 사지 못하게 할 수도 있다. 가장 좋은 선택지는 유명 배우가 많이 출연하지만 충분히 재미없는 그런 영화다.

영화관에서 키스하기에 가장 좋은 자리는 의외로 맨 앞줄이다. 아주 인기 있는 영화가 아닌 이상 앞줄에는 사람이 앉지 않기 때문이다. 중요한 것은 주변에 사람이 없어야 한다는 점이다. 그래야 키스를 해도 상대가 부끄러움을 덜 느낄 수 있다. 맨 뒷줄에 앉아도 주변에 사람이 없을 수 있지만 대신 상대에게 영화관을 가득 메운 사람들의 뒤통수가 보인다는 단점이 생긴다. 서로에게만 집중할 수 없는 것이다.

키스는 열정적이어야 한다. 처음에는 가볍게 입술만 스치고, 두 번째는 열정을 다한다. 지나치게 오래 끌어서 지루해지는 것은 금물이다. 두근거림과 설렘을 남기는 키스가 좋은 키스라는 사실을 잊지 말자.

강의하다 보면 키스하기 전에 뭔가 말을 해야 하지 않느냐고 묻는 바보가 꼭 있다. 물론 처음 키스하기 전에는 어색함을 깨기 위해 약간의 대화가 필요할 수는 있다. 영화 시작이 어떠하다든지 음악은 어떻고 배우는 어떻다는 식으로 말이다. 그러나 두 번째 키스부터는 말이 필요 없다. 서로 고개를 돌려 마주보면 언제 키스를 해야 할지 자연히 알게 된다.

키스의 적, 입 냄새

키스의 가장 큰 적을 꼽으라면? 단연 입 냄새다. 한번 상상해보자. 아름다운 여인이 가까이 다가와서 말을 하는데 과히 상쾌하지 못한 입 냄새가 난다면? 아름다움이고 뭐고 자신도 모르게 물러서지 않겠는가? 자신이 입 냄새가 나는지 알 수 없다면 다른 사람과 대화를 나누었을 때를 떠올려보자. 만약 당신과 일정한 거리를 두려고 한다면 입 냄새 때문일지도 모른다는 조심스런 추측이 가능하다.

얼마 전 한 여성이 소중한 경험담을 들려주었다. 최근 어느 면으로 보나 마음에 드는 남자를 만났는데, 연말을 맞이해 지나치게 폭음과 폭식을 한 탓인지 입 냄새가 엄청났다고 한다. 하지만 만난 지 얼마 되지 않은 때라 솔직하게 말은 하지 못하고 그가 가까이 올 때마다 티 안 나게 물러서느라 애를 먹었다는 것이다. 참아보려고도 해봤지만 지독한 악취에 기절할 지경이었다며, 그렇다고 헤어질 수도 없으니 이제는 말을 해야 할 것 같다고 했다.

사실, 입 냄새가 난다는 얘기는 친한 친구가 아닌 이상 동성 간에도 하기 힘들다. 더구나 만난 지 얼마 안 된 남녀 사이에서는 더더욱 어렵다. 그러니 상대에게 그런 곤란함을 안겨주지 말고 미리미리 알아서 구강관리를 해두자.

구강관리의 기본은 양치다. 입 냄새 제거 사탕도 도움이 된다. 그러나 이 두 가지 방법 모두 임시방편일 뿐, 입 냄새를 근본적으로 없애지는 못한다. 입 냄새를 없애려면 평소 입을 건조하게 방치하지 말아야 한다. 특히 말을 많이 하는 사람이 입 냄새가 나는 경우가 많은데, 이 역시 입 안이 건조하기 때문이다.

나 역시 강의를 하다 보니 입이 마르고 그래서 냄새가 나는 일이 잦다. 하지만 강의 도중 물을 계속 마실 수도 없는 터라 아는 한의사에게 상담을 해서 약을 지었다. 한의학에서는 입 냄새의 원인을 위에 열이 찼기 때문이라고 본다. 그 탓에 음식물이 제대로 소화되지 않아서 냄새가 올라온다는 것이다. 그래서 한약으로 위장의 소화 기능을 보해주면 입 냄새가 완화된다고 한다. 실제로 약을 먹은 뒤, 남편의 말에 따르면 아침에 일어났을 때조차 입 냄새가 나지 않는다고 하니 확실히 효과를 본 셈이다. 만약 입 냄새가 좀처럼 해결되지 않는다면 한의학의 도움을 받아 근본적으로 치료해보자.

자신의 건강과 상대의 상쾌함을 위해 부디 구강관리에 신경 쓰길 바
란다.

키스 후 골든타임을 잡아라

한 수강생이 출장 갔다가 괜찮은 여자를 알게 됐다. 두 번 정도 데이트
를 했는데 모두 느낌이 좋았다. 그는 두 번째 데이트에서 나에게 배운 방
법을 활용하여 키스에도 성공했다. 상대 여성도 그를 매우 마음에 들어
했다고 한다. 키스 후, 그는 그녀를 집까지 데려다주고 짧게 이야기를 한
뒤 숙소로 돌아와서 곧장 잠자리에 들었다. 다음 날 아침 열 시, 여성이
먼저 문자를 보내서 같이 점심을 먹자고 청했다. 하지만 그는 점심때는
일이 있어서 못 만날 것 같다고 했다. 사흘째 되던 날, 그는 출장을 마치
고 자신이 사는 도시로 돌아왔다. 두 도시는 차로 30분 정도 걸리는 거
리로, 그리 멀지 않은 편이었다. 그래서 그는 주말을 이용해 그녀를 다시
만나려고 전화를 했다가 깜짝 놀라고 말았다. 그녀가 자신을 수신 거부
리스트에 올려놨던 것이다. 도무지 이해할 수 없었던 그는 수업 시간에
내게 도움을 요청했다.

여자는 매우 섬세한 존재다.
상대가 원한다면 새벽 몇 시가 됐든
대화에 응하는 편이 좋다.

남자 입장에서는 일이 있어서 상대의 데이트 요청을 거절한 것이 뭐 그리 큰 잘못이냐고 생각할 수도 있다. 하지만 여자 입장에서는 다르다. 지금부터 찬찬히 분석해보자.

먼저 이 사례의 핵심은 키스다. 키스를 했다는 것은 단순한 친구를 넘어서 함께 충분한 시간을 보내기만 하면 언제든 연인이 될 수 있는 단계에 접어들었음을 의미한다. 적어도 보통 여자들은 그렇게 생각한다.

키스하기 전과 키스한 후의 두 사람 사이는 전혀 다르다. 그래서 어찌 보면 키스하고 난 뒤가 더 중요하다. 그다음 어떻게 하느냐에 따라 관계가 더욱 가까워질 수도, 돌이킬 수 없을 만큼 멀어질 수도 있기 때문이다. 관건은 그녀를 집에 데려다준 후 심도 있는 소통을 해야 한다는 것이다. 전화도 좋고, 메신저도 좋다. 시간 안배가 중요한데 만약 그녀가 12시쯤 잠을 잔다면 적어도 9시에는 연락을 한다. 그래야 충분히 깊은 대화를 나눌 수 있다. 단순히 "나 집에 왔어, 잘 자"라고 말하고 끊는 것은 절대 금물이다. 어쨌든 키스까지 한 사이가 아닌가! 이런 태도는 그녀를 무시하는 것으로 보일 수 있다.

그렇다면 무엇을 주제로 심도 있는 대화를 나눠야 할까? 무슨 주제로 이야기를 하든 반드시 어필해야 할 점이 있다. 바로 상대에 대한 '니디'함, 즉 갈망이다.

물론 다른 경우에는 '니디'함을 표출하는 것이 지질해보일 수 있다. 하지만 키스까지 한 후에는 '니디'하게 보이는 것이 오히려 상대를 진지하고 소중하게 생각하고 있다는 느낌을 주기 때문에 꼭 필요하다.

'니디'함을 보이고 난 뒤에는 바로 다음 날 약속을 잡는다. 무슨 일이 있든 간에 일단 약속을 잡는 것이 중요하다. 혹시 다음 날 일이 늦게 끝날 것 같다면 그녀에게 솔직히 말하고 회사 앞에서 기다려주면 맛있는 것을 사주겠다고 한다. 만약 싫다고 하면 "네가 너무 보고 싶은데 어떡하냐?" 하는 식으로 대응하면 된다. 사실, 데이트 성사 여부는 중요하지 않다. 중요한 것은 키스 후 늦지 않게 다음 데이트를 신청했다는 점이다. 이로써 당신이 그녀를 얼마나 진지하게 생각하는지 어필할 수 있다.

만약 늦게 헤어져서 오래 이야기할 여유가 없다면 간단하지만 확실하게 '니디'함을 표현하고 다음을 기약한다. 물론 이 경우에도 상대가 원한다면 새벽 넷 시가 됐든 대화에 응하는 편이 좋다. 당일에 충분한 내화를 나누지 못했다면 다음 날 일어나자마자 전화나 문자로 아침 인사를 하고 그날 약속을 잡는다. 바쁘더라도 어떻게든 끝까지 만나려고 시도하는 것이 중요하다.

어쩌면 이 모든 과정이 남자에게는 귀찮고 불필요해 보일 수 있다. 그러나 여자는 매우 섬세한 존재다. 만약 이 정도의 노력과 성의조차 보이지 않는다면 그녀는 당신의 목적이 단순히 키스뿐이었다고 오해할지도 모른다. 실제로 수업에서 예의 그 남자 수강생이 전말을 털어놓았을 때, 대부분 여자 수강생은 "처음부터 키스가 목적이었냐?"고 반응했다. 물론 남자 수강생은 정말 그녀와 잘해보고 싶었다며 억울해했다. 그리고 원래는 그날 저녁에 만나고 싶었지만 언제 끝날지 몰라서 데이트 신청을 못했다고 설명했다. 예전에 다른 여자와 데이트 약속을 잡았다가 갑자기 회의가 잡혀서 바람을 맞혔다가 여자가 엄청나게 화낸 적이 있었는데, 이번에도 똑같은 일이 벌어질까 봐 겁이 났다는 것이다. 그러자 여자 수강생들이 또다시 입을 모아 외쳤다. "여자가 무슨 수로 당신 속마음을 알겠느냐!"라고…….

그의 두려움을 이해하지 못하는 바는 아니지만 사실이 그렇다. 만약 그녀를 진지하게 생각했다면 어떻게든 만나려는 모습을 보였어야 했다. 그렇지 않으면 상대에게 다시 만나지 못해도 상관없다는 잘못된 정보를 줄 수 있기 때문이다.

얼마나 많은 사람이 이런 오해 때문에 수많은 인연을 놓치는지 모른다. 그래서 쓸데없는 오해를 막으려면 사전에 미리 여성의 특징을 알고 이해할 필요가 있다.

'인기남'과 '지질남'의 사고방식 차이

미디어 탓인지, 사회 여론 탓인지는 몰라도 요즘 많은 남성이 공통적으로 갖고 있는 생각이 있다. 바로 집 없고 차 없고 돈 없으면 결혼은커녕 연애도 할 수 없다는 생각! 나는 이것이 아주 큰 오해라고 본다. 물론 눈에 보이는 조건을 최우선으로 생각하는 사람도 있지만 모든 여자가 그런 것은 절대 아니다.

얼마 전, 한 여성이 내게 도움을 요청했다. 남자 친구와 4년째 교제 중인데 그동안 남자 친구가 단 한 번도 안정된 직장을 갖지 않았다는 것이다. 게다가 직장을 가지려고 노력하는 대신 항상 벼락부자가 될 궁리만 한다며 그와 계속 만나도 될지 고민이라고 했다. 나는 4년간 그랬다면 앞으로도 변할 가능성은 전혀 없으니, 그런 구제 불능에게 아까운 청춘을 더 이상 낭비하지 말고 당장 헤어지라고 냉정히 말했다.

집, 차, 돈은 지금 당장 없어도 괜찮다. 그러나 적어도 안정된 직장과 수입은 있어야 한다. 아니면 최소한 앞으로 집이 생기고 차가 생길 가능성이라도 여자에게 보여줄 수 있어야 한다. 앞서 말했듯 여자는 상상을 즐기고, 상상만으로도 얼마든지 새로운 인연을 시작할 용기를 얻을 수 있으니까. 그러나 위의 남자 친구처럼 상상할 여지조차 주지 않는다면 더 이상 함께할 이유가 없다.

남자들은 큰 키, 잘생긴 외모, 경제력 이렇게 삼박자를 갖춰야 '인기남'이 될 수 있다고 생각한다. 맞는 말이다. 그런데 여기서 한 가지 간과한 사실이 있다. 키 크고 잘생기고 부자라는 기준이 결국은 상대적이라는 사실이다.

당신이 키 175센티미터의 호텔 로비라운지 매니저라면 키 165센티미터의 마트 점원에게는 충분히 '인기남'이 될 수 있다. 키 170센티미터의 IT 엔지니어도 키 155센티미터의 보통 직장인 눈에는 멋진 상대다. 다시 말해 남자라면 누구나 어떤 여자에게는 최고의 남자가 될 수 있다는 뜻이다.

게다가 여자가 반드시 남자의 능력에 이끌리는 것도 아니다. 인터넷으로 수업을 듣는 수강생 중 '남자는 능력'이라는 생각으로 오랜 기간 자기 분야에만 전념한 경우가 있었다. 각고의 노력 끝에 그는 결국 동년배 사이에서 누가 봐도 최고라고 할 만큼 우수한 능력을 갖췄다. 하지만 정작 주변에 그를 좋아하는 여자는 없었다. 나는 그에게 일적으로 우수한 것도 좋지만 그보다는 자기 자신을 잘 꾸미고 여자의 심리를 제대로 이해하는 편이 더욱 쉽고 빠르게 이성의 호감을 얻을 수 있다고 충고했다. 그는 수업을 들은 지 2주 만에 여자 친구를 사귀었고 지금은 결혼을 앞두고 있다. 참고로 밝히자면, 그는 키가 170센티미터도 되지 않는다!

누구나 '인기남'이 될 수 있다. 당신도 예외가 아니다.

그렇다면 '인기남'과 '지질남'을 가르는 결정적 요인은 무엇일까? 아마도 사고방식과 여성 심리에 대한 이해도일 것이다. 이해를 돕기 위해 '인기남'과 '지질남'의 생각 차이, 그 구체적인 예를 들어보자.

> 인기남 : 키스에 사전 작업은 필요 없어. 느낌과 감정이 이끄는 대로 자연스레 키스하면 절대 거절당하지 않아.
>
> 지질남 : 사전 작업 없이 키스를 어떻게 하지? 그녀가 거절하면 어쩌지? 다음부터 날 안 보겠다고 하는 거 아냐? 아아, 못하겠어, 정말 못하겠어!

사전 작업이 없어도, 심지어 말 한 마디 없어도 키스는 된다. 그전까지 두 사람 사이에 사랑과 애정만 충분히 쌓였다면 말이다. 사실, 키스는 연애의 당연한 일부분이다. 키스도 없이 무슨 연애를 하겠는가? 오히려 키스라는 행위 자체에 지나치게 큰 의미를 두고 벌벌 떠는 모습이 매력을 반감시킨다. 게다가 어쩌면 그녀는 이미 당신의 키스를 기다리고 있는지도 모른다. 그것도 아주 오래전부터!

인기남 : 전화를 못 받은 것에 대해 일일이 변명할 필요는 없어.
지질남 : 왜 전화를 못 받았는지 설명하지 않았다가 그녀가 날 버리면 어떡해? 그러니 확실하게 이유를 설명해야지.

전화 한 번 안 받았다고 헤어지자는 여자는 없다. 설령 전화 문제를 핑계로 삼았더라도 실제로는 다른 이유가 있게 마련이다. 물론 때로는 전화를 안 받았다고 화를 낼 수도 있다. 그런 경우에는 잘 어르고 달랜 뒤 다음에는 그렇지 않겠다고 약속하면 그만이다. 하지만 아무리 이유를 확실하게 설명해도 그녀가 화를 내지 않는다는 법은 없다. 이유를 설명하는 것과 그녀를 달래는 것은 전혀 다른 일이다. 여자에게는 이성적 접근보다 감성적 접근이 훨씬 효과적이라는 사실을 잊지 말자.

인기남 : 좋아하는 여자 스타일은 있지만, 한 여자에게 집착하지는 않지.
지질남 : 여신은 오직 한 명이야. 그녀가 없으면 나는 살 수 없어. 그녀는 세상에 유일한 존재야. 나는 그녀만을 사랑해!

여자라면 누구나 내 남자에게만큼은 유일무이한 존재가 되고 싶어 한다. 또한 특별히 아름답지는 않더라도 그가 내게 끌릴 수밖에 없는 매력이 자신에게 있다고 믿으려 한다. 따라서 여성을 대할 때는 그녀가 유일 무이한 여신인 것처럼 대할 필요가 있다. 여자는 고난과 역경을 거친 후에 얻는 사랑이야말로 진정한 사랑이라 믿는다. 다시 말해 너무 쉬운 대상에게는 매력을 느끼지 못한다. 그래서 '인기남'은 그녀를 유일한 존재로 여길지라도 행동은 그 생각대로 하지 않는다. 전화를 못 받은 이유를 굳이 설명하지 않는 것도 같은 맥락으로 이해할 수 있다. '인기남'은 미인을 얻고 '지질남'은 '좋은 오빠' 딱지를 받는 이유가 바로 여기에 있다.

> 인기남 : 그녀를 잃을 수는 없는데 잘못은 이미 저질렀고 사과를 해도 소
> 용없다면 다른 방법을 찾아보는 편이 낫다.
> 지질남 : 잘못을 했으면 그녀가 용서할 때까지 사과해야 해. 내가 나빴어,
> 이러이러한 잘못을 했어. 내가 고칠게. 내가 널 얼마나 좋아하는
> 데. 절대 헤어지고 싶지 않아.

여자는 절대 어떤 일 한 가지 때문에 남자와 헤어지지 않는다. 물론, 바람피우는 것은 예외다. 그 외에는 대개 한 가지 일이 마지막 결정타가 돼서 그동안 쌓여왔던 불만이 폭발하는 경우다. 그래서 한 가지 잘못한 일에 대해서만 사과하는 것은 별 소용이 없다. 왜냐하면 애초에 여자가 마음에 걸린 부분은 그 일 한 가지가 아니기 때문이다. 그러니 그녀가 계속 화를 내거나 사과를 받아주지 않는다면 다른 돌파구를 찾아야 한다. 혹시 그녀가 여러 번 말을 했는데 그동안 전혀 귀 기울이지 않았던 것은 아닌가? 그녀에게 불만이 생길 만한 이유는 무엇일까? 안타까운 가정이

지만 그녀에게 당신보다 괜찮은 남자가 나타났을 수도 있다! 어쨌든 여러 원인을 생각해보아야 한다.

> 인기남 : 좋아하지 않는다면 그 사람이 무슨 일을 하든 죄다 잘못한 것이 된다.
> 지질남 : 내가 잘못한 게 맞아. 하지만 고칠 수 있어. 어디가 잘못됐는지 말해주면 고칠게. 그러니까 날 떠나지만 말아줘.

고칠 수 있는 것이 있고, 고칠 수 없는 것이 있다. 어쩌면 그녀는 당신이 자신보다 키가 작다는 사실이 마음에 걸려서 헤어지기로 결심했는지도 모른다. 하지만 이를 솔직히 말할 수 없어서 다른 여러 이유를 댈 수도 있다. 키는 노력해서 고칠 수 있는 영역이 아니다. 그녀는 단지 당신에게 상처를 주고 싶지 않아서 '고칠 수도 있을 것처럼 보이는' 잘못을 핑계로 댈 뿐이다.

돈이 많고 키가 크다고 반드시 '인기남'이 되는 것은 아니다. 처음에는 우월한 경제적 조건이 매력 포인트가 될 수 있다. 하지만 연인이 된 이후 두 사람의 관계에 결정적인 영향을 주는 것은 '상대를 얼마나 이해하는가'다. 앞서 잠시 언급한 출판계 지인의 예를 상기해보자. 그는 수도권에 집도 있고 차도 굴린다. 심지어 키도 크니까 그야말로 '인기남'이 될 요건을 두루 갖추고 있는 셈이다. 하지만 그는 생각과 마음가짐이 '지질남'인 데다 여자의 심리도 전혀 알지 못한다. 결과적으로 현실은 '지질남'이다.

'인기남'과 '지질남'을 가르는 것은 결국 생각이다. 직업도 마찬가지다. 무슨 일을 하든 스스로 떳떳하고 자신 있다면 마음가짐도 자연히 좋아 진다.

여자는 반복되는 무료한 일상에서 신선함과 즐거움을 선사하는 남 자를 좋아한다. 이러한 가치를 줄 수만 있다면 돈 없고 못생기고 키 작아도 '인기남'이 될 수 있다. 결국 관건은 여자의 심리를 잘 파악하 는 것이다.

여자심리 남자생각

CHAPTER 8

마음을 설레게 하는

대화 기술

마음을 건드리는 칭찬의 기술

칭찬도 제대로 해야 효과가 있는 법이다. 다음의 몇 가지 사항만 주의하면 칭찬의 성공률을 높일 수 있다.

칭찬에 신뢰감을 주는 FFC 법칙

FFC란 칭찬에 신뢰감을 부여하는 세 가지 요소, 즉 느낌(Feeling) · 사실(Fact) · 대비(Compare)를 의미한다. 예를 들어보자.

"당신은 서비스를 정말 잘하는군요!"

이는 단순히 느낌만 표현하는 칭찬이다. 여기에 사실과 대비를 더하면 훨씬 진심 어린 칭찬으로 바뀐다.

"당신은 서비스를 정말 잘하는군요(느낌)! 잔에 물이 얼마 남지 않았을 때 바로 채워주잖아요(사실). 보통은 물을 달라고 불러야만 오는데 말이죠(대비)."

다른 사람이 신경 쓴 부분을 칭찬한다

상황 1 친구가 새로 산 셔츠를 입고 왔다

"와! 그 셔츠 너한테 되게 잘 어울린다. 눈에 확 들어와! 빛이 나네, 빛이 나!"

만약 새 셔츠가 아니라면 칭찬은 적합하지 않다.

상황 2 여성이 헤어스타일을 새롭게 바꾸었다

"헤어스타일 바꿨네요. 잘 어울려요."

"아, 네. 괜찮은 것 같아요."

"머리카락이 길었을 때도 여성스럽고 예뻤는데 이렇게 단발로 자르니까 굉장히 분위기 있네요."

"그래요?"

"네. 게다가 어려 보여요."

헤어스타일을 바꾸는 것은 시간과 공을 들이는 꽤 큰 변화다. 이 같은 변화를 알아보고 관심을 보이며 칭찬하는 사람에게 여자는 호감을 느낀다. 게다가 구체적으로 칭찬할수록 단순히 비위를 맞추려는 것이 아니라 진심으로 들리기 때문에 더욱 효과적이다.

다른 사람이 잘 칭찬하지 않는 부분을 칭찬한다

늘 아름답다는 칭찬을 듣는 미인에게는 재능을 칭찬하는 것이 좋다. 미인은 아름답다는 칭찬보다 재능 있다는 칭찬을 더욱 기뻐한다. 반대로 평범한 여성은 재능보다 외모를 칭찬하는 게 훨씬 효과적이다. 이처럼 평소 다른 사람은 잘 칭찬하지 않는 부분을 칭찬할 때, 상대에게 깊은 인상을 남길 수 있다.

지인 중 자타 공인 '인기남'이 있다. 그가 한번 마음에 두면 넘어오지 않을 여자가 없을 정도다. 게다가 무슨 재주를 부리는지 몰라도 늘씬한 레이싱모델부터 카리스마 넘치는 여성 사업가까지, 만나는 이성의 스타일도 다양하다. 그를 관심 있게 지켜보던 어느 날, 마침내 그의 성공 비결을 발견했다. 그것은 바로 칭찬이었다.

그날은 다른 친구가 일과 관련해서 이야기할 것이 있다며 한 여성을 모임에 데려왔다. 한눈에 봐도 아주 유능해 보였지만 외모는 평범한 수준의 여성이었다. 그런데 친구가 잠시 자리를 비운 사이, 그가 그녀 쪽으로 몸을 기울이더니 이렇게 말하는 것이 아닌가.

"눈이 참 예쁘네요. 그런 말 많이 듣죠?"

여성은 순간 얼굴을 붉혔다. 그리고 그 이후부터 그녀는 그를 시도 때도 없이 흘끔거리며 쳐다보았다.

나중에 왜 그런 칭찬을 했느냐고 물었더니, 이런 대답이 돌아왔다.

"아마 그런 칭찬은 처음 들어봤을 거야. 너도 봐서 알겠지만 솔직히 예쁘다고 하기엔 좀 평범하잖아. 하지만 그 칭찬 한마디로 나는 그녀의 숨은 미를 발견한 남자가 된 거야. 만약 내가 능력을 칭찬했다면 아마 날 거들떠보지도 않았을걸? 칭찬은 원래 이렇게 하는 거란다, 친구야."

상대가 생각하지 못한 부분을 칭찬하는 것은 의외로 큰 효과가 있다. 과거 대학생 시절, 어머니가 나를 기차역까지 배웅해주신 적이 있었다. 어머니와 작별 인사를 하고 기차에 올라서 자리에 앉았는데 옆자리에 있던 내 또래 남자가 말을 걸었다.

"혹시 저분이 어머니세요?"

"네, 그런데요."

그러자 그는 놀랐다는 듯 말했다.

"어머니가 정말 젊으시네요. 아름다우시고요."

"그래요? 고맙습니다."

나는 기분이 좋아졌다. 실제로 우리 어머니가 나이에 비해 젊고 아름답기는 했지만 내게 그 점을 칭찬해준 사람은 없었기 때문이다. 얼마나 기뻤던지, 어머니가 싸주신 간식을 나눠먹으며 한참 동안 이야기했을 정도다.

만약 그가 직접적으로 나를 칭찬했다면 어땠을까? 아마 대꾸는커녕 그저 그런 수작이라 생각하고 무시했을 것이다.

"내가 아니었으면 지금쯤 그가 어찌 됐을지는 아무도 몰라요."
연약한 모습을 보여서 상대의 선한 본성을 자극하라!

love story

상대의 모성 본능, 영웅 심리를 자극하라

감정적 구원(Emotional Redemption)이라는 용어에 대한 첫 반응은 대개 '내가 누구를 구원하느냐?'는 것이다. 하지만 여기서의 감정적 구원이란 내가 남을 구하는 것이 아니라 인간 본성의 약점을 건드려서 남이 나를 구하게 만드는 것을 말한다. 즉, 인간 안에 내재된 모성 본능 혹은 영웅 심리를 자극하는 것이다.

여기, 어느 면으로 보나 완벽한 남자와 그에 비해 조금은 평범한 여자가 한 쌍인 커플이 있다. 둘은 어떻게 연인이 된 것일까? 남자는 자신이 그녀를 구했다고 말한다. 어떻게 된 연유인지 이들의 과거를 되짚어보자.

두 사람이 아직 친구였던 시절, 여자는 대학 시험에서 떨어졌다. 설상가상으로 부모님까지 갈라섰다. 절망에 빠진 그녀는 매일을 눈물로 보냈다. 그러던 어느 날, 그녀가 텅 빈 교실에 앉아 울고 있는데 마침 교실에 들어온 남자가 손수건을 내밀었다. 그녀는 그를 보자마자 손을 잡고는 눈물만 뚝뚝 흘렸다. 그는 어쩔 수 없이 곁에 앉아 그녀를 한참 위로해주었다. 그날 이후로 그녀는 거의 매일 그에게 전화를 걸었다. 때로는 건물 옥상에서, 때로는 기찻길 옆에서 전화해서는 "지금 죽으면 이 고통이 사라질까?" 하며 울먹였다. 그때마다 그는 화들짝 놀라며 "지금 어디 있느냐?"고 묻고는 그녀가 있는 곳으로 달려가 그녀를 '구해'주었다.

정신적으로 붕괴되기 일보 직전인 여자가 걱정됐던 남자는 거의 매일 그녀를 돌보고 챙겨주었다. 그러다 결국 연인이 된 것이다. 그는 늘 말한다.

"내가 없었다면 이미 저승 사람이 돼 있을 거예요."

그녀도 별다른 반박을 하지 않는다. 다만 조용히 웃을 뿐이다.

물론 사람 마음을 잡겠다고 자기 목숨을 걸라는 뜻은 아니다. 위는 극단적인 예에 속한다. 하지만 연약한 모습을 보여서 상대의 선한 본성을 자극하라는 원리는 기본적으로 같다.

또 한 커플의 예를 들어보자.

남지와 여자는 영어 학원에서 알게 됐다. 처음에는 인사만 하는 사이였지만 남자가 먼저 같이 스터디를 하자고 제안하면서 두 사람은 조금씩 친해졌다. 그러나 여전히 친구일 뿐, 연인이 될 가능성은 보이지 않았다.

그러던 어느 날, 남자가 괴로운 목소리로 여자에게 전화를 걸었다. 실연을 당했다는 것이다. 남자는 "죽고 싶을 정도로 우울하다. 앞으로 어떻게 살아야 할지 모르겠다"라고 하소연했다. 그다음 과정은 위의 커플과 비슷하다. 다만 이번에는 모성 본능을 자극받은 여자가 정의의 사도처럼 남자를 돌봐주고 보살펴주었다는 점만 다를 뿐이다. 그녀도 앞선 커플의 남자와 비슷한 말을 한다.

"내가 아니었으면 지금쯤 그가 어찌 됐을지는 아무도 몰라요."

감정적 구원의 핵심은 남녀를 막론하고 상대에게 자신의 약한 부분을 드러냄으로써 애정을 얻는 데 있다. 이 방법은 여자가 남자에게 사용할 때 더욱 효과적인데, 여자의 모성 본능보다는 남자의 영웅 심리가 훨씬 자극하기 쉽기 때문이다. 남자의 경우, 초절정 미녀에게는 이 방법이 통하지 않는다. 그러나 외모는 평범해도 마음씨 고운 여성을 대상으로 하면 100퍼센트 성공한다고 장담할 수 있다.

'좋은 사람' 딱지를 극복하는 법

여자가 '좋은 사람' 딱지를 붙이는 상황은 크게 세 가지로 나뉜다.

첫 번째, 당신이 좋은 사람이라는 것은 알지만 좋아하지는 않는 경우다. 두 번째, 당신이 좋은 사람이라는 것은 알지만 이미 너무 익숙해져서 이성으로 느껴지지 않는 경우다. 이런 경우 "○○ 살이 될 때까지 우리 둘 다 싱글이면 그때 사귀자!" 하는 식의 조건이 붙기도 한다. 세 번째, 당신이 좋은 사람이라는 것도 알고 당신과 함께하고 싶은 경우다. 만약 첫 번째 딱지를 받았다면 세 번째 딱지로 승급될 가능성이 아직 남았다고 볼 수 있다. 이를 위해 앞서 언급한 '묘한 분위기를 만드는 기술'을 참고해도 좋지만 여기에서는 이른바 '과거후광효과'를 이용하는 방법을 소개할까 한다.

왜인지는 모르겠지만 남녀를 막론하고 상대의 과거 연애사에 관심 없는 사람은 없다. 물론 나중을 생각하면 일일이 상세히 밝힐 필요는 없지만 이 같은 상황과 여성의 심리를 잘 이용하면 오히려 자신의 가치를 높이는 기회로 삼을 수 있다. 여자는 무의식적으로 남자가 이전 연애에서 보였던 태도를 자신과의 연애에서도 똑같이 보일 것이라고 생각하는 경향이 있다. 이러한 경향을 역이용해서 자신의 과거 연애사를 털어놓으며 상대가 '나도 저 남자에게 그런 사랑을 받아보고 싶다'고 느끼게 만드는 것이 바로 '과거후광효과'다.

내 친구는 가슴 아픈 사랑을 했다. 그는 지금도 그녀와 함께 유학을 떠나지 않은 것이 자기 인생에서 가장 잘못한 일이라고 말한다. 고등학교 때부터 커플이었던 둘은 함께 유학을 가기로 약속했지만, 가업을 잇기를 바란 남자 쪽 집안의 반대로 결국 여자만 독일 유학길에 올랐다. 처음에는 둘 다 크게 걱정하지 않았다고 한다. 비록 멀리 떨어지게 됐지만 방학 때마다 만나기로 약속했고, 또 그만큼 서로를 사랑했기 때문이다.

그녀가 유학을 떠난 첫해, 두 사람은 서로를 향한 그리움에 생각보다 힘든 나날을 보냈다. 특히 그녀를 헌신적으로 사랑했던 그는 더욱더 큰 괴로움에 시달렸다. 그는 그녀에게 정말로 헌신적이었다. 그녀가 발을 내밀면 알아서 신발 끈을 묶어주고, 밥 먹을 때 그녀의 눈빛만 보고도 무엇을 원하는지 간파하고 갖다 바칠 정도의 그였다.

그러던 어느 날부터 그녀의 연락이 뜸해지기 시작했다. 그녀가 걱정된 그는 지체 없이 독일로 날아갔다. 그리고 그녀가 별일 없이 잘 지내고 있는 것을 확인한 후 돌아왔다. 하지만 이듬해, 방학 때 나오겠다던 그녀가 갑자기 오지 않겠다고 연락을 해왔다. 이유를 묻자 그녀는 한참을 망설이다가 사실은 다른 남자가 생겼는데 그간 말을 못 했다고 고백했다.

그는 하던 일을 모두 내버려두고 다시 독일로 향했다. 그러나 그녀의 새로운 남자까지 대면한 후 산산이 깨진 마음을 안고 홀로 귀국해야 했다.

그날 이후 그는 여러 여자를 만났지만 늘 공허함을 느꼈다. 처음에는 단순히 자신과 맞지 않는 상대를 만났기 때문이라고 생각했다. 하지만 곧 어떤 여자도 그녀의 빈자리를 채울 수 없다는 사실을 깨달았다.

때로 그는 혼자 몰래 독일로 갔다. 멀리서나마 그녀가 잘 지내고 있는지 자기 눈으로 확인하고 싶었기 때문이다. 또 그녀와 같은 공기를 마신다는 것만으로도 그에게는 어느 정도 위로가 됐다. 하지만 한 번도 그녀에게 자신이 왔다는 사실을 알리지는 않았다. 그녀의 행복을 방해하고 싶지 않았기 때문이다.

그의 이야기를 듣는 동안 나는 내내 가슴이 아팠다. 이루어지지 못한 그의 사랑이 안타까웠지만 한편으로는 그에게 그런 사랑을 받은 그녀가 부럽기도 했다. 그리고 나도 그런 사랑을 받을 수 있으면 얼마나 좋을까 생각했다. 다른 사람이 아닌 바로 그에게서 말이다.

솔직히 말하자면 나는 한동안 그에게 적극적으로 대시했었다. 아마도 한 여자를 향한 지고지순한 사랑에 감동하고, 진실한 그의 모습에 반했기 때문이리라. 하지만 그는 끝까지 나를 받아주지 않았다. 아직은 그녀의 그림자가 너무 크다는 것이 그 이유였다.

후일 나는 다른 여성들에게 그의 이야기를 들려주었다. 그리고 깜짝 놀랐다. 다들 나와 비슷한 반응을 보였기 때문이다. "대체 그런 남자가 정말 존재하기는 하느냐, 믿을 수가 없다"는 사람도 있었지만 대개는 "그를 한번 만나보고 싶다"든가, "그런 사람과 결혼하는 여자는 참 행복하겠다"는 등의 반응을 보였다. 이를 통해 여자가 남자의 이전 연애사를 자신에게도 똑같이 적용하려는 경향이 있음을 다시 한 번 확인했다.

물론 이런 연애 경험이 모든 남자에게 있는 것은 아니다. 그렇다면 그녀에게 거짓말을 해야 하는 걸까? 굳이 그럴 필요는 없다. 그보다는 위 사례를 내 친구의 경험이라고 소개한 뒤 나도 여자 친구가 생기면 그처럼 사랑하고 싶다고 말하면 된다. 즉, 그녀에게 당신도 그런 사랑을 할 수 있는 사람이라고 믿게 할 수 있으면 충분하다.

남의 연애사를 끌어오든 내 연애사를 밝히든, 중요한 것은 이를 통해 그녀에게 내가 믿을 만하고 연애를 해볼 만한 사람이라는 인식을 심어주는 것이다. 이렇게 '목적성'을 가지고 이야기하면 소득 없이 공허한 대화만 오가는 일을 미연에 방지할 수 있다.

밸런타인데이 데이트 공략법

메시지로 데이트 신청한다

대상 : 우정 단계에 있거나 한동안 연락을 주고받지 않은 여성

밸런타인데이 당일 오후에 메시지를 보낸다. 밸런타인데이용 단체 문자로 보이는 내용이면 된다. 기념일이나 공휴일이면 한두 개쯤 받게 마련인, 뭐라고 답장을 써야 할지 고민할 필요 없는 그런 문자 말이다.

만약 그녀에게서 회신이 온다면 일단 긍정적 신호로 봐도 좋다. 밸런타인데이를 어떻게 보내고 있든 간에 잠시 시간 내서 문자에 답을 할 만큼은 당신에게 관심이 있다는 뜻이기 때문이다. 그때부터는 내용에 신경을 써서 문자를 보낸다. 먼저 '밸런타인데이인데 바쁘지 않냐? 혹시 데이트 중이 아닌지 모르겠다'고 운을 떼운다. 그런 뒤 주로 농담 위주로 대화를 이끈다. '요새 어떻게 지내냐?', '남자 친구는 생겼냐?'는 식의 진지한 접근은 되도록 피한다. 그렇게 농담을 주고받으며 분위기를 띄우다가 '안 본 지도 오래됐으니 조만간 만나자'고 한다. 이때 그녀의 반응이 긍정적이라면 그다음은 쉽다. 서로 시간을 맞춰서 만나면 된다. 만약 처음부터 회신이 오지 않아도 전전긍긍하거나 낙심하지는 말자. 다음 기회가 또 올 것이다.

대상 : '썸녀', 혹은 '썸'에 가까운 단계에 있는 여성

밸런타인데이 전날에 메시지를 보낸다. 단체 문자와 달리, 반드시 그녀의 이름이나 별칭을 넣어서 그녀에게만 보내는 문자임을 확실히 밝힌다. 내용은 대략 '내일을 너와 함께 보낼 수 있으면 정말 좋겠다'는 식이면 된다. 만약 그녀가 '생각해볼게'라고 회신하면 '내가 맛있는 저녁 사줄게, 이런 기회 흔치 않으니 꼭 만나자'고 청한다. 만약 이미 키스까지 한 사이라면 '나 말고 누구를 만나려고? 그러지 말고 어떤 옷을 입고 나올지 생각해봐. 나는 검정 셔츠를 입을 테니 우리 어울리게 맞춰 입자'는 식으로 여유 있게 대응한다.

때로는 '썸녀'가 지나치게 튕긴다 싶으면 다른 사람과 약속이 생긴 척하는 것도 좋다. 당신이 그녀만 바라보고 있지는 않는다는 점을 은연중에 어필하는 것이다. 그녀가 무슨 약속을 잡았느냐고 추궁하면 '네가 너무 늦게 답을 해서 다른 일이 있는 줄 알고 나도 약속을 잡았다'고 한 뒤, 다음 만남을 기약한다. 가끔은 이렇게 질투심을 부추기는 것이 둘 관계에 새로운 자극이 된다.

밸런타인데이에 어울리는 데이트 장소

밸런타인데이 데이트는 무조건 낭만적이어야 한다. 그러나 안타깝게도 이날은 어딜 가나 사람이 차고 넘친다. 그래서 평소 우아하고 차분한 레스토랑도 이날만큼은 시장바닥처럼 북적거리기 일쑤다. 수많은 사람에게 치이며 고생하느니 차라리 집에서 데이트를 즐겨보는 것은 어떨까? 은은한 촛불 아래에서 둘만의 아늑한 만찬을 즐기는 것도 꽤 로맨틱한 경험이 될 수 있다. 그래도 특별한 날인데 집에서 만나기가 아쉽다면 자동차 극장도 좋은 선택지다. 차 안에서 오붓하게 영화를 즐기며 둘만의 시간을 보낼 수 있기 때문이다. 게다가 키스하기에도 제격이다.

경제적인 여유만 된다면 호텔에 있는 바도 훌륭한 데이트 장소다. 이런 곳은 밸런타인데이임에도 의외로 붐비지 않는다. 게다가 분위기 자체가 술을 들이켜기보다는 홀짝거리는 분위기이기 때문에 생각보다 돈도 많이 들지 않는다.

밸런타인데이처럼 특별한 날에는 대화를 많이 나누며 두 사람의 관계를 확실히 하는 데 중점을 둔다. 아직 키스 전이라면 자연스럽게 키스를 시도하는 것도 좋다. 밸런타인데이에 두 사람이 연인으로 맺어진다고 생각해보자. 이 얼마나 낭만적인가!

선물에도 철학이 필요하다.

그녀와 당신이 모두 기뻐할 수 있는 선물을 고르려면 어떻게 해야 할까? 선물을 할 때는 신중해야 한다. 한창 구애 중인 여성에게 주는 것이라면 더더욱 그렇다. 비싼 것이 좋다는 생각에 무턱대고 고가의 선물을 주는 것은 금물이다. 상대가 부담스럽다는 이유로 거절할 수도 있고, '이 선물을 받으면 저 남자와 사귀어야 하나?'라는 압박감을 느낄 수도 있기 때문이다. 그렇다고 너무 싼 선물도 안 된다. 자칫 인색하고 좀스러운 남자로 보일 수 있다.

그러나 이미 관계가 확실해진 사이라면 조금 비싼 선물을 하는 편이 그녀를 향한 마음과 정성을 보여주는 데 효과적이다. 그녀를 진심으로 좋아한다면 행동으로 보여야지, 입으로만 좋아한다고 하면 무슨 소용이겠는가? 어떤 의미에서 선물은 그녀가 당신에게 얼마만큼 소중한 존재인지를 그녀에게 확인시켜주는 도구다.

그렇다면 선물에 어느 정도를 쓰는 것이 적정선일까? 싸게 가자니 그녀를 실망시킬까 두렵고, 비싸게 가자니 얄팍한 지갑이 아쉽다. 이런 경우 내가 가장 많이 추천하는 품목은 향수, 화장품, 액세서리 종류다. 이런 선물은 여자라면 누구나 좋아하는 데다 잘만 찾아보면 비교적 저렴하게 구할 기회도 많다. 게다가 지갑이나 가방보다 훨씬 싸게 먹힌다.

선물을 고를 때 주의할 점은 반드시 심사숙고해서 정성을 들여 준비한 것으로 보여야 한다는 점이다. 길거리 좌판에서 산 선물은 안 주느니만 못하다. 사실, 여자가 선물을 받을 때 신경 쓰는 부분은 상대가 자신을 얼마나 소중하게 생각하느냐다. 만약 선물에서 정성이 느껴진다면 가격과 상관없이 감동하지만, 나를 생각하는 마음이 느껴지지 않으면 아무리 비싼 선물도 달갑지 않다.

그렇다고 종이학 천 마리를 접어서 주라는 말은 아니다. 재물이 가는 곳에 마음도 가는 법이다. 때로는 얼마를 쓰느냐가 애정의 척도가 되기도 한다. 천 원짜리 선물을 주면서 그녀가 기뻐하기를 바란다면 지나친 욕심이다. 제일 친한 친구가 당신의 결혼식에 와서 축의금을 달랑 만 원 냈다고 생각해보자. 기분이 어떻겠는가? 그러니 그녀를 좋아한다면 돈에 인색한 모습은 보이지 마라.

이제 선물이 남녀관계에서 얼마나 중요한 역할을 하는지 구체적 사례를 통해 알아보자.

사례 1

친구가 군복무를 할 때의 얘기다. 그는 지방도시의 소부대에서 복무했는데, 어느 날 읍내로 세안제를 사러 나갔다가 한 화장품 가게 점원을 알게 됐다. 아무래도 작은 마을이다 보니 화장품을 파는 아가씨가 그 마을 최고의 미녀라고 해도 과언이 아니었다고 한다. 가끔이지만 오가며 계속 마주치다 보니 어느새 두 사람 사이에 묘한 분위기가 흐르기 시작했다. 기본적으로 자주 만날 수는 없었지만 다른 부대에 비해 비교적 느슨한 복무 환경 덕분에 휴대전화를 소지할 수 있었다. 그렇게 두 사람은 문자로 종종 연락을 주고받았다.

친구의 표현에 따르면 그녀는 그에게 그야말로 지극정성이었다. 심지어 음식을 너무 자주 보내서 부대 안에 소문이 났을 정도였다. 그녀가 자주 만나지도 못하는 남자에게 이토록 헌신적이었던 이유는 무엇일까? 내가 궁금해하자 친구 역시 고개를 갸웃거리며 말했다.

"글쎄, 나도 확실히는 모르겠지만 아마도 비싼 선물을 사줘서 그랬던 게 아닐까 싶어. 그전에 같이 읍내 구경을 하다가 옷 한 벌을 사줬는데 그게 사십만 원 가까이 됐거든."

"아니, 군인이 무슨 여유가 있어서 같이 읍내 구경도 하고 또 그렇게 비싼 선물을 했대?"

내가 놀라서 묻자 그는 겸연쩍게 대답했다.

"겨우 반나절, 잠깐 외출 나온 거였어. 옷은, 그러니까 시간 안에 얼른 밥도 먹고 놀기도 하려고 읍내에 유일하게 하나 있는 상가에 들어갔다가 그냥 눈에 띄는 옷가게에서 한 벌 골라준 건데 그게 세상에 사십만 원이나 하더라고……."

여자는 선물을 통해 남자의 마음속에 자신이 어느 정도 위치인지를 가늠한다. 그래서 비싼 선물을 줄수록 그만큼 자신을 소중하게 생각한다고 믿는다. 이 사례는 이 점을 단적으로 보여준다고 하겠다.

사례 2

그녀는 장거리 연애 중이다. 크리스마스를 앞둔 어느 날, 함께 연휴를 보내지 못하게 된 남자 친구가 미리 크리스마스 선물을 보냈다. 예쁘게 포장된 커다란 상자 안에는 그녀가 좋아하는 브랜드의 목욕 제품 세트와 화장품, 지갑, 귀엽고 앙증맞은 인형에 장미꽃 모양으로 엮어놓은 초콜릿 꽃다발까지 담겨 있었다. 거기에 그는 감동적인 내용의 손 편지까지 동봉했다. 그녀는 편지를 읽다가 결국 감격의 눈물을 흘리고 말았다. 그날 오후, 그녀는 친구들에게 초콜릿을 나눠주며 어떤 선물을 받았는지 은근히 자랑했고 모두 질투와 부러움이 뒤섞인 탄성을 내실렀다. 그리고 남자 친구에게 싱글인 친구는 없냐는 둥 그와 헤어지면 나한테 꼭 알려달라는 둥 한참을 재잘재잘 떠들어댔다. 그날 이후 친구들은 그녀가 남자 친구와 싸웠다고 하면 이렇게 말했다.

"네 남자 친구처럼 괜찮은 사람이 어디 있다고 그래? 네가 복에 겨운 줄을 모르는구나!"

이상의 사례는 모두 성공한 경우지만 돈은 돈대로, 품은 품대로 들여놓고 실패한 사례도 적지 않다.

실패 사례 1

재벌 2세인 그는 한창 작업에 열을 올리고 있는 여성의 생일을 맞이해 선물 준비에 나섰다. 그녀에게 특별한 인상을 남기고 싶었던 그는 하루 종일 인터넷을 검색해서 매우 창의적인 선물을 찾아냈으니, 바로 태양 열 램프였다. 비록 값은 저렴했지만 아이디어만큼은 끝내주는 선물이었다. 그는 부푼 마음을 안고 그녀의 생일만을 기다렸다. 하지만 정작 그녀의 생일 파티에서는 수많은 사람이 북적이는 통에 그녀와 제대로 된 대화도 나누지 못하고 선물만 건넸다.

다음 날, 그는 그녀에게 전화를 걸었다.

"내 선물 어때? 마음에 들었어?"

"아, 응, 뭐 괜찮았어."

그는 그녀가 사실은 선물이 아주 마음에 들었지만 부끄러워서 일부러 새침하게 반응했다고 믿었다. 그도 그럴 것이, 그가 얼마나 심혈을 기울여 찾아낸 선물이었던가! 그래서 그녀가 연락을 피하기 시작했을 때 그는 엄청난 혼란에 빠졌다.

그렇다면 과연 그녀의 속마음은 어땠을까? 여자는 선물을 본 순간, 남자가 자신을 생각만큼 좋아하지 않는다고 확신했다. 어떤 남자가 좋아하는 여자의 생일에 겨우 만 원짜리 램프를 선물하겠는가! 설령 좋아한다고 해도 한창 잘 보여도 모자랄 이 시기에 이런 성의 없는 선물을 할 정도면 사귀고 난 뒤에는 자신을 어떻게 대접할지 불 보듯 뻔했다. 결국 그녀는 그를 남자 친구 후보 리스트에서 삭제했다.

실패 사례 2

"작년 크리스마스에 저는 한창 구애 중이던 여성에게 손수 만든 카드를 보냈어요. 일하면서 틈틈이 만드느라 디자인부터 재료 선택, 제작까지 무려 일주일이나 걸렸죠. 그런데 카드를 받은 그녀의 반응은 그저 그랬어요. '잘 만들었네' 하고 말더군요. 그러더니 그날 이후로는 데이트 신청도 잘 받아주지 않아요. 대체 왜일까요?"

장담컨대 카드를 받았을 때 그녀의 심정은 우울 그 자체였을 것이다. 어쩌면 '이 정도 가지고 어떻게 해보려 하다니, 대체 나를 뭐로 본 거야!' 라며 화마저 났을지 모른다. 정성을 들여 카드를 만들었다는 점은 인정한다. 그러나 그 정성을 알아줄 만큼 둘 사이가 확실한 것도 아닌 상황에서 이런 선물은 그저 돈을 쓰기 싫은 남자의 궁상맞은 잔머리로 오해받을 소지가 다분하다. 더구나 구애 단계에서는 어느 정도 경제적 성의를 보여야만 상대에게 진심을 전할 수 있다. 말만 번지르르하고 행동이 뒤따르지 않는데, 무엇을 보고 믿으란 말인가?

이상의 사례들을 통해 알 수 있듯이 때로 선물은 단순한 물건이 아니라 당신에게 그녀가 어떤 의미인지를 보여주는 구체적 증거가 된다. 그래서 선물을 고를 때도 철학이 있어야 하며, 전략이 필요하다. 부디 심사숙고해서 그녀의 마음을 사로잡을 멋진 선물을 하기 바란다.

LOVE

가슴 뛰는 순간을 만들어라

안타깝게도 많은 이가 그저 그런 연애에 만족하고 살아간다. 그러나 가슴이 뛰지 않는 연애는 이미 본래의 목적을 상실한 것이다. 누군가 말하지 않았던가, 인간이 동물보다 고상한 까닭은 사랑을 하기 때문이라고. 더욱이 남자라면 여자에게 가슴 뛰는 순간을 선사할 의무가 있다.

얼마 전 한 수강생이 장문의 메일을 보내왔다. 내게 수업을 들은 후 그가 지금의 여자 친구를 어떻게 만나게 됐는지가 주된 내용이었는데, 굉장히 감명을 받았기에 여기에 전문을 싣는다.

선생님의 강의를 알기 전, 저는 제대로 된 인간관계를 맺지 못하고 집에만 틀어박혀 있었어요. 전 여자 친구와 굉장히 힘들게 헤어졌는데 그 여파를 극복하지 못했거든요. 서로 행복을 빌어주긴 했지만 둘 다 진심은 아니었을 거예요. 그래도 한때 열렬히 사랑했던 사람인데 그렇게 헤어지니 정말 씁쓸하고 슬펐어요.

여자 친구와 헤어지고 나서는 한동안 폐인처럼 살았어요. 소파에 죽치고 누워서 종일 TV만 봤죠. 친구 모임도 거의 안 나가고, 새로운 사람도 만나지 않았어요. 그러다 보니 평생 혼자 지내는 것도 나쁘지 않겠다는 생각마저 들었지요.

그러던 어느 날, 습관처럼 인터넷 서핑을 하다가 우연히 선생님의 블로그를 보게 됐어요. 한순간 무엇에 홀리기라도 한 듯 정신없이 글을 읽었지요. 그리고 깨달았어요. 제 생활 속에 사랑이 없어진 지 아주 오래됐고 그 탓에 삶조차 제대로 영위하지 못하고 있다는 사실을요. 그러자 이러다 영영 사랑을 못하는 것이 아닐까, 덜컥 겁이 났어요. 그래서 선생님의 수업을 듣기로 결정했어요. 게다가 여자 친구가 생기지 않으면 수업료를 돌려준다는 말도 꽤 신뢰가 갔지요.

수업은 내용도 좋았지만 특히 다른 수강생들의 이야기를 듣는 게 많은 도움이 됐어요. 저도 그들과 같은 문제를 안고 있다는 걸 알게 됐으니까요. 우리는 모두 여자를 이해하지 못했고, 스스로를 알지 못했으며, 방향을 잃고 방황하고 있었어요. 하지만 또 한편으로는 수업을 통해 우리 안에 아직 남아 있는 희망을 발견했죠. 조금만 더 용기를 낸다면 다시 한 번 사랑을 할 수 있을지 모른다는 생각이 들었어요.

수업을 듣기 시작한 후로 저는 매주 여러 모임에 참석했어요. 친구들과의 술자리는 물론 미팅 자리에도 빠지지 않았죠. 하지만 왜인지 몸만 나가고 마음은 여전히 집안 소파에 붙어 있는 것 같았어요. 여자를 아무리 만나봐도 좀처럼 감정이 생기지 않았거든요. 대체 뭐가 문제일까 싶었죠.

그러던 어느 날 수업에서 사랑의 필연성과 여성에게 연애의 감정을 느끼게 하는 것이 얼마나 중요한지에 대해 들었어요. 순간 번개를 맞은 듯했죠. 내가 찾고 있던 감정이 무엇인지 깨달은 기분이었어요. 사실 깨달은 것 같기도, 전혀 그렇지 않은 것 같기도 했어요. 하지만 제 안의 무언가가 달라졌다는 사실만큼은 확실했어요.

제가 확실히 아는 것은 내가 먼저 몰두해야 나에게 몰두하는 상대를 만날 수 있다는 점이었어요. 그리고 보기에 멋지고 완벽한 사람보다는 나와 잘 맞고 마음 깊은 곳까지 서로 나눌 사람을 만나야 한다는 기준이 생겼죠. 그리고 그로부터 얼마 되지 않아 그녀를 만났어요.

그녀와 처음 만난 곳은 친구의 생일 파티였어요. 처음부터 그녀가 눈에 들어왔는데, 제가 정말 좋아하는 눈매를 가지고 있더라고요. 하지만 안타깝게도 그녀는 다른 테이블에 앉아 있었어요. 그래도 계속 관심을 가지고 지켜봤죠. 그녀는 자기 자신을 어필하려는 행동을 하나도 하지 않았어요. 수업 시간에 배우 IOI도 전혀 보이지 않았죠. 누구에게든 그랬어요. 누군가 다가와서 말을 걸면 예의 바르게 웃고 대답했지만 그뿐이었어요. 어떻게든 자기 자신을 드러내려고 애쓰는 다른 사람들과는 사뭇 달라 보였죠. 한편으로는 공감도 됐어요. 물론 자기 자신을 잘 포장해서 드러내는 것이 남녀관계에서는 중요하다는 걸 알지만 가끔은 사람들이 애써 자기를 어필하려고 하는 모습이 우스꽝스러울 때도 있었거든요. 물론 제 자신의 모습도 포함해서요.

아무튼 그녀는 거기 그렇게 조용히 있는 듯 없는 듯 앉아 있었어요. 보다 보니 왠지 짠해졌죠. 웃는 것도 조심조심, 술도 아주 조금씩 마셨어요. 술을 많이 마셨다가 혹시 실수라도 하면 어쩌나 겁을 내는 사람 같았죠. 용기를 내서 나오긴 했지만 오히려 더욱 쓸쓸해진, 그런 모습이었어요. 어쩌면 제 생각이 다 틀렸을 수도 있어요. 그저 제멋대로 추측하는 것뿐일 수도 있지요. 어쨌든 사실이 아닌, 느낌으로 판단하고 있었으니 말이죠.

시간이 흘러 다들 2차 장소로 자리를 옮겼어요. 그때까지도 저는 그녀와 말 한 마디 나누지 못했고, 그저 눈만 몇 번 마주쳤을 뿐이었어요. 그 사이 다른 남자애가 그녀에게 말을 걸기도 했는데 여전히 예의바르게 웃고 몇 마디 나눌 뿐 그다음이 없더군요. 결국 그 테이블에 그녀 혼자 남게 됐어요. 홀로 고개를 숙이고 스마트폰만 들여다보고 있는 그녀 때문에 마음이 아팠어요. 어쩌면 혼자 있고 싶지 않아서 나왔지만 누구와도 마음이 통하지 않아서, 혹은 쉽게 마음을 열 수 없어서 또다시 혼자가 된 게 아닐까요? 그녀를 더 이상 그대로 둘 수 없다는 생각이 든 순간, 저는 벌떡 일어나 그녀에게 다가갔어요. 그녀는 제가 다가오는 것을 보더니 일부러 스마트폰에 열중한 척 고개를 더 숙였어요. 하지만 전 아랑곳하지 않고 말을 걸었지요.

"그거 알아요? 그쪽 참 대단하다는 거. 아, 한자리에 앉아서 혼자 쿨한 척하는 거 말고, 그렇게 오랫동안 화장실 한 번 가지 않고 그 자리를 지킨다는 게 정말 대단하다는 거예요."

그녀는 당황한 듯 멍하니 저를 쳐다보다가 가까스로 웃음을 지었어요. 적어도 그 예의 바른 웃음은 아니었지요.

"아니, 난…… 그러니까 난……."

그녀는 한참을 그렇게 더듬거리다 결국 아무 말도 하지 못했지요. 그 모습이 정말 귀여웠어요.

"난 ○○○라고 해요. 오늘 파티가 별로 재미없나 봐요?"

"아네요. 오늘은 그냥 컨디션이 안 좋아서……."

"혹시 그쪽도 생일 주인공이 만든 단체 대화방에 들어와 있어요?"

"네. 그런데 거의 눈팅만 해요."

"그러면 우리 내기할래요? 그쪽이 십을 세는 동안 내가 단체 대화방에서 그쪽 아이디를 찾아내면 내가 이기는 거고, 못 찾으면 그쪽이 이기는 걸로!"

그녀는 조금 망설이다가 고개를 끄덕였어요. 하지만 이 내기는 제가 절대 질 수 없는 내기였죠. 사실, 그전에 이미 그녀의 아이디를 찾아놨거든요. 어쨌든 내가 이긴 게 됐고, 벌칙으로 내가 뭘 하든 잠깐만 가만있으라고 했어요. 그러고는 그녀가 방심한 틈을 타서 가까이 다가가 그녀의 양 볼을 손가락으로 잡고 옆으로 쭉 늘렸어요. 순식간에 그녀는 못난이 웃음을 짓게 되었죠. 가까이서 그녀의 눈을 보니, 왠지 행복한 기분마저 들었어요. 물론 그녀는 당황해서 소리쳤지만요.

"뭐하는 거예요?"

"어허, 내기는 내기잖아요. 움직이지 말아봐요."

그런 뒤 저는 한 손으로 스마트폰을 꺼내 그녀를 찍었어요. 플래시가 반짝 터지자 그녀는 순간 멍한 표정이 되었죠.

"정말 뭐하는 거예요?"

"뭐하긴요, 사진 찍었죠. 다음번에 만났을 때도 계속 쿨한 척하면 이 사진을 보내려고요."

당황했는지, 어이가 없었는지 모르지만 그녀는 아무 말도 하지 못하더군요.

그 후로 몇 마디를 더 나눴지만 어쩐지 분위기가 어색해졌어요. 더 이상 뭐라고 할 말도 없어서 핑계를 대고 잠시 다른 테이블에 가서 놀았어요. 그런 뒤 다시 돌아와보니, 그녀는 여전히 스마트폰만 들여다보고 있더군요. 여전히 저를 못 본 척하면서요. 그때는 저도 더 이상 다가가지 않았어요. 대신 단체 대화방에 메시지를 썼죠. 마침 바깥에서는 불꽃놀이가 한창이라, 불꽃놀이에 대한 감상을 썼어요. 그러자 그녀가 자연스레 대화에 참여하더라고요. 그렇게 메신저로 잠깐 이야기를 나누다가 다시 그녀 곁에 앉아서 말을 걸었어요.

"내일 나랑 밀실 탈출 카페 갈래요? 요즘 유행하는 카페인데, 좀 어렵기는 해도 무지 재미있대요."

그녀는 잠시 망설이다 대답했어요.

"왜 나한테 가자고 하는 거예요?"

저는 장난스럽게 말했죠.

"쿨하게 앉아 있는 모습이 왠지 똑똑해 보여서요. 여자 코난 같다고나 할까? 마침 내 별명도 셜록 홈즈니까 우리 둘이 한 조가 되면 최고 기록도 세울 수 있지 않을까요?"

"에이, 무슨 이유가 그래요? 안 갈래요!"

그녀는 비록 거절했지만 왠지 모르게 그 순간 '희망이 있다'는 촉이 왔어요. 남자의 육감이랄까요? 그래서 좀 더 밀어붙이기로 했어요.

"그러지 말고 같이 가요. 의외로 마음에 들지 누가 알아요? 일단 시도를 해봐야 좋은지, 안 좋은지도 알 수 있잖아요. 속는 셈 치고 같이 가보고 만약 정말 재미가 없다면 그쪽이 먹고 싶다는 것 내가 다 사줄게요. 아, 그나저나 향수는 뭐 써요? 향기가 참 좋네요. 내일도 이거 뿌리고 나와요, 알았죠?"

그녀는 아무 말도 하지 않았지만 전 데이트 신청이 성공했음을 직감

했어요. 그녀가 좋을 대로 하라는 듯 웃었거든요. 그래서 확답하라고 재촉하는 대신 전화번호를 달라고 해서 받아왔어요.

다음 날 11시쯤에 그녀에게 전화를 했어요. 그녀는 잠에서 덜 깬 목소리로 전화를 받았죠. 저는 얼른 일어나서 준비하고 나오라 얘기했어요. 그녀와 만나는 순간, 제가 어제 좋다고 했던 향기가 풍기더군요.

우리는 밥을 먹으면서 이런저런 이야기를 했어요. 연예인 가십부터 주변인 소식까지, 다양한 화제가 자연스레 이어졌죠. 식사를 마친 후에는 잠시 산책을 했어요. 그런데 구름다리를 건너면서 보니까 그녀가 하이힐을 신어서 힘들겠다는 생각이 들더군요. 그래시 구름다리 중산에서 갑자기 내기를 하자고 했어요. 아래에 보이는 신호등이 빨간불로 바뀌었을 때 맨 앞에 서는 자동차의 번호판이 짝수인지, 홀수인지 맞추는 내기요. 이번에는 제가 졌지만, "오늘은 진 사람이 하자는 대로 하는 거야"라고 억지를 부리며 그녀에게 잠시만 여기서 기다리라 했어요. 그런 뒤 재빨리 근처 신발 가게로 뛰어가서 편한 단화를 한 켤레 샀지요.

저는 다시 그녀에게로 돌아가서 목이 마르니까 얼른 카페에 들어가자고 재촉했어요. 그녀는 시종일관 얼떨떨하다는 표정이었죠. 카페에 들어가서 제가 단화를 내놓자 더욱 알 수 없다는 표정이 됐지만 전 태연하게 말했어요.

"오늘은 진 사람이 하자는 대로 하는 거랬지? 자, 이제 하이힐 벗고 이거 신어. 다리 아프잖아."

순간 그녀의 얼굴이 새빨갛게 달아올랐어요. 그러더니 "여자들한테 원래 이렇게 잘하느냐?"고 묻더군요. 전 짓궂게 웃으며 대답했어요.

"날 뭐로 보는 거야? 난 남자들한테도 잘해."

그녀는 잠시 멍하게 있다 곧 웃음을 터뜨렸어요.

그다음부터는 모든 것이 순조로웠어요. 그녀의 반응도 달라졌고요. 훨씬 편안하고 부드러워졌다고 할까요? 그날은 우리 둘 다 정말 즐거운 시간을 보냈어요.

하지만 그녀가 진정으로 절 받아들여준 계기는 그 후에 생겼어요. 그녀가 심한 감기에 걸렸거든요. 아프다는 얘기를 듣자마자 저는 약과 죽을 사서 그녀의 집으로 달려갔어요. 그녀가 문을 열어줬을 때, 저는 그녀를 번쩍 안아서 침대에 눕히며 엄한 목소리로 말했어요.

"아프다는 사람이 왜 이렇게 움직여? 감기는 푹 쉬어야 낫는다고!"

그러자 그녀가 어이없다는 듯 대꾸했죠.

"내가 문을 열어줘야 네가 들어오잖아."

그렇게 그녀와 아웅다웅하면서 무심코 냉장고를 열었다가 그만 깜짝 놀라고 말았어요. 그 흔한 달걀 하나 없이, 그야말로 텅 비어 있었거든요. 기껏해야 사과 몇 알뿐이었죠. 그 순간 좋은 생각이 떠올랐어요. 저는 그녀에게 약을 먹고 잠시 자라고 한 뒤, 집 열쇠를 받아들고 근처 마트로 향했지요. 기본적인 식료품을 사고 웃는 얼굴의 캐릭터가 전면에 인쇄된 우유 4개를 샀어요. 그리고 디지털사진을 인쇄해주는 사진관에서 전에 찍어둔 그녀의 사진을 인쇄했어요. 그때 제가 억지로 웃게 만들어서 찍은 사진 말이에요. 돌아와 보니 그녀는 새근새근 자고 있더군요. 저는 조심조심 냉장고 문을 열고, 앞면이 나란히 보이게 우유를 배치했어요. 그녀가 냉장고를 열면 온통 웃는 얼굴이 보이게끔 말이죠. 그런 뒤 그녀의 사진 뒤에 이렇게 써서 냉장고 앞에 붙였어요.

'아프지 마. 건강 조심하고! 난 네가 늘 이렇게 웃는 얼굴이었으면 좋겠어.'

저는 냉장고를 열었을 때 그녀의 표정도, 사진과 메시지를 본 뒤 제게 달려와 안겼을 때의 그 벅찬 감정도 평생 잊지 못할 거예요. 살짝 열린 창틈으로 들어온 바람이 얼마나 상쾌하고 시원하던지……. 그녀와 영원히 그렇게 안고만 있어도 좋을 만큼 행복한 순간이었어요.

사실, 이 수강생이 내게 준 첫인상은 그리 좋지 않았다. 솔직히 말하면 수업에 열의가 없어 보였다. 심지어 초반에는 숙제도 제대로 하지 않았는데, 나는 이 점이 가장 마음에 걸렸다. 숙제를 하지 않으면 그가 어느 정도 수준에 있는지를 가늠할 수 없기 때문이다.

그래도 꾸준히 수업에 참여하더니 언젠가부터 조금씩 질문도 하기 시작했다. 이런 여자를 어디에서 만났는데 계속 만나도 좋을지를 묻는 것이 대부분이었다. 나는 잘한 점은 칭찬해주고, 고쳐야 할 점은 지적해주면서 그의 질문에 성심성의껏 답했다.

그러다 어느 날 그가 이 메일을 보내왔을 때, 나는 진심으로 놀랐다. 그가 그녀에게 다가간 방식이라면 어느 여자도 그와 사랑에 빠지지 않을 수 없겠다는 생각이 들었기 때문이다. 그의 사례에는 여자의 마음을 뛰게 하고, 사랑하고 싶게 만드는 모든 요소가 다 녹아 있다. 게다가 레스토랑도, 와인도, 심지어 붉은 장미 한 번 등장하지 않았는데도 지극히 로맨틱하다.

그의 사례를 로맨틱하게 만든 요소는 다름 아닌 대화다. 그녀를 향한 그의 말 한 마디 한 마디는 모두 명언이라고 해도 과언이 아니다. 사실, 이런 남자는 바람둥이로 보이기 십상이다. 여자도 이런 남자가 다가오면 피해야 한다고 이성적으로 생각한다. 그러나 결국은 어쩔 수 없이 그에게 넘어가고 만다. 여자는 냉철한 이성보다 두근거리는 감성에 더 강하게 지배받기 때문이다. 왠지 가까이해서는 안 될 것 같지만 끊임없이 가슴을 두근거리게 하는 남자, 이런 남자야말로 여자가 사랑하지 않을 수 없는 '나쁜 남자'다.

'초절정 미인' 맞춤 '좋은 사람' 접근법

이번에 소개할 내용은 '초절정 미인' 맞춤 공략법이다. 재미있게도 이 방법은 외모 평점이 8.5 이상인 여성에게만 유효하다. 만약 7점 정도의 여성에게 사용한다면 아마 '좋은 사람' 딱지만 받고 끝날 가능성이 농후하다.

그 전에 먼저 확인할 것이 있다. 정말로 그녀를 좋아하는지, 그녀를 위해 어떤 대가도 치를 준비가 되어 있는지 스스로에게 물어보자. 적어도

'이번 생은 그녀로 정했다!'는 확신이 있어야 한다. 그래야 끝없는 배려와 끝까지 포기하지 않는 용기를 낼 수 있기 때문이다. 그만큼 이 방법에는 단단한 각오와 자기희생이 필요하다.

'초절정 미인' 공략법의 첫 번째 핵심은 집중과 배려다. 얼마나 그녀에게 집중하고 그녀를 세심하게 배려하느냐에 성패가 달려 있다고 해도 과언이 아니다.

• 그녀만의 키다리 아저씨가 되어라.

'목표녀'가 같은 회사를 다닌다고 가정해보자. 가장 먼저 해야 할 일은 관찰을 통해 그녀의 사소한 습관들을 발견하는 것이다. 여자라면 누구나 많든 적든 이런 습관이 있다. 아침을 늘 거르고 출근한다든지, 점심식사 후에는 반드시 커피를 마신다든지, 혹은 오후 몇 시쯤에는 간식을 먹는다든지 하는 식으로 말이다. 일단 이런 습관이 포착되면 그때부터 알 듯 모를 듯 그녀를 챙기기 시작한다. 예를 들어 오후 간식을 먹을 시간에 맞춰서 그녀의 책상에 그녀가 좋아하는 티라미수를 갖다 놓는다. 중요한 것은 자연스러워야 한다는 점이다. 누군가 무슨 일로 왔냐고 물어보면 뭐 좀 갖다주러 왔다고 하면 그만이다. 이때 지나치게 긴장한 나머지 뭔가 나쁜 일이라도 저지르는 사람처럼 심각한 표정을 짓는 것은 금물이다. 그녀가 자리를 비웠더라도 걱정하지 않아도 된다. 누가 간식을 갖다 놨는지 주변 사람들이 그녀에게 알려줄 테니까. 오히려 다른 사람이 말해주는 편이 더 좋을 수도 있다. 그녀에게 당신에 대해 한 마디라도 좋은 말을 해줄 수 있기 때문이다. 이처럼 주변에서 자꾸 긍정적인 소리를 듣다 보면 저도 모르게 호감이 생기기도 한다. 이를 위해서는 평소 그녀의 주변인에게도 잘 보일 필요가 있다.

• 재미있는 사람이 되어라.

첫 번째 단계를 잘 수행하고 나면 그녀는 당신에게 호감을 갖기 시작할 것이다. 하지만 아주 단순한 호감에 불과할 수 있다. 이를 좀 더 확실한 호감으로 끌어올리려면 그녀가 당신과 함께 있는 것을 즐겁다고 느끼게 만들어야 한다. 자신이 없다면 재미있는 사람으로 보일 수 있도록 평소에 연구하고 노력할 필요가 있다. 이를 위해 앞서 여러 방법을 이미 소개했으니 참고하기 바란다. 재미있는 사람으로 보이는 것은 매우 중요하다. 아무리 배려하고 잘해줘도 그녀에게 재미있는 사람이라는 인상을 주지 못한다면 그저 '좋은 사람' 그 이상도 그 이하도 될 수 없기 때문이다.

• 깊은 대화를 나누라.

그녀와 웬만큼 친해지고 연락을 주고받는 사이까지 발전했다면 슬슬 깊은 대화를 시도해보는 것이 좋다. 평범한 안부 문자를 보냈을 때, 그녀에게서 평소보다 긴 답문이 온다면 깊은 대화를 시작할 시기가 무르익은 것이다. 여기서 깊은 대화란 서로의 감정에 대해 이야기하는 것을 말한다. 첫사랑이나 예전 연애 경험 등을 나누는 것도 좋고 사랑과 인연에 대한 생각을 나누는 것도 좋다. 늦은 밤에 이런 이야기를 나누다 보면 절로 마음의 거리가 가까워진다. 그녀가 먼저 주동적으로 연락을 해오기 시작하면 한밤중에도 깊은 대화를 나눌 수 있다. 물론 오밤중에 다짜고짜 문자를 보내거나 전화를 걸라는 것이 아니다. 그보다는 자신의 SNS에 글을 남기거나 메신저의 상태 메시지를 바꾸는 등 당신이 아직 깨어 있다는 사실을 그녀가 알 수 있도록 먼저 미끼를 던진다. 그리고 그녀가 연락을 해오면 자연스레 대화를 이어가는 것이다. 이 시기에는 그녀에게 문자가 오면 자다가도 일어나서 즉시 답문을 보낼 몸과 마음의 준비가 되어 있어야 한다. 여자는 희한하게도 꼭 한밤중에 깊은 속내를 이야기하고 싶은 충동이 들기 때문이다. 잠의 유혹에 빠져서 '답문은 내일 아침에 보내야지'라고 생각하는 순간, 기회는 날아간다.

• 언제 어디서나 행동거지를 조심하라.

자신을 향한 호감과 관심, 배려를 깨닫는 순간부터 그녀는 저도 모르게 당신에게 신경 쓰기 시작한다. 무의식적으로 관심이 가는 것이다. 이 부분은 자기 자신도 어쩔 수 없는, 자동적인 반응이다. 그래서 이 시기에는 평소 행동거지를 조심할 필요가 있다. 무심코 코를 파다가 그녀와 눈이 마주치기라도 하면 얼마나 당황스럽고 껄끄럽겠는가! 언제 어디서든 그녀가 보고 있을지도 모른다는 사실을 잊어서는 안 된다.

• 데이트를 신청하라.

무슨 일을 하든 명분이 있어야 매끄러운 법이다. 자신의 생일이라는 핑계로 데이트를 신청해보자. 진짜 생일이 아니어도 상관없다. 일단 만나기로 약속했다면 미리 그녀의 취향이나 흥밋거리를 알아둔다. 어떤 영화를 선호하는지, 연예인은 누구를 좋아하는지 따위를 알면 훨씬 쉽게 대화를 이어갈 수 있다. 대화를 할 때는 그녀의 관점을 부정하지 않는 선에서 자신의 견해를 선보일 수 있어야 한다. 예를 들어보자.

> 그녀 : 난 리안(李安) 감독이 좋더라. 성공하고도 원래 부인을 버리지 않은 드문 케이스잖아.

> 나 : 응, 나도 대단하다고 생각해. 사실 그가 성공할 수 있었던 건 부인의 공이 커. 그 얘기 알아? 리안 감독이 한창 어려울 때 컴퓨터를 배워서 취직해야겠다고 한 적이 있나 봐. 그랬더니 부인이 그랬대. "그럼 당신 꿈은요?" 리안이 "꿈도 포기하지 않겠다"고 하니까 부인이 단호하게 말했다는 거야. "컴퓨터를 할 줄 아는 사람은 수천 명이니까 굳이 당신까지 배울 필요는 없어요. 하지만 당신의 꿈은 오직 당신만이 이룰 수 있어요." 이야, 감동이지 않아? 그렇게 할 수 있는 여자가 과연 몇이나 되겠어?

> 그녀 : 그래, 다들 리안의 아내처럼 한다고 해보자. 그래도 조강지처를 버리지 않을 사람이 과연 몇이나 될까?

> 나 : 그래서 나도 리안 감독이 대단하다고 한 거야. 하하하!

위의 방법들을 보고 나서 결국 '좋은 사람'이 되는 것 외에는 특별한 비법이 없지 않느냐고 반문할지도 모른다. 그렇다. 사실, 핵심은 그녀에게 '좋은 사람'이 되는 것이다. 진정한 미녀는 결국 이런 '좋은 사람'을 선택한다. 왜냐하면 다른 남자들은 그녀의 아름다운 외모에 지레 위축

돼서 아예 대시할 엄두도 내지 못하는 경우가 태반이기 때문이다. 또는 거절당할 것을 미리 염두에 두고 데이트 신청을 한다. 자신조차도 기대감이 없으니, 그 데이트 신청에 진심과 간절함이 담길 리 만무하다. 그러고는 생각대로 거절당하면 그녀를 원망한다. 역시 미인은 돈 많은 남자를 좋아한다는 둥 나는 돈이 없어서 차였다는 둥 툴툴댄다. 워낙 이런 경우가 많다 보니 미인에게는 진심으로 다가오는 사람이 오히려 많지 않다. 그렇기 때문에 진심을 담아 용기를 내 다가가는 '좋은 사람'이 결국 미인을 차지할 가능성이 높은 것이다.

그렇다면 이 방법이 평범한 미인에게 적합하지 않은 까닭은 무엇일까? 일반적인 예상과 달리 가장 많은 대시를 받는 사람은 '초절정 미인'이 아니라 평범한 미인이다. '초절정 미인'에게 도전할 엄두가 나지 않은 남자들이 '하향 지원'을 하기 때문이다. 그렇다 보니 오히려 평범한 미인이 '초절정 미인'보다 인기가 많다. 이런 상황에서는 아무리 '좋은 사람'으로 접근한다 한들 당신의 가치를 인정받기 힘들다. 아예 관심조차 얻지 못할 수도 있다. 그녀 주변에는 이미 그렇게 구애하는 이들이 차고도 넘치기 때문이다. 인기 많은 평범한 미인을 공략할 때는 앞서 소개한 공략법이 더 효과적이다. 물론 누구를 목표로 어떤 전략을 펼칠지는 전적으로 개인의 선택에 달려 있으니, 심사숙고하여 결정하기 바란다.

진심을 담아 용기를 내 다가가는
'좋은 사람'이 결국 미인을 차지할 가능성이 높다.

love story

인생의 깨달음, 그리고 여성을 위한 몇 가지 조언

세상에는 돌이킬 수 없는 것들이 있다. 흘러간 세월이 그렇고, 청춘이 그러하며, 지나간 사랑이 그렇다. 서른이 훌쩍 넘은 나이가 되어 뒤를 돌아봤을 때, 여전히 그 자리에서 자신을 기다리고 있는 남자를 발견할 여성은 그리 많지 않다. 대개는 인생을 위해, 커리어를 위해 열심히 앞만 보고 달리다가 어느 날 집에 들어섰을 때 자신을 반기는 것이라고는 차갑게 식은 침대뿐임을 깨닫고 가슴 한구석이 서늘해지기 일쑤다.

누군가 내게 상처를 준다면, 그 권리를 그에게 준 사람은 다름 아닌 나 자신이다. 그래서 남을 탓하거나 원망할 이유는 없다. 스스로를 지키는 법을 배우지 못한 자신이 가장 큰 잘못을 한 것이다.

젊은 시절에는 연인이 별것 아닌 일로 화를 내고 싸움을 걸어도 다 그만큼 나를 생각하고 사랑하기 때문이라고 생각했다. 사랑하지 않는다면 화를 낼 이유도 없다고 생각했다. 그러나 이는 모두 착각에 불과하다. 남자는 정말 사랑하는 여자에게는 감히 큰소리로 상처를 주는 말을 하지 못한다. 그만큼 사랑하고 아끼기 때문이다. 결국 당신에게 화를 내는 남자는 모두 자신의 이기심에서 비롯된 어떤 욕망을 채우지 못했기 때문이지, 결코 당신을 사랑해서 그러는 것이 아니다.

성공한 남자는 대개 행복한 가정을 가지고 있지만 성공한 여자는 대부분 독신이거나 '돌싱'이다. 그러니 여성들이여, '자신이 원하는 남자에게 어울리는 여성이 되도록 노력하라'는 말에 속지 마라. 이 말 하나 믿고 노력해서 그와 동등한 능력을 가진 여성이 되면 그의 동료는 될 수 있을지 몰라도 인생의 동반자는 될 수 없다.

사랑에도 때가 있다. 언젠가는 내게 맞는 사람이 운명처럼 나타날 것이라고 생각하며 수수방관하다가는 그나마 가능했던 인연의 끈마저 놓치게 된다. 자신에 대해 오만할 정도로 자신감을 가져도 안 되지만, 필요 이상으로 스스로를 낮게 생각해도 안 된다. 가장 중요한 것은 나 자신을 바르게 파악하는 일이다. 그리고 기회가 있을 때 최대한 많은 사람과 만나보고 내가 진정으로 바라는 남자는 어떤 사람인지 기준을 세워야 한다. 먼저 나를 알고, 또 내가 원하는 것을 확실히 알아야 진정으로 나와 맞는 사람을 만날 수 있다.

이 세상에서 가장 어려운 일을 한 가지 꼽는다면 이미 떠난 남자의 마음을 돌이키는 것이다. 이별의 아픔을 겪어본 여자라면 누구나 이 사실을 잘 알고 있다. 한 번 돌아선 남자는 무슨 짓을 해도 돌아오지 않는다. 가서 무릎을 꿇든, 눈물로 애원하든, 아무 소용없다. 그를 잡으려고 매달리고 발악할수록 그의 안에 희미하게 남아 있던 정과 미안한 마음마저 남김없이 사라지게 할 뿐이다.

여자가 헤어지자고 했을 때는 만회할 가능성이 어느 정도 있지만 남자가 헤어지기로 결심했다면 그것으로 끝이다. 여자는 자신이 원하는 무언가를 얻어내기 위해 이별을 협상 카드로 쓰기도 하지만, 남자에게 이별은 그저 헤어짐일 뿐이기 때문이다. 그러니 여자들이여, 그를 정말로 사랑한다면 함부로 헤어지자는 말을 남발하지 마라. 참다 지친 그가 어느 날 진심으로 이별을 결심하면 무슨 짓을 해도 그의 마음을 돌이킬 수 없다.

자신과 잘 맞는 남자를 만났다면 망설이지 말고 그의 손을 잡아야 한다. 그러려면 평소에 자신이 어떤 인생을 보내고 싶은지, 그 인생에 어떤 남자가 함께했으면 좋을지를 명확히 해둘 필요가 있다. 그래야 그런 남자가 나타났을 때 바로 알아볼 수 있기 때문이다. 자신이 언제까지고 젊고 아름다울 것이라고 착각하지는 마라. 세월을 거스를 수 있는 사람은 아무도 없다. 나는 점점 나이 먹고 초췌해져가고, 꽃봉오리 같은 청춘들이 나타나 내 자리를 메운다. 이는 어쩔 수 없는 인생의 흐름이다. 그러니 아직 빛이 남아 있을 때, 나를 사랑해주는 남자의 손을 잡아야 한다. 무소의 뿔처럼 혼자 가는 여성은 결국 혼자 남게 된다.

한 남자를 선택한다는 것은 곧 인생의 방식을 선택하는 것이다. 일단 선택했다면, 그 결과 역시 온전히 받아들여야 한다. 그러지 않고 계속 허황된 꿈을 꾸면 남은 인생은 온통 다툼과 눈물과 원망으로 채워질 수밖에 없다. 그러니 처음부터 상대에게 무엇을 원하는지, 상대가 내게 무엇을 줄 수 있는지 명확히 알아야 한다. 그리고 선택을 했다면 그것에 만족할 줄 알아야 한다. 당신에게 안개꽃밖에 줄 수 없는 그에게 장미꽃을 요구할 수는 없기 때문이다.

최근 내게 상담을 요청하는 여성들이 공통적으로 지닌 문제점이 바로 자신이 어떤 남자와 평생을 함께하고 싶은지 모른다는 점이다. 그렇게 명확한 기준도 없이 헤매다가 결국 좋은 남자들을 다 놓치고 마는 경우가 부지기수다. 그러고는 거울 속 자신을 보며 위로한다.

"괜찮아, 언젠간 내 짝이 나타날 거야."

나는 단호하게 말한다. 제발 꿈 깨라고!

요즘처럼 여자가 강했던 시대도 없건만 아직도 많은 여성이 사랑 앞에만 서면 소극적으로 변한다. 그래서 좋아하는 남자가 생겨도 그가 먼저 호감을 보일 때까지 미련하게 기다린다. 그가 텔레파시라도 받은 양 다가와준다면 다행이지만, 안타깝게도 이런 경우는 많지 않다. 요새는 남자들도 약아져서 어느 정도 가능성이 보여야 행동에 나서기 때문이다. 즉, 서로 어느 정도 호감이 있다고 판단될 때 비로소 적극적으로 나선다. 사랑은 상호작용이다. 아무런 신호도 보내지 않고 상대가 나의 마음을 알아주기를 바랄 수는 없다. 사랑 앞에서 여자도 용기 있고 당당하게 나서야 하는 시대가 된 것이다.

여자들의 또 다른 문제는 '느낌'에 지나치게 의존한다는 점이다. 구체적으로 어떤 남성을 만나고 싶으냐고 물어봤을 때 제대로 대답하는 여성은 손에 꼽는다. 대개 "느낌이 오겠죠"라고 대답한다. 그때마다 나는 속이 답답해 죽을 지경이다. 아무 기준 없이 느낌만 기다리다가, 또는 느낌만 따라가다가 신세 망친 여자가 한둘이 아니다. 무턱대고 느낌만 부르짖는 것은 현명하지 못하다.

먼저 어떤 삶을 살고 싶은지, 그러한 삶을 위해 어떤 남자를 만나고 싶은지 생각하고 정리해서 남자에게 원하는 특징과 원하지 않는 특징을 구체화해야 한다. 그래야 남자를 만났을 때도 계속 만날지 어쩔지를 결정할 수 있는 명확한 기준이 생긴다. 또한 '느낌' 같은 모호한 기준으로는 보이지 않는 면도 볼 수 있다. 이 점은 상당히 중요하다. 첫눈에 반해야 진짜 사랑인 것은 아니기 때문이다. 실제로 남편을 처음 만났을 때, 그는 내 마음에 완전히 꼭 드는 사람이 아니었다. 적어도 느낌은 그랬다. 하지만 여타 조건들이 내 기준에 상당히 부합했기 때문에 시험 삼아 만나보자는 결정을 내릴 수 있었다. 그렇게 한 달쯤 만난 후, 나는 그와 사귀기로 결심했다. 만나면서 사랑이 싹튼 것이다. 만약 내가 명확한 기준을 가지고 있지 않았다면 나는 아마도 남편을 영영 놓치고 말았을 것이다.

사랑한다면 한발 물러설 줄도 알아야 한다

두 사람이 순조롭게 연애를 하려면 생활 습관 등을 서로 맞춰가고 또 양보할 줄 알아야 한다. 만약 자기 것만 고집하면서 사사건건 부딪치고 대립한다면 더 이상 함께할 도리가 없다. 물론 서로 맞춰가는 일이 말처럼 쉽지는 않다. 속으로는 양보해야겠다고 생각하면서도 실제로는 싸울 때마다 서로의 말꼬리를 붙잡고 상처를 주는 말을 쏟아붙이는 것이 현실이다. 그 결과, 마땅히 우리를 기쁘게 해야 할 사랑이 오히려 크나큰 고통이 되어 우리의 가슴을 아프게 찌른다. 처음 사랑을 시작할 때는 생각지도 못한 끝이 눈앞에 닥쳐오는 것이다.

여자 친구를 화나게 할 짓을 저질렀다면, 혹은 별로 중요하지 않은 일로 다툼이 생겼다면 마땅히 해야 할 일은 하나다. 바로 그녀를 어르고 달래는 것이다. 실질적으로 해결해야 할 어떤 문제가 있지 않는 이상, 여자는 남자가 자신의 상한 감정을 잘 어루만져주기만 바란다. 반대로 가장 싫어하는 행동은 일일이 옳고 그름을 따지며 잘잘못을 가리려는 일이다. 두 사람이 법정에 선 것도 아닌데 왜 시시비비를 가리려 하는가?

연애할 때 중요한 것은 감정이지, 이성이 아니다. 때로는 온갖 이유를 들이대며 자신의 결백을 주장하기보다는 진심을 담아 "미안하다"라고 하는 편이 훨씬 간단하고 효과적이라는 점을 기억하자.

이해를 돕기 위해 실제 나의 경험을 공유하고자 한다. 남편과 연애할 때의 얘기다. 결혼 준비에 한창이었던 어느 날, 우리는 함께 웨딩 촬영을 할 스튜디오를 선택하기로 했다. 6시 30분에 예약을 해뒀는데, 원래 나를 데리러 오기로 했던 남자 친구가 6시 15분에야 출발한다고 연락을 해왔다. 좀 늦었다는 생각이 들었지만 그의 회사에서 우리 회사까지는 차로 불과 8분 정도 거리였기에 알겠다고 하고는 밖으로 나가 그를 기다렸다.

하지만 추위에 떨며 20분 넘게 기다려도 그는 나타나지 않았다. 기다리다 못해서 전화를 했더니, 차가 너무 막힌다며 다짜고짜 불평을 쏟아놓는 게 아닌가? 사실, 이런 상황에서 여자 친구에게 불평해서는 안 된다. 그녀 탓에 차가 막히는 것도 아니지 않은가. 굳이 따지자면 오히려 늦게 출발한 당신 탓이다. 이럴 때는 그저 "미안하다. 차가 막혀서 그러니 조금만 더 기다려달라. 대신 오늘 맛있는 것을 사주겠다"라고 하면 그만이다. 여자는 귀로 연애를 한다고 해도 과언이 아니다. 듣기 좋은 몇 마디이면 금방 풀어질 일을 왜 원망을 늘어놓아서 사태를 악화시킨단 말인가?

나는 전화를 끊어버렸다. 교통이 어쩌네 하는 볼멘소리를 계속 듣고 싶지는 않았기 때문이다. 게다가 차가 막힐 것을 예상해서 좀 더 일찍 출발하지 못한 그에게 화가 나기 시작했다. 어차피 예약 시간도 늦어서 못 가게 된 상황인지라 나는 추위라도 피하자는 생각으로 근처 가게에 들어갔다. 7시쯤 그에게서 어디냐고 전화가 왔지만 나는 냉담히 말했다.

"집으로 돌아가."

"왜 나한테 화를 내고 그래? 차가 막혔다니까. 앞에서 사고가 두 건이나 터졌어. 도로가 완전히 주차장이었다고. 내가 얼마나……."

다행인지 불행인지, 하필이면 바로 그때 스마트폰 배터리가 나가고 말았다. 더 이상 그와 오해를 만들고 싶지도, 실랑이를 하고 싶지도 않았던 나는 회사 앞으로 가서 그를 찾았다. 그는 나를 보자마자 또다시 교통체증이 어떻고 하는 말을 하기 시작했다. 나는 고개를 저으며 그에게 말했다.

"난 그 얘기는 하고 싶지 않아. 지금 기분이 너무 안 좋으니까, 일단 나를 좀 달래줘."

싸우고 싶은 사람은 아무도 없다. 성숙한 성인이라면 되도록 싸움을 피할 줄 알아야 한다. 다툼은 서로에게 상처만을 줄 뿐 아무런 이득도 없기 때문이다. 이럴 때는 차라리 어떻게 해줬으면 좋겠다고 솔직히 말하는 것이 좋다. 먼저 나쁜 감정을 푸는 일이 우선이다.

다행히 그는 나의 뜻을 금방 알아차리고 무조건 자신이 나빴으니 화내지 말라며 나를 달래기 시작했다. 나는 어느 정도 기분이 풀렸지만 여전히 토라진 척하며 말했다.

"흥, 그 정도로는 부족해. 다시 해봐."

자칫 잘못했으면 크게 싸울 수도 있었지만 이 일은 그 정도로 마무리됐다. 물론 그에게 '벌'을 주기는 했다. 일주일 동안 그가 좋아하는 게임을 금지하고, 혼자 고양이 목욕을 시키도록 했으며, 아침 6시에 강제 기상을 하게 한 것이다. 하지만 이 정도야 연애를 하다 보면 귀여운 애교 정도 아니겠는가.

중요한 것은 싸우지 않고 서로의 안 좋은 감정을 털어버렸다는 점이다. 연애할 때는 이처럼 감정을 다스리는 지혜가 필요하다.

하지만 그보다 더 중요한 성과는 그의 변화다. 그다음부터 그는 비슷한 잘못을 할 때마다 자기를 변명하거나 화를 내는 대신 먼저 나를 달래기 시작했다. 그 덕분에 우리 사이에는 사소한 이유로 서로 감정 다툼을 하는 일이 없어졌다. 이것이 얼마나 긍정적인 변화인지는 연애를 해본 사람이라면 누구나 알 것이다.

연인 사이에서는 이성보다 감정이 중요하다. 그녀와 마찰이 생겼다면 잘잘못을 따지기 전에 먼저 상처받은 그녀의 마음부터 어루만지자. 어쩌면 그것이 그녀가 바라는 전부일지도 모른다.

여자 심리

남자 생각

오래가는 연애의

비결

연애에서 '꿩 대신 닭'은 어불성설이다

얼마 전, 이런 상담 메일을 받았다.

안녕하세요. 저는 대학교 2학년에 재학 중인 여성입니다. 문과 전공에 아직 진로는 확실하게 정하지 못했지만 유학을 생각하고 있어요. 가정 형편이 나쁘지 않고 또 외동딸이라서 부모님이 지원을 많이 해주시거든요. 성격은 활발하고 솔직한 편이고 키는 162센티미터 정도 됩니다. 남자 친구는 같은 대학 4학년으로 이과생이고, 대학원에 진학하기로 결정한 상태예요. 키는 174센티미터고 시골 출신이며 결혼한 누나가 한 명 있어요. 성실하고 내성적이며 좀 고지식한 편이고요. 남자 친구라고 쓰긴 했지만 사실 이제 겨우 손잡는 정도예요. 그래도 객지생활을 하면서 여러모로 의지가 되고 학업에서도 많은 도움을 주고받고 있습니다.

남자 친구와는 6개월 전 어느 기업의 대학생 서포터즈 활동단에서 알게 됐어요. 같은 학교인 데다 같은 조이기도 해서 만날 기회가 많았지요. 그가 제게 정신적으로 많은 도움을 주고 공부도 도와주면서 자연스레 가까워졌어요. 솔직히 말하면 그는 제가 원하는 이상형과는 거리가 좀 있어요. 부모님도 제가 그를 만나는 걸 아시면 헤어지고 다른 사람을 만나라고 하실 거예요. 그만큼 자라온 환경이나 배경이 많이 달라요.

어쨌든 한동안 '썸'을 타다가 좋아한다는 고백을 받고 사귀는 것 비슷한 사이가 됐는데, 며칠 전에 그가 그러더군요. 이제 사람들도 다 알 수 있도록 우리 사이를 확실히 하고 싶다고요. 친한 친구에게는 이미 저와 사귄다고 말했대요. 사실, 전 친구들한테 아직 얘기 안 했거든요. 둘이 사귀는 거냐고 물어도 아니라고, 그냥 친한 오빠 동생 사이라고만 했어요. 선뜻 남자 친구라고 인정하기에는 마음에 걸리는 부분이 너무 많았거든요. 제가 원하던 모습의 남자 친구가 아니라는 점이 제일 큰 이유 같아요. 이런 생각을 가지고 있는데 그와 사귀어도 될까요? 그와 어떤 식의 관계를 유지하는 게 좋을까요?

나는 이렇게 답했다.

솔직하게 고백해줬으니까 솔직히 답해드릴게요. 지금 그 남자와는 정리하는 편이 좋아요. 사귄다고 해도 어차피 오래가지 못할 거예요. 이유는 본인이 이미 말했어요. 원하는 이상형에 부합하지 않기 때문이죠. 이런 생각을 품고 있는 한 그와 함께한다 해도 결코 행복할 수가 없어요.

그렇다면 본인의 기준에 맞지도 않은 남자와 왜 이런 애매한 관계가 된 걸까요? 그 이유 역시 본인이 말했네요. 정신적으로 의지가 되고 학업에 도움이 된다고요. 어쩌면 그동안 당신은 비교적 단조로운 생활을 해왔는지 몰라요. 혹은 적은 수의 사람과 안정적인 교류를 하는 데 익숙할 수도 있고요. 그래서 그가 제공하는 여러 혜택과 관심에 끌렸던 거예요. 게다가 아직 당신만의 '백마 탄 왕자님'도 나타나지 않은 상황이니 마음에 차지 않지만 궁여지책으로 혹은 차선책으로 그를 선택한 것이지요.

여자들이 흔히 하는 착각 중에 '꿩 대신 닭'이 있어요. '지금 당장 외로우니까, 잠깐만 이 남자에게 기대자. 그리고 정말 내 짝이 나타나면 그때 헤어지자'라는 거죠. 하지만 그게 그리 쉬운 일은 아니에요. 일단 정말 좋아하는 게 아니라 필요해서 만나다 보니 그와 함께하는 시간이 즐겁지 않아요. 그야말로 억지로 만나고 있는 거죠. 게다가 당신은 이 관계를 소꿉놀이처럼 생각하는 데 비해 상대는 너무 진지하다는 점도 양심에 걸릴 테고요.

하지만 그보다 더 큰 문제가 있어요. 그건 바로 '닭'을 곁에 두고 있는 한 '꿩'이 나타날 여지가 없다는 점이에요. 생각해봐요. 그와 사귄다면 아무래도 많은 시간을 함께 보내겠죠? 같은 학교라고 했으니 함께 캠퍼스를 걷는 모습, 같이 밥을 먹는 모습 등도 다른 사람의 눈에 자주 보일 거예요. 그러다 보면 당신이 원하든 원치 않든, 주변 사람들은 당신에게 남자 친구가 있다고 생각하게 돼요. 이런 상황에서 설혹 호감이 있더라도 누가 감히 당신에게 접근할까요? 대부분은 당신이 마음에 들어 다가

서려 하다가도 "걔 남자 친구 있어"라는 말을 들으면 포기할 거예요. 그럼에도 들이댄다면 정말 당신을 좋아하거나 아니면 못된 꿍꿍이가 있거나 둘 중 하나인데, 경험상 두 번째일 확률이 높아요. 잘못하다간 이리 피하려다 호랑이 굴에 들어가는 격이 될 수도 있는 거죠. 무엇 때문에 그런 위험을 감수해야 하나요? 정말 당신에게 맞는 인연을 만나고 싶다면 잠시 외롭더라도 옆자리를 비워둬야 해요. 그래야 새로운 사람을 만날 기회가 생길 테니까요.

자, 정리할게요. 당신에게는 두 가지 선택지가 있어요.

첫 번째, 그에게 친구 이상의 관계는 될 수 없다고 명확하게 선을 긋고 당신에게 도움을 주고 신경을 써줄 새로운 사람을 만나는 거예요. 여기서 한 가지 충고할 것이 있어요. 이 세상에 공짜 점심은 없어요. 남자가 당신에게 베푼 호의와 관심을 누렸다면 당신도 그에 상응하는 무언가를 내놓아야 해요. 아무것도 내놓지 않고 남자가 주는 혜택만 즐기길 원한다면 그만큼 대단한 유혹의 기술과 노하우가 있어야 하는데, 불행히도 그런 재주를 가진 여자는 많지 않답니다.

두 번째, 그럼에도 그와 사귄다면 여태껏 느꼈던 불만은 모두 속으로 삼키고 그의 부족함도 못 본 척 넘기도록 하세요. 새로운 사람을 만날 자신이 없다면 이런 선택을 할 수도 있겠죠. 하지만 그전에 한번 잘 생각해 보세요. 당신이 진짜 원하는 것은 무엇인가요? 어떤 인생을 살고 싶은가요? 정말 그를 좋아해요? 그와 함께 있으면 행복한가요, 아니면 어딘가 텅 빈 느낌이 드는가요? 이렇게 질문을 던지다 보면 어떻게 해야 할지, 어디로 가야 할지 스스로 길을 찾게 될 거예요. 행운을 빌어요.

결혼하고 싶은 여자가 되는 법

일반적으로 남자는 여자를 두 종류로 구분한다. 바로 결혼하고 싶은 여자와 연애만 하고 싶은 여자! 여기서 '남자'란 안정된 직업과 수입을 갖고 있으며 결혼 적령기를 맞은 30~40대의 비교적 성숙한 남성을 가리킨다. 이런 남자들은 스스로 노력해서 자신의 인생을 일구어왔기 때문에 배우자를 선택하는 데에서도 상당히 자주적이고, 뚜렷한 주관을 잣대로 삼는다. 나이도 나이인지라 집에서도 빨리 결혼하기를 바란다. 하지만 대개는 여태껏 기다린 만큼 아무 여자나 만나 결혼할 수 없다는 생각이 강하기 때문에 여자 친구를 만날 때도 상당히 까다롭게 군다.

이번에 다룰 내용은 바로 이런 남자들이 '결혼하고 싶은 여자'가 되는 법이다. 단순히 연애하기 좋은 여자로 소모되기엔 청춘이 너무 짧다. 더 늦기 전에 결혼하고 싶은 여자가 되어야 한다. 너무 이르면 충분히 놀아보지를 못하고, 너무 늦으면 결혼할 남자를 고를 선택의 폭이 좁아진다. 그래서 개인적으로는 20대 후반을 넘기기 전에 결혼을 위한 포석을 까는 것이 좋다고 생각한다.

· 외모를 가꾸는 여자가 되어라.

일단 충분히 예뻐야 한다. 너무 예쁜 여자는 오히려 결혼 고려 대상에서 제외된다는 말은 믿지 마라. 물론 지나치게 아름다울 경우, 남자에게 '언제든 다른 남자를 만나서 떠날지도 모른다'는 불안감을 줄 수도 있다. 하지만 그런 불안감을 줄 정도만 아니라면, 혹은 불안감을 충분히 해소시켜주기만 한다면 남자는 당연히 예쁜 여자에게 끌릴 수밖에 없다.

어떤 여자들은 외모보다는 내실에 충실해야 하지 않느냐고 반박한다. 예쁜 것도 좋지만 대화가 잘 통하는 여자가 더 매력적이지 않느냐는 것이다. 그러면서 남자가 좋아할 만한 화두를 생각하는 데 몰두한다. 물론 아주 틀린 말은 아니다. 남자는 여자가 일단 예뻐야 대화를 나눌 마음이 든다는 점만 빼면 말이다. 좀 더 냉정하게 말하자면 여자에게 아름다움은 선택이 아닌 필수다.

그렇다고 성형수술을 받으라는 말은 아니다. 자신을 꾸미는 데 좀 더 투자하고 노력하라는 뜻이다. 나는 지금도 하루에 꼬박 한두 시간은 외모를 가꾸는 데 투자한다. 마사지, 팩, 화장 등에 들이는 시간만 그 정도다. 주말에 미용실을 가거나 옷을 고르는 데 쓰는 시간까지 합치면 아마 더 많을 것이다. 나는 아름다워지려면 그 정도 투자는 해야 한다고 생각한다. 로션 하나 바르지 않은 푸석한 맨 얼굴, 대충 동여맨 머리카락, 무릎 튀어나온 운동복을 입고도 아름답다는 말을 듣길 원한다면 너무 양심 없지 않을까.

소위 성공한 남자들은 분위기 있는 여자를 훨씬 선호한다. 고급스럽고 우아한 이미지를 좋아하는 것이다. 이미지를 만드는 것은 결국 외모와 말투다. 그리고 다행스럽게도 외모와 말투는 모두 노력과 투자로 바꾸고 발전시킬 수 있다. 그러니 여자라면 자신을 가꾸는 데 좀 더 많이 투자하자.

• 남자를 백화점에 데려가는 여자 vs. 남자를 시장에 데려가는 여자

사소한 욕심에 눈이 멀어 대업을 그르치지 말자. 몇 십만 원짜리 가방 정도는 혼자서도 충분히 살 수 있으면서 왜 남자에게 애교를 부리며 사달라고 하는가? 그렇게 얻어낸 가방으로 다른 여자들의 질투와 부러움을 살 수 있을지는 몰라도 '결혼할 여자' 리스트에서는 오히려 제외될 수도 있다.

남자들은 바보가 아니다. 돈을 쓸 때도 허투루 쓰지 않는다. 속으로는 다 계산기를 두드리고 있다. 자꾸 이것저것 사달라고 요구하며 남자를 백화점에 끌고 다닐 경우, '잠깐 연애하다 말 여자' 도장이 찍히는 것은 시간문제다. 정말 이 남자와 결혼하고 싶다면 설사 백화점에 가더라도 뭔가를 사달라고 요구하지 말아야 한다. 또 만약 남자가 무언가를 사주었다면 똑같이 무언가를 사주어야 한다. 등가교환을 하라는 것이다.

모델 출신의 친구가 있다. 얼마 전, 그녀는 남자 친구와 약혼하기로 하고 반지를 맞추러 갔다. 사실, 그때까지만 해도 남자 친구가 얼마나 재력이 있는지 그녀는 알지 못했다. 그래서 그가 2캐럿짜리 다이아반지를 해주겠다고 했을 때, 그런 반지는 평소 끼고 다닐 수도 없으니 작은 알이 박힌 것이면 충분하다고 대답했다. 평소에도 그녀는 그가 뭔가를 사주려고 할 때마다 손사래를 쳤다. 그리고 남자 친구를 백화점에 데려가는 대신 시장에 데려가서 장을 봤다. 나중에 남자 친구의 말에 따르면 그녀의 그런 모습을 보면서 결혼할 결심을 굳혔다고 한다. 마치 집에 온 듯한 편안한 느낌이 들었다는 것이다. 게다가 그녀가 돈을 쓰지 말라고 할수록 더욱 그녀에게 돈을 쓰고 싶어졌다고 했다.

나는 이 커플의 이야기를 들으며 답을 찾은 기분이었다. 결혼은 연애와 다르다. 순간이 아니라 일상을 공유해야 한다. 성숙한 남자는 이 점을 잘 알고 있다. 그렇기에 여자에게서 가정적이고 편안한 느낌을 받을 때 비로소 결혼을 생각하는 것이다.

결혼하고 싶은 여자가 되고 싶은가? 그렇다면 그를 백화점이 아닌, 시장으로 데려가라.

• 소소한 몇 가지 팁

첫째, 언제 어디서든 남자의 체면을 세워줘야 한다. 그의 친구들과 만난 자리라면 더더욱 그렇다. 남자 친구의 친구들을 만났을 때 무슨 얘기를 하면 좋을지 묻는 경우가 있는데, 그럴 때 내가 하는 조언은 단 하나다. 바로 말을 아끼고 시종일관 미소를 지으라는 것! 그것만큼 확실하게 남자의 체면을 지켜주는 방법도 없다.

둘째, 성숙한 남자는 귀로 들은 것보다는 눈으로 본 것을 믿는다. 그것도 두 번, 세 번 확인하고서야 비로소 진실이라고 믿는다.

셋째, 남자가 당신과 결혼하고 싶을 때는 어떤 것도 문제가 되지 않지만, 결혼하고 싶지 않을 때는 당신의 사소한 습관까지도 죄다 마음에 걸리게 된다. 그가 당신과 결혼하고 싶지 않은 이유는 단 하나, 당신보다 더 나은 여자를 만날 수 있다고 생각하기 때문이다.

남자가 두 사람의 더 나은 삶을 위해 노력하는 동안,
여자는 그의 관심이 자신에게서 멀어진다는 생각에 힘들어한다.

오랜 연애의 끝, 여자가 먼저 헤어지자고 하는 이유

오랫동안 함께한 연인의 끝을 살펴보면 여자가 먼저 헤어지자고 하는 경우가 더 많다. 왜 그럴까? 흔히 여자가 남자보다 훨씬 쉽게 독한 마음을 먹고 옛정에 매이지 않기 때문이라고 하지만 사실은 그렇지 않다.

남자를 말하다

사람은 누구나 정신력과 체력에 한계가 있다. 그래서 상대와의 관계가 어느 정도 안정되면 남자들은 대부분의 에너지를 업무나 고객 접대, 여타 인간관계로 돌리기 시작한다. 게다가 슬슬 한눈을 파는 여유도 생긴다.

남자의 '일편단심'은 상대적이다. 그래서 진짜 '배신'이라고 할 만한 짓을 하지 않는 이상, 잠시 한눈파는 것 정도는 못 본 척 넘어갈 필요가 있다. 게다가 잘못된 길로 갔다가 어떤 대가를 치르게 될지는 남자 역시 잘 알고 있으니 일일이 따질 것도 없다. 그러나 두 사람 앞에 놓인 것이 잠시 잘못된 길로 갈 수 있는 모퉁이가 아니라 아예 길이 갈라지는 분기점일 경우에는 그 길로 갔을 때 얼마나 큰 대가를 치르게 될지를 이성적으로 조목조목 진지하게 짚어주어야 한다. 두 사람의 관계를 유지하고 서로의 믿음을 손상시키지 않는 선에서만 자유를 누릴 수 있다는 점을 명확히 인지시키는 것이다.

이런저런 면에서 최소한의 마지노선이 정해지고 암묵적인 합의가 도출되면 두 사람의 관계는 안정기에 접어든다. 일단 안정기에 접어든 연인관계에서는 특수한 상황이 벌어지지 않는 이상, 남자가 먼저 헤어지자고 하는 일이 드물다. 여기에는 몇 가지 요소가 원인으로 작용하는데 대표적으로 책임감, 이성, 에너지를 꼽을 수 있다.

책임감

정상직인 남사라면 누구나 '내 여자'를 책임져야 한다고 생각한다. 그래서 처음 연애를 시작할 때 느꼈던 열정이 사라져도 여전히 관계를 유지하려고 한다. 사랑이 떠나면 정이 그 자리를 채우는 법. 책임감도 비슷한 맥락으로 이해할 수 있다.

이성

연인관계를 오랫동안 안정적으로 유지하려면 엄청난 시간과 에너지가 들어간다. 이성적으로 생각했을 때, 이렇게 많은 자본을 들여 공고히 다진 관계를 깨고 또다시 새로운 관계를 만든다는 것은 결코 쉬운 일이 아니다. 게다가 남자의 세계에서는 힘들여 싸우고 쟁취해야 할 것이 여자 말고도 많다. 그래서 남자는 헤어지기 전, 반드시 손익을 꼼꼼하게 따진다. 이 관계를 끝내고 새로운 인연을 만들어서 또다시 안정화시키기까지 얼마나 많은 비용을 치러야 하는지 이성적으로 계산하는 것이다. 그런데 대개는 기존의 관계를 유지하는 편이 '가성비'가 좋다는 결론이

나온다. 남자들이 바람을 피우다가도 결국 원래 여자에게 돌아가는 이유가 여기에 있다. 새로 나타난 매력적인 여성과 잠시 잠깐 즐기는 것은 좋지만 기존의 여자 친구와 여태껏 쌓아올린 안정된 관계를 깨기에는 대가가 너무 크기 때문이다.

에너지

한 여자와 연인이 되기까지 남자는 엄청난 에너지를 소비한다. 평소에 데이트를 하거나 시시때때로 연락하는 일에도 적지 않은 에너지가 요구된다. 또 특별한 날이 되기라도 하면 선물이며 이벤트를 준비하느라 더욱 진이 빠진다. 물론 그녀를 좋아하고 사랑하는 만큼 기쁜 마음으로 할 수 있지만, 그래도 꽤 많은 품이 드는 게 사실이다. 이렇게 전심전력으로 에너지를 쏟아서 겨우 연인이 되었는데, 그 관계를 어떻게 쉽사리 포기할 수 있겠는가!

그뿐만이 아니다. 어느 정도 여자를 만나보면 결국 여자는 다 비슷하다는 결론이 난다. 특별히 가슴을 뛰게 만드는 인연은 없다는 사실을 깨닫는 것이다. 일단 이 사실을 깨닫고 나면 온갖 풍파를 이기고 마침내 안정기에 접어든 오랜 연인과의 관계가 더욱 소중히 느껴진다. 게다가 더 이상 피 끓는 청춘도 아닌데 또다시 힘들여 새로운 인연을 시작하고 싶은 마음도, 엄두도 나지 않는다. 그래서 장기의 연인관계에서는 남자가 먼저 헤어지자고 하는 경우가 많지 않다.

여자를 말하다

여자가 오랜 연인관계를 끝내겠다고 마음먹는 가장 큰 이유는 남자가 예전만큼 자신을 사랑하지 않는다고 느끼기 때문이다. 슬프지만 실제로도 그렇다. 남자는 일단 이 여자가 내 것이 되었다고 느끼면 그때부터 여자에게 쏟던 관심과 에너지를 다른 곳으로 돌리기 시작한다. 앞서 언급했듯이 남자의 세계에는 여자 말고도 쟁취해야 할 것들이 많다. 게다가 남자는 자신이 좀 더 나은 삶을 위해 노력하는 편이 여자에게도 더 좋다고 생각한다. 그래야 경제적으로든 사회적으로든 그녀에게 더 많은 것을 줄 수 있기 때문이다.

문제는 남자가 두 사람의 더 나은 삶을 위해 노력하는 동안, 여자는 그의 관심이 자신에게서 멀어진다는 생각에 점점 더 힘들어한다는 데 있다. 여자는 디테일을 중시한다. 연애를 아무리 오래 해도 여자는 여전히 그가 그녀 자신의 생일을 기억하는지, 출장을 다녀오는 길에 선물을 사 오는지에 신경 쓴다. 무언가를 받고 싶어서가 아니다. 이런 사소한 디테일을 통해 그가 여전히 그녀 자신을 생각하고 사랑하는지 알 수 있다고 믿기 때문이다. 하지만 그 마음을 알 리 없는 남자는 이미 내 월급의 반은 네게 들어가고 있지 않느냐고, 원하는 게 있으면 직접 가서 사라는 식으로 퉁명스레 쏘아붙인다.

그녀가 원하는 것은 그의 따뜻한 눈빛과 다정한 손길이다. 오랫동안 만났지만 여전히 처음처럼 사랑받고 있다는 확신이다. 그 확신을 얻지 못할 때, 여자는 이제 관계를 끝내야 할지도 모르겠다고 생각한다.

만일 이처럼 흔들리고 있을 그녀를 따스하게 보듬어주는 사람이 나타나면 여자는 앞뒤 생각하지 않고 그에게 달려간다. 그녀가 그토록 간절히 바라던 '사랑'이 거기 있기 때문이다. 게다가 남자와 달리 여자의 마음에는 방이 하나뿐이기에 한 사람밖에 들이질 못한다. 그래서 새로운 사랑이 나타나면 아무리 오래된 연인일지라도 이별을 고해버린다. 매정한 것 같아도 어쩔 수 없다. 그것이 바로 여자다.

연인에게 감사한 마음을 가져라

사랑에 빠진 남녀는 그야말로 장님이다. 심할 때는 뭐가 옳고 뭐가 그른지조차 판단하지 못할 정도로 서로에게 눈이 먼다. 특히 여자는 한 번 사랑에 사로잡히면 거의 바보가 된다. 다른 사람들은 불 보듯 빤히 아는 사실을 정작 본인만 알아차리지 못한다. 그래서 사랑하는 남자를 위해서라면 자기 인생까지도 바친다. 하지만 남자는 그렇지 않다. 남자가 자신의 인생을 바칠 정도로 헌신하는 대상은 오직 '일'뿐이다.

문제는 이처럼 뜨겁고 열렬한 사랑이 언제까지고 지속되지는 않는다는 데 있다. 빠르든 늦든 열정이 사라지는 순간은 온다. 그럼에도 수많은 연인이 관계를 유지하는 이유는 열정적 사랑이 사라진 자리를 '정'이 채우기 때문이다. 그런데 정이라는 것은 열정적 사랑과 달리 서로 노력하고 배려하며 맞춰갈 때 비로소 두 사람을 온전하게 묶는 안정장치가 된다.

연애를 하면 상대가 자신에게 잘해주는 것이 당연하다고 생각하는 사람이 많다. 남자 친구 혹은 여자 친구니까 마땅히 그래야 한다는 것이다. 하지만 이렇게 상대의 배려나 호의를 당연시하는 순간, 두 사람 사이에는 문제가 생기기 시작한다.

내가 열심히 공부를 해서 시험에 100점을 받았는데 부모님이 "그 정도야 당연한 것 아니니?" 하며 칭찬 한마디 꺼내지 않는다고 해보자. 기분이 어떻겠는가? 그래놓고 점수가 조금이라도 떨어졌을 때는 노발대발 화를 낸다면? 아마 억울하고 분해서 다시는 노력하고 싶은 마음이 들지 않을 것이다.

연인관계에서도 마찬가지다. 연인이 나에게 잘해주는 것은 정에서 비롯된 자발적인 행동이다. 마치 그의 의무인 양 당연하게 요구할 수 없다는 말이다. 백번 양보해서 서로 사랑하는 사이니까 잘해주는 것까지는 의무라고 하더라도 '어떻게' 잘해줄지는 전적으로 상대의 판단과 재량에 달려 있다. 연인이 나의 부모도 아닌데, 내 요구를 모두 들어주고 맞춰주기를 바라서야 되겠는가(심지어 부모에게도 그러기를 바라서는 안 된다)?

그래서 연인이 당신을 위해 어떤 일을 하면 반드시 감사해야 하고 진심을 담아 그 마음을 표현해야 한다. 나를 위해 이렇게 해줘서 얼마나 고마운지, 내가 얼마나 기쁜지를 전하고 실질적으로 고마움의 표시도 하라는 것이다.

예를 들어 당신이 아플 때, 연인이 만사 제쳐놓고 달려와서 성심성의

껏 자신을 간병하고 돌봐야 한다고 생각한다면 이는 큰 잘못이다. 연인 뿐만 아니라 세상 그 누구라도 그렇게 해야 할 의무는 없다. 이런 경우, 당신이 연인으로서 갖는 최대한의 권리는 자신이 아프다는 것을 알리고 "네가 필요해"라고 말하는 것뿐이다. 올지 안 올지는 온전히 연인에게 달려 있다. 물론 사랑하는 사람이 아파 누워 있다는데 모른 척할 이는 없다. 그러나 여러 사정 때문에 오지 못할 수도 있다. 하지만 연인의 호의를 당연하게 생각하는 사람은 그의 사정은 아랑곳없이 '오지 않았다'는 사실에만 분노한다. 심지어 와도 자신이 원한 시간에 제때 오지 않으면 화를 낸다.

다시 한 번 강조하지만 연인이 베푸는 호의는 의무 사항이 아니다. 내가 당연히 누릴 권리가 아닌 것이다. 그렇기에 그가 와주었다면, 이를 당연시하지 말고 진심으로 감사해야 한다. 대충 고맙다고 한 뒤 손가락을 까닥이며 이것저것 부려먹는 것은 진짜 감사가 아니다. 그가 제때 왔건 늦게 왔건, 약을 사왔건 빈손으로 왔건 간에 당신을 위해 와주었다는 사실만으로도 고마워하는 것이 연인의 바른 마음가짐이다.

만약 그가 자신을 돌봐주었다면 나중에 식사를 대접하거나 조그만 선물을 함으로써 감사한 마음을 표현해야 한다. 연인 사이인데 그렇게까지 예의를 차려야 하느냐고 반문할 수도 있다. 하지만 '가까울수록 예의를 지키라'는 말도 있듯이 서로에 대한 예의와 감사함을 잊지 않는 것이야말로 관계를 오랫동안 안정적으로 지속하는 비결이다.

입장을 바꿔서 생각해보면 더욱 이해하기 쉬울 것이다. 연인에게서 아프다는 전화를 받고 일이 끝나면 가겠다고 약속했지만, 상사가 갑자기 일을 시키는 바람에 생각보다 늦게 도착하고 말았다. 그런데 들어서 자마자 상대가 왜 이렇게 늦었냐면서 화를 내고, 게다가 기껏 사간 죽과 약까지 바닥에 패대기친다면? 설마 이렇게까지 하는 사람이 있느냐고 하겠지만 부끄럽게도 과거의 내가 그랬다. 지금 생각해보면 당시 남자 친구가 얼마나 상처받고 힘들었을지 가히 상상조차 하기 어렵다. 나의 어리석음과 옹졸함 때문에 결국 그와는 헤어졌지만 덕분에 나는 인생의 교훈을 얻었다. 연인의 호의를 당연시하지 않고, 늘 감사하며 고마운 마음을 표현해야 한다는 교훈 말이다.

연인이라면 상대를 좀 더 생각하라

연인과의 교류에서 대화는 절대 없어서는 안 될 부분이다. 그렇다면 연인과 대화하는 목적은 무엇일까? 다음의 몇 가지 답 중 당신은 어떤 것을 선택하겠는가?

A. 연인을 기쁘게 해주는 것
B. 무료한 시간을 때우기 위한 것

C. 소통

A를 선택했다면 유머 모음집이나 코미디 프로그램을 보면서 상대를 웃길 궁리를 하면 된다. 이도저도 힘들다면 차라리 함께 공개 코미디나 재미있는 연극을 보러 가는 것도 좋다.

B를 선택했다면 충고컨대 앞으로는 심심할 때 연인을 찾지 말고 혼자 책을 보든, 인터넷을 하든, 아니면 다른 친구를 만나 수다를 떨어라. 단순히 무료함을 없애는 것이 목적이라면 늘 똑같은 사람만 만나는 것보다 여러 활로를 찾는 편이 더 낫다.

사실, 소통이야말로 대화의 주된 목적이다. 서로 마찰이나 오해가 생겼을 때는 무엇보다 대화를 통해 소통하는 것이 중요하다. 아무리 사랑하고 아끼는 사이라 해도 말을 하지 않으면 서로의 마음을 알 길이 없다. 아무 말도 하지 않으면서 상대가 내 속을 알아주기를 바라는 것은 지나친 욕심이다. 여타 인간관계에서도 마찬가지이지만 특히 연인 사이일수록 대화를 통해 효율적으로 소통할 필요가 있다. 그래야 서로를 더 잘 이해하고 쓸데없는 오해나 앙금이 생기는 일을 막을 수 있기 때문이다.

남자와 여자는 사고방식이 매우 다르다. 그래서 오로지 대화를 통해 서로 명쾌히 소통해야만 서로를 이해하고 공감할 수 있다. 다음의 사례를 보자.

서로를 깊이 사랑하는 두 연인이 있다. 어느 날, 두 사람은 지인의 가게에서 열린 친구 모임에 함께 참석했다. 오랜만에 만나는 친구들과 한

참 즐겁게 먹고 마시며 이야기를 나누는 와중에 여자가 힐끗 시계를 보더니 남자의 귓가에 "오 분만 있다가 일어나자, 나 내일 아침 일찍 회의가 있어"라고 속삭였다. 남자는 아무 말도 하지 않았다.

잠시 후, 남자의 스마트폰이 울렸다. 그러자 그는 심각한 표정으로 일어나더니 친구들에게 먼저 가보겠다며 인사를 했다. 여자도 그를 따라 인사하고 밖으로 나왔다. 가게 앞에서 그녀는 잠시 그를 끌어안고 말을 붙이려 했다. 남자의 표정이 왠지 좋지 않았기 때문이다. 하지만 미처 뭐라고 말할 새도 없이 남자는 여자의 손을 뿌리쳤다.

두 사람은 같이 택시를 탔다. 그런데 그의 아파트 근처에 가까워지자, 남자가 갑자기 입구에서 차를 세웠다. 그리고 여자에게 조심히 들어가라고 한 뒤 차에서 내렸다. 여자는 기분이 좋지 않았지만 남자가 혼자 있고 싶어서 그랬을 것이라고 생각하고 애써 마음을 다잡았다.

집에 다 와갈 무렵, 그에게서 전화가 걸려왔다. 그녀는 얼른 전화를 받았지만 연결 상태가 나빠서인지 남자의 말이 제대로 들리지 않았다. 그녀의 목소리도 잘 들리지 않았는지 얼마 안 있어 그가 먼저 전화를 끊고 말았다.

집에 도착한 그녀는 남자에게 문자를 보냈다.

'나 집에 왔어. 오늘 자기 좀 이상했어. 뭘 어떻게 해줘야 할지 모르겠더라.'

그에게서 금방 답이 왔다.

'사실, 안 좋은 일이 있었어. 그런데 넌 바빠서 나 신경 쓸 겨를도 없을 것 같아 말 못하겠더라.'

여자는 화가 났다. 힘든 때일수록 더욱 그의 곁에 있어주고 싶은 것이 자신의 솔직한 심정인데, 그는 오히려 자신을 밀어내는 것 같았기 때문이다. 아니, 실제로 가게 앞에서 손을 뿌리치지 않았던가! 그녀는 당장 그에게 전화를 했다.

"그게 무슨 소리야? 같이 있고 싶어 하지 않은 건 자기잖아. 처음에 택시 타고 자기 집 쪽으로 갈 때만 해도 짐만 챙겨서(남자는 다음 날 본가에 다녀올 예정이었다) 나랑 같이 우리 집으로 올 줄 알았어. 그런데 입구에서 혼자 내렸잖아. 난 자기가 조용히 혼자 있고 싶은 줄 알았다고."

"그래서 다시 전화 걸어서 '많이 바쁘냐'고 물었는데 자기가 '응' 그랬잖아. 그래서 내일 회의 때문에 준비할 게 많은 줄 알았지. 자기도 그래. 내가 상태 안 좋은 거 뻔히 알면서 그냥 갔잖아."

"억울하네, 정말. 가게 앞에서 내가 끌어안았는데 자기가 먼저 뿌리친 건 기억 안 나? 자기 집 앞에 도착했을 때도 자기만 입구에 내려달라고 하니까 당연히 같이 못 내렸지. 전화도 그래. 연결 상태가 안 좋았는지 자기 목소리가 너무 작게 들렸다고. 그래서 내가 막 '응?', '뭐라고?' 이랬는데 자기가 먼저 끊어버렸잖아. 그래서 난 내가 자기 걱정할까 봐, 걱정하지 말라고 전화한 줄 알았어. 그전에 자기 행동도 보면 꼭 혼자 있고 싶은 사람처럼 굴었다고!"

여자의 말을 듣는 동안 남자는 저도 모르게 마음이 풀어졌다. 그녀가 자신의 힘든 모습을 외면한 줄 알았는데, 사실은 그렇지 않았다는 것을 깨달았기 때문이다. 남자는 멋쩍은 목소리로 말했다.

"미안, 오해가 있었네. 괜찮으면 지금 당장 집으로 갈게. 문 열어줘야

해, 알았지?"

사람은 소통을 해야 한다. 일단 오해가 걷잡을 수 없이 커진 후에는 아무리 노력해도 원래의 좋은 관계를 회복할 수 없기 때문이다. 소통하지 않으면 서로 아무리 좋아해도 결국 벽이 생기고, 사이가 벌어진다. 말로 생긴 오해를 풀 수 있는 것 역시 말뿐이다.

물론 연인이라고 해서 매일 두세 시간씩 통화를 하고 문자를 주고받아야 하는 것은 아니다. 별다른 일이 없다면 간단하게 서로의 안부 정도만 챙겨도 된다. 대화도 양보다는 질이다. 무조건 오래 이야기를 해야 한다는 강박에 사로잡혀서 할 말도 없는데 억지로 전화통을 붙들고 있으면 나도, 상대도 곤욕스러울 뿐이다.

매번 부정적인 이야기를 하는 것도 좋지 않다. 처음에는 애정이 있으니 괜찮을지 몰라도 이런 식의 불평불만을 계속 쏟아내면 결국 상대에게도 안 좋은 영향을 미치게 된다. 입장 바꿔 생각해보자. 당신이라면 매일 안 좋은 말만 하는 사람과 계속 만나고 싶은가?

연인이라면 상대를 좀 더 배려하고 상대의 입장에서 생각할 줄 알아야 한다. 상대가 상처받을 줄 알면서 굳이 상처가 될 말을 꺼낸다면, 그 관계는 더 이상 바람직한 연인관계라고 볼 수 없다.

말로 생긴 오해를 풀 수 있는 것 역시 말뿐이다.

일 · 사랑 · 취미의 삼위일체

현명한 여자는 세 가지 요소를 고려해서 직업을 선택한다. 자신의 능력, 취향, 그리고 미래의 남편상이 바로 그것이다. 무슨 말인지, 지금부터 자세히 살펴보자.

세 가지 요소 중 가장 확실하고 구체적으로 생각해야 할 부분은 미래의 남편상이다. 다시 말해 '나는 어떤 남자를 원하는지'를 명확히 해야한다. 물론 '느낌'이 제일 중요하겠지만 그 느낌이 무엇인지를 구체적 요구치로 표현할 수 있어야 한다. 사실, 대개의 여성은 이 부분에 취약하다. 자신이 무엇을 원하는지조차 스스로 알지 못하는 경우가 태반이다. 지금부터 나의 지시를 따라 미래의 남편상을 그려보자. 최소한 방향이라도 잡을 수 있을 것이다.

먼저 눈을 감고 미래의 자신과 남편 모습을 상상한다. 어느 평범한 하루를 그려보는 것이다. 상상은 구체적으로 세밀할수록 좋다. 장소부터 환경, 입은 옷, 나이 차이까지 상세히 떠올려보자. 이렇게 미래의 평범한 하루를 완벽하게 상상한 뒤에는 그런 환경에 어울리는 남편의 직업은 무엇일지 생각해본다. 이해를 돕기 위해 예를 들어보자.

당신의 상상 속, 남편과 당신은 어느 정원에서 손을 잡고 산책을 하는 중이다. 남편은 티셔츠에 편안한 바지를 입고 어깨에 모직 코트를 걸쳤다. 당신은 그에 어울리는 투피스 차림이다.

 이 같은 상상을 바탕으로 남편의 직업적 특징을 유추해보면 다음과
같다.

- 경제적 기반을 어느 정도 갖추고 있다. 적어도 학생이나 프리터족은 아
  니다.
- 정원을 산책할 정도의 여유와 교양, 품위가 있다. 일정 수준 이상 교육
  을 받은 전문직, 예를 들어 변호사나 설계사 등이 이런 특징에 부합한
  다. 또한 해외에서 오랫동안 거주한 경험이 있는 경우에도 비교적 이러
  한 여유를 즐길 줄 안다.
- 평소에는 일로 매우 분주할 것이다. 바쁘게 일하는 사람만이 정원을 산
  책하는 한가함의 가치를 알기 때문이다.

 이처럼 경제적 기반과 품위를 갖춘 사람을 아무 곳에서나 만날 수는
없다. 이런 사람을 만나려면 어떻게 해야 할까? 가장 확실한 방법은 업
무적으로 그와 접촉할 수 있는 직업을 갖는 것이다. 열심히 일하는 여자
는 아름답다. 그와 간헐적으로 만나면서 자기 일에 최선을 다하는 모습
을 보여줄 수 있는 자리가 제격이다. 같은 회사에서 매일 보는 동료 사이
가 되는 것은 추천하지 않는다. 사적인 관계가 공적인 영역에 지나치게
영향을 줄 수 있기 때문이다.

 그렇다면 구체적으로 어떤 분야에 종사해야 품위 있는 남자와 얽힐
수 있을까?

- '목표남'과 같은 분야에 종사하되, 다른 회사에서 일하는 것이 좋다.
- 분야를 특정할 수 없다면 호텔에서 VIP 고객을 담당하는 컨시어지 (Concierge) 등을 노려봄 직하다. 위의 '목표남'은 출장이나 회의 등의 명목으로 호텔에 투숙하는 경우가 많기 때문이다. 그래서 컨시어지와 접촉할 일이 간헐적으로 생긴다.
- 그밖에 은행이나 골프 클럽의 VIP 고객 담당도 교양과 품위를 갖춘 남성을 만날 기회가 많은 직군이다.

또 다른 장면을 상상해보자.

당신은 남편과 어느 세련된 술집에서 즐겁게 대화를 나누며 술을 마시고 있다. 둘 다 유행 옷차림이고 젊음의 향기가 물씬 풍긴다. 이런 경우 남편은 어떤 직업을 가지고 있을까?

- 미디어나 디자인 등 유행에 민감한 업종에 종사할 가능성이 있다.
- 보수적이기보다는 비교적 자유롭고 유동적인 업무 환경에 있을 수 있다. 학생, 작곡가, 패션 디자이너, 헤어 디자이너, 연예계 종사자 등이 여기 속한다.

그렇다면 당신은 어떤 분야에서 일해야 그를 만날 수 있을까?

사실, 특별한 분야는 따로 없다. 이런 타입은 의외로 쉽게 만날 수 있기 때문이다. 게다가 마음만 먹으면 친해지기도 어렵지 않다. 그저 동틀 때까지 신나게 같이 놀아주기만 하면 금세 가까워질 수 있다.

또다시 장면을 바꿔보자.

당신과 남편은 집에서 아침 식사를 하고 있다. 거듭 말하지만 상상은 최대한 구체적으로 세밀히 해야 한다. 신발장에 어떤 신발이 놓여 있는지, 침대는 어디에 있고 침대 헤드는 무슨 모양인지, 집 안 인테리어는 어떻고 가족은 몇 명이며 자신은 무슨 옷을 입고 있는지, 심지어 식탁 위에는 어떤 음식이 올라와 있는지까지 상상해본다. 일상의 풍경일수록 구체적인 것이 좋다. 만약 상상 속에서 남편이 급하게 밥을 우겨넣고 당신에게 뽀뽀를 한 뒤 부리나케 출근길에 나서는 모습이 보였다면 그는 어떤 사람일 가능성이 클까?

- 아마 보통의 월급을 받는 직장인이나 공무원, 선생님일 것이다.
- 제시간에 퇴근한다면 비교적 안정적이고 스트레스가 적은 환경에서 일할 공산이 크다.
- 평범하지만 성실하고, 아주 잘생기지는 않았지만 깔끔할 것이다.

그렇다면 당신은 어떤 일을 하고 있어야 할까?

- 이런 타입의 남자는 안정된 생활을 선호한다. 그러니 당신도 선생님이나 공무원 같은 안정된 일에 종사하는 편이 좋다. 직장인이라면 9시 출근, 5시 퇴근이 가능한 사무직이 이상적이다.
- 그와 같은 분야에 종사하는 것도 좋지만 같은 직장은 아니어야 한다.

물론 지금까지 다룬 내용이 절대적이지는 않다. 꼭 그런 분야에 종사해야만 그런 남자를 만날 수 있는 것은 아니다. 다만, 원하는 남편상을 확실하게 세워두면 자신의 직업을 선택하는 데도 명확한 방향이 생긴다는 점을 설명하기 위해 여러 예를 든 것이다.

인정하든 인정하지 않든, 여자의 인생은 어떤 남자를 만나느냐에 따라 달라진다. 남편의 자리가 곧 나의 자리다. 그렇기 때문에 자신이 원하는 삶을 살고 싶다면 먼저 그러한 삶을 위해 어떤 남자를 만나야 할지, 그런 남자를 만나려면 어떻게 해야 할지 목표를 세우고 방향을 설정해야 한다.

물론 하고 싶다고 모든 일을 다 할 수 있는 것은 아니다. 먼저 자신의 능력을 봐야 하고, 취향도 고려해야 한다. 설계사를 만나고 싶다는 일념으로 무턱대고 건축 분야의 취직자리를 알아봤자 능력이 없으면 문턱도 넘지 못한다. 게다가 필요한 능력을 갖추는 데 하루 이틀이 걸리는 것도 아니다. 그렇다고 포기할 필요는 없다. 자신의 능력치를 고려해서 우회로를 찾을 수도 있기 때문이다. 예를 들어 설계 쪽의 능력이 없는 대신 외국어 능력이 뛰어나다면 앞서 언급한 호텔 컨시어지가 되는 길을 노려볼 수 있다. 목표로 하는 남성과 접촉할 수만 있으면 어떤 자리, 어떤 모양새든 상관없기 때문이다. 실제로 컨시어지로 일하는 내 친구는 다양한 분야의 수준 있는 남자들을 자주 접한다. 그래서인지 얼마 전까지는 어느 유명 기업의 총대리인과 만나더니 이번에는 설계사와 연애를 시작했다. 물론 두 남자 모두 그녀의 고객이었다.

직업을 선택할 때는 성격이나 취향도 중요한 고려 대상이다. 예를 들어 컨시어지의 경우, 사람 대하기를 좋아하고 참을성 있으며 서비스 정신이 투철하다면 잘 맞겠지만 혼자 있는 것을 좋아하거나 서비스하기보다는 서비스 받기를 선호하는 성격이라면 마땅히 다른 일을 찾아야 한다. 괜찮은 남편감을 만나자고 울며 겨자 먹기로 하기 싫은 일을 계속할 수는 없기 때문이다. 길게 설명했지만 간단히 정리하자면 이렇다.

미래 남편상 + 능력 + 취향 = 직업

무엇보다 중요한 것은 방향을 찾고, 자신의 위치를 정하는 일이다. 자신의 인생을 제대로 꾸려 나아가려면 명확한 목표가 있어야 한다. 자신이 원하는 것이 무엇인지도 모르고 헤매며 하루하루 보내다가 인생의 방향을 수정하기 힘든 나이가 되어서야 후회한들 무슨 소용이겠는가. 신은 공평하다. 당신이 제대로 노력하기만 한다면 결코 후회하지 않을 인생을 허락해줄 것이다.

헤어진 그 사람과 다시 사랑에 빠지려면

연애 상담을 하다 보면 "헤어진 여자 친구와 어떻게 해야 다시 만날 수 있느냐?"는 질문을 자주 듣게 된다. 한 번 깨진 관계를 다시 이어붙이는 일은 쉽지 않지만 아주 가능성이 없는 것은 아니다. 단, 예전 관계를 다시 회복하겠다는 관점으로 접근하면 실패할 확률이 크다. 떠난 그녀의 마음을 되돌리기 위해 남자가 하는 행동이라는 것들이 대개는 관계를 더욱 악화시켜서 그나마 있던 정마저 떨어지게 하는 경우가 많기 때문이다. 구체적으로 어떤 행동들이 관계를 악화시키는지 살펴보자.

- '나는 아직도 너를 사랑한다', '어떻게 나를 버릴 수 있느냐', '내가 다 잘못했고, 다 고치겠다', '우리가 어떻게 만난 사이인데 이렇게 헤어질 수 있느냐, 못 헤어진다', '앞으로 내가 더 사랑하고 내가 더 잘하겠다' 등 문자나 전화로 끊임없이 그녀에게 애원하고 매달린다.
- 그녀의 회사나 학교, 집 앞에 불쑥 나타나서 만나줄 때까지 기다리겠다며 성화를 부린다.
- 심한 경우, 자해나 협박도 불사한다.

물론 남자는 사랑하는 그녀를 잃을 수 없다는 생각에 위의 행동을 강행한다. 그러나 이는 두 사람이 이미 헤어졌다는 사실을 그녀에게 더욱 각인시키는 역효과만 날 뿐이다.

그렇다면 어떻게 해야 할까? 만약 진심으로 그녀와 다시 만나고 싶다면 전혀 새로운 접근법이 필요하다. 즉, 이전의 관계를 회복시키는 것이 아니라 처음부터 다시 시작한다는 생각으로 그녀를 새롭게 유혹하는 것이다.

여자는 이별을 기정사실로 받아들이기까지 어느 정도 시간을 필요로 한다. 이 '망설임의 시간'을 잘 넘기면 오히려 서로의 소중함을 깨닫고 더욱 애틋한 사이가 될 수 있다. 그러나 위의 행동들은 오히려 망설임의 시간을 단축시키고 '헤어지기 잘했다'는 생각마저 들게 한다.

헤어지자고 하자마자 연락하는 것은 현명하지 못하다. 구체적인 이유야 어쨌든 헤어지기로 결심했다는 것은 둘 사이에 뭔가 잘 풀리지 않거나 해결되지 않는 문제가 있다는 뜻이다. 문제를 해결하려면 시간이 필요하다. "헤어지자"는 그녀의 말에는 잠시 떨어져서 문제를 해결하기 위해 고민하는 시간을 갖자는 의미가 포함되어 있다. 특히 '귀책사유'가 남자에게 있는 경우에는 더더욱 바로 연락하는 일은 삼가야 한다. 자신의 잘못을 생각하고 고치려는 최소한의 노력도 하지 않는 것처럼 보일 수 있기 때문이다. 게다가 헤어지고 난 후에는 서로에게서 잠시 떨어져 여전히 상대를 사랑하는지, 내가 잘못한 점은 없었는지 객관적으로 냉정히 돌아볼 시간이 필요하다. 그러나 헤어지자마자 조급하게 소위 '관계를 회복하기 위한 행동'을 강행하면 당신의 단점만 더욱 부각된다. 그 결과, 그나마 관계를 회복할 여지조차 영영 날려버리고 만다.

따라서 망설임의 시간에는 아예 연락하지 않는 게 좋다. 마치 그녀의 삶에서 당신이라는 존재가 아예 사라진 것처럼 전화도, 문자도, 심지어 단체 문자도 보내지 말아야 한다. 그래야 그녀에게 두 사람 사이의 문제를 객관적으로 돌아보고 깊이 생각할 시간을 줄 수 있다. 그 시간에 당신도 마음을 가라앉히고 무엇이 문제였는지, 어떻게 해결할 수 있는지를 곰곰이 생각해야 한다.

상대를 사랑하지 않고 연애를 시작하는 연인은 없다. 마찬가지로 다툼과 갈등, 충돌을 겪지 않는 연인도 없다. 연애라는 것은 원래 다툼과 화해의 반복이다. 두 사람이 서로를 있는 그대로 인정하고 받아들이기까지는 시간이 필요하고, 그만큼 관계를 유지하기 위해서는 서로의 인내와 노력이 필요하다. 설령 헤어졌어도 이후에 현명하게 대처한다면 비온 뒤에 땅이 굳어지듯 두 사람의 감정도 새로운 문턱을 넘어서서 더욱 공고해질 수 있다.

헤어진 후에는 최소 3개월 정도는 연락을 하지 말자. 그러면 그녀에게서 먼저 연락이 올 것이다. 다시 그녀와 만났을 때는 지나치게 비위를 맞추려 하거나 눈치를 보는 것은 좋지 않다. 보통 친구처럼 담담하게 대하자. 그녀에게 당신이 '변했다'는 인상을 주기 위해서다. 그다음부터 할 일은 간단하다. 그녀를 예전 여자 친구가 아닌 새로 알게 된 여자처럼 생각하고 대하면 된다. 처음부터 다시 시작한다는 마음으로 새롭게 그녀를 알아가고 유혹하라는 말이다.

늘 그렇듯 구체적인 사례를 참고하는 것만큼 효과적인 방법은 없기에 실제 사례를 소개한다. 한 여자와 두 번째 사랑에 빠진 사례의 경우, 상황 설명과 디테일이 중요하기 때문에 함부로 삭제하거나 덜어낼 수가 없어서 전문을 싣는 점을 양해해주길 바란다. 만약 너무 길다고 느껴진다면 마지막에 내가 덧붙여놓은 해석만 읽어도 무방하다. 또한 연인마다 성향도, 상황도 상이하니 각 사례를 그대로 받아들이고 적용하기보다는 자신한테 맞게 응용하는 지혜를 발휘하기 바란다.

첫 번째 메일

안녕하세요. 이렇게 급히 메일을 드린 이유는 진심으로 선생님의 도움이 필요하기 때문입니다. 수없이 나 자신에게 묻고 또 물어봤지만 그녀를 놓치면 평생 후회할 것이라는 사실만 더 명확해집니다. 하지만 어떻게 하면 그녀를 다시 붙잡을 수 있을지 도무지 알 수가 없어서 이렇게 도움을 청합니다. 제발 제게 가르침을 주세요.

그녀를 만나기 전에도 연애는 많이 해봤습니다. 하지만 주로 짧게 만나고 헤어졌기 때문에 3년 이상 만난 사람은 그녀가 처음입니다. 우리는 시드니에서 유학하다가 만났는데 첫눈에 서로 호감을 느꼈어요. 솔직히 전 외모로나 성격으로나 여자한테 호감을 많이 사는 타입이거든요. 게다가 둘 다 외국에서의 생활은 처음인지라 외로웠던 탓도 있어서 금방 친해졌지요. 그렇게 얼마간 친구로 지내다 곧 사귀게 되었어요. 당시 저는 그녀가 제 운명이라고 굳게 믿었어요. 그래서인지 싸우는 일도 많지 않았지요. 그녀를 너무 사랑하고 좋아했기 때문에 제가 무조건 양보하고 잘못했다고 했거든요. 하지만 그녀가 주는 행복에 지나치게 도취되어버린 저는 다른 일에 소홀하기 시작했어요. 공부도 하지 않았고, 심지어 수업도 빠졌지요. 당연히 성적도 좋지 않았죠. 가끔 그녀가 "좀 더 열심히 해야 하지 않아? 미래를 생각해야지"라며 걱정 어린 말을 했지만 신경 쓰지 않았어요. 오직 그녀만 사랑하고 그녀에게만 잘해주면 된다고 생각했거든요.

첫 번째 위기는 방학 때 잠시 각자 고향에 다녀온 이후 벌어졌어요. 제가 고향에 갔을 때 연애에 완전 숙맥인 친구 두 명을 도와주려고 잠시 같이 PUA 수업을 들었거든요. 아시다시피 그런 수업에서는 여자랑 문자로 밀당하는 법을 알려주잖아요. 실습도 하고요. 그래서 제 스마트폰에 여자들이랑 주고받은 문자가 많이 있었는데 지우는 걸 깜박했어요. 그런데 시드니에 돌아온 후 그녀가 우연히 그 문자들을 보고 오해한 거예요. 하늘이 무너진 것처럼 울면서 헤어지자고 하는데 정말 아찔하더라고요. 저는 열심히 해명했어요. 사실 친구 때문에 이러저러한 수업을 듣고 실습도 했지만 그 여자들과는 정말 아무 일도 없었고, 아무 관계도 아니라고요. 둘 다 너무 힘들었지만 결국 그녀는 저를 믿고 용서해줬어요.

그 후에 그녀는 학업을 마치고 고향으로 돌아가서 직장을 잡았어요. 올 7월, 저는 방학을 맞아서 그녀를 만나러 갔어요. 그런데 또 문제가 터졌어요. 어떤 여자애랑 '썸' 타면서 주고받은 문자를 들킨 거예요. 그녀는 이번에도 울면서 헤어지자고 했고, 저는 다 오해라며 열심히 달랬어요. 그녀는 다시 한 번 저를 용서해줬죠. 그러면서 그러더라고요. 나랑 멀리 떨어져서 지내는 게 생각보다 너무 힘들다고, 빨리 들어오면 안 되냐고요. 또 "나 좋아한다는 남자도 있어. 회사 동료 친구인데 같이 밥도 먹었다, 긴장하라"며 농담조로 말하더군요. 하지만 전 대수롭지 않게 생각했어요. 제가 어떻게 하든 그녀는 언제까지나 절 기다려주고 용서해줄 거라고 믿었거든요. 참 이기적이었죠. 그래서 빨리 들어오라는 그녀의 말을 듣지 않고 '졸업하고 가면 되지' 하는 생각으로 시드니에서 허랑방탕하게 지냈어요.

그런데 9월 초쯤인가, 그녀가 제게 말도 하지 않고 친구들과 술집에 갔다는 사실을 알게 됐어요. 만취한 후에야 연락하더라고요(전에는 그런

적이 한 번도 없었어요). 게다가 그 자리에 그녀를 좋아한다는 남자도 있었고 그날 그녀를 집까지 데려다줬다는 것도 알게 됐죠.

그 일이 있은 후부터 왠지 그녀와 나 사이에 뭔가가 달라지기 시작했어요. 자꾸 삐걱거리는 느낌이 들었죠. 그러다가 9월 말에 그녀가 독일로 출장을 가게 됐는데, 제가 잘 다녀오라는 문자를 보내지 않았다는 것 때문에 다툼이 생겼어요. 그녀는 '날 신경도 쓰지 않는 게 아니냐, 이럴 거면 헤어지자'고 하더군요. 하지만 얼마 후에 자기가 너무 심했다며 미안하다고 먼저 사과해서 화해했어요. 화해하긴 했지만 찜찜한 기분도, 삐걱거리는 느낌도 여전했어요. 그러나 10월 3일에 드디어 폭발했죠. 사소한 일로 말다툼을 했는데 그녀가 갑자기 예전 일이 자꾸 생각난다며 도무지 극복이 안 된다는 거예요. 그러니 서로 떨어져서 냉정히 생각하는 시간을 갖자고 하더군요. 물론 전 어떻게든 그녀의 마음을 돌리려 했어요. 계속 전화하고 문자도 보냈죠. 그녀는 자기를 정말 사랑한다면 답을 찾을 때까지 기다려달라는 말밖에 안 했어요. 하지만 전 포기하지 않고 계속 매달렸어요. 그렇게 한 일주일쯤 지났나, 그녀가 헤어지자고 했어요. 이유는 이랬죠. 다른 여자와 계속 연락을 주고받은 것, 거짓말한 것, 열심히 노력하지 않는 것, 미래가 불투명한 것, 그럼에도 단 한 번도 고치려고 노력하지 않은 것! 그 말을 듣고 보니 제 자신이 정말 초라해졌어요. 어느새 전 그녀에게 어울리지도 않고, 그녀를 행복하게 해줄 수도 없는 남자가 되어버린 거죠. 그래서 말했어요. "알겠다, 헤어지자. 하지만 내가 잘못한 점은 다 고치겠다. 그런 뒤에도 네가 혼자라면 그때 나에게 다시 한 번 기회를 줄 수 있겠냐?"고요. 그녀는 생각해보겠다고만 하더군요.

　그다음부터는 철저히 연락을 끊었어요. SNS로는 아직 친구 사이라 서로 볼 수 있었는데 그녀는 주로 슬픈 노래를 올렸어요. 자신이 얼마나 힘든 시간을 보내고 있는지 말하는 것처럼요. 저도 가끔씩 스스로를 격려하고 채찍질하는 글을 썼지요. 그렇게 잘 버텨나가고 있었는데 열흘쯤 뒤에 한계가 왔어요. 정말 미쳐버릴 것 같더라고요. 부모님이 보시기에도 제가 위험해 보였는지, 나를 좀 만나보라며 그녀에게 연락을 하셨나 봐요. 그녀에게 메신저로 연락이 왔어요. 이제 그만 자기는 잊고 열심히 공부하라고 하더군요. 우리의 앞날은 운명에 맡기자고도 했어요. 그 후로 다시 연락이 끊겼지요.

　한 달 정도 지났을 무렵, 그녀의 SNS에 달콤한 사랑 노래가 올라왔어요. 저는 참지 못하고 그녀에게 연락해서 혹시 남자 친구가 생겼냐고 물었어요. 생겼대요. 며칠 전에 경미한 차 사고가 났는데 그 사람이 도와줬다고, 그가 아니었으면 어찌할 바를 몰랐을 거라고 하더군요. 그러면서 그가 얼마나 믿음직하고 고마운지, 그를 얼마나 사랑하는지 말했어요. 알고 봤더니 전에 그 남자더라고요. 마음이 너무 아팠지만 행복해 보이는 그녀의 모습은 정말 오랜만인지라 그저 잘됐다고, 잘 지내라고 하고 끊었어요.

　며칠 전에는 그녀에게 갑자기 문자가 왔어요. 잘 지내느냐고 묻더군요. 보통의 친구처럼 아무렇지도 않게 잘 지낸다고 했죠. 그랬더니 '네가 정말 잘 지냈으면 좋겠어'라고 다시 문자가 왔고, 저는 아무 말도 하지 않았어요.

여기까지가 제 이야기의 전부예요. 솔직히 저도 제 마음을 잘 모르겠어요. 지금 할 수 있는 일이라고는 좀 더 나은 사람이 되기 위해 스스로를 끊임없이 단련하고 채찍질하는 것뿐이겠지요. 하지만 언제까지 그녀에게 존재하지 않는 사람처럼 지내야 하는지 모르겠어요. 다시 연락을 하고 싶지만 언제가 적기인지도 모르겠고요. 올 12월에 귀국을 해도 그녀와 저는 사는 지역이 달라서 우연히 마주칠 기회도 없어요. 제가 아무리 변한들 그 모습을 보여줄 수가 없는 거예요. 말씀하신 대로 그녀를 다시 새롭게 유혹하고 싶지만 방법을 모르겠어요. 지금 그녀가 어떻게 지내는지도 모르는걸요. 솔직히 그녀의 마음을 다시 사로잡을 수만 있다면 시간이 얼마가 걸리든 상관없어요. 다만 제게 맞는 방법이 뭔지, 어느 방향으로 나아가야 하는지 알 수가 없네요. 도와주세요.

보내준 사연을 읽는 내내 마음이 아팠어요. 어떻게 해야 좀 더 많은 도움을 줄 수 있을지 모르겠네요. 일단 단도직입적으로 얘기할게요.

첫째, 그녀의 생각은 어땠을까요?

아마 그녀는 당신을 아주 많이 사랑했던 것 같아요. 하지만 당신은 그런 그녀를 여러 번 실망시켰어요. 여자는 한 가지 일 때문에 당신을 떠나지는 않아요. 여러 일이 쌓이고 쌓이다가 결국 떠나기로 결심하는 것이지요.

그녀는 당신에게 좀 더 열심히 해야 하지 않냐, 성숙해져야 하지 않느냐고 말했어요. 그만큼 당신에게 불안함을 느꼈다는 뜻이지요. 하지만 당신을 너무나 사랑했기 때문에 당신이 조금도 변하지 않고, 변하려는 노력을 보이지 않았음에도 여전히 당신 곁에 남아 있었던 거예요. 그렇다고 그녀 마음속에 불안감이 사라진 건 아니에요. 그저 보이지 않을 뿐이죠. 그런데 당신은 그 상황에서 최악의 수를 뒀어요. 바로 다른 여자와 애매한 연락을 주고받은 거예요. 당신의 해명을 그녀가 믿었을 것 같나요? 그녀가 정말 당신을 용서했을까요? 아니에요. 당신은 그녀의 사랑을 땅에 던져버림으로써 그녀에게 상처를 줬어요.

사람은 누구도 무한한 사랑을 베풀지 못해요. 당신이 그녀의 사랑을 당연시하고 쉽게 저버리기 시작한 순간, 두 사람의 이별은 시간문제였어요. 새 남자 친구라든지 차 사고는 그저 도화선에 불과해요. 여자는 결혼을 고려하는 순간부터 남자가 자신을 얼마나 소중하고 진지하게 생각하는지를 먼저 봐요. 그리고 이 남자와 미래를 함께할 수 있을지, 과연 발전할 가능성이 있는 남자인지를 생각하지요. 어쩌면 당신은 그녀에게 "우리 집은 잘산다. 차도 집도 해줄 것이다!"라고 말했을지 몰라요. 그러나 여자가 생각하는 발전 가능성은 그런 게 아니에요. 10년 후, 20년 후에 이 남자가 어떤 사람이 되어 있을지가 중요해요. 부모가 평생 도와줄 수는 없잖아요. 결국은 자기 힘으로 서야 하는 게 인생이거든요.

벌써부터 20년 후의 일을 생각하는 건 너무 이르지 않냐고 할지 몰라요. 하지만 여자는 그렇답니다. 남자가 스스로 발전하기 위해 열심히 노력할 때, 여자는 그런 남자를 보며 미래를 상상해요. 하지만 남자가 아무런 노력도 하지 않고 발전 가능성도 보이지 않으면 여자는 절망에 빠진답니다. 젊은 여자가 가장 두려워하는 게 뭔지 아세요? 상상을 펼칠 여지조차 없는 남자예요.

지금 자신을 돌아보세요. 그녀가 바라는 모습은 하나도 없지 않았나요? 그러니 헤어질 수밖에 없죠.

둘째, 그렇다면 당신은 이제 어떻게 해야 할까요?

가장 중요한 전제는 스스로 발전하고 변화한 모습을 그녀에게 행동을 통해 보여주는 거예요. SNS상에서 아직 친구라고 하니, 열심히 공부하고 노력하며 더 나은 내일을 만들기 위해 매진하는 모습을 SNS에 계속 노출시키세요. 그녀에게 연락하는 것도 좋지만 너무 자주는 안 돼요. 왜냐하면 지금도 그녀는 마음속 깊은 곳에서 당신과 새 남자 친구를 두고 누가 결혼 상대로 더 적합할지 계속 비교하고 가늠하는 중이거든요. 그래서 당신이 확실히 그보다 나아지기 전까지는 연락을 자제할 필요가 있어요. 여기서 그보다 나아진다는 것은 눈에 보이는 조건만 이야기하는 게 아니에요. 정신적인 성숙이 더 중요해요. 나중에 그녀를 다시 만났을 때, 그녀가 당신과 함께 있는 것을 즐겁고 유익하다고 느끼게끔 만들어야 하지 않겠어요? 그러려면 먼저 성숙함과 여유를 지닌 남자로 거듭날 필요가 있답니다.

셋째, 그녀의 새로운 남자 친구를 놓고 당신은 어떻게 해야 할까요?

당신의 라이벌은 신경 쓰지 않아도 좋아요. 그는 그녀가 누군가를 필요로 할 때 나타났을 뿐이랍니다. 만약 그녀가 그를 정말 좋아한다면 사귀기로 결심하기까지 그리 오래 걸렸을 리 없어요. 그녀의 마음 깊은 곳에서 그는 당신의 부족함을 채워주는 대용품일 뿐이에요. 게다가 그는 그녀가 당신에게 모자라다고 느꼈던 면들을 갖추고 있었어요. 성숙하고, 열심히 노력하는 모습 말이죠. 하지만 당신이 노력하는 남자로서 성숙하게 변한다면, 다시 말해 그 남자보다 훨씬 더 나은 미래의 발전 가능성을 갖춘 남자로 거듭난다면 그녀는 자연히 당신에게 돌아올 거예요.

두 번째 메일

선생님, 안녕하세요? 바쁘신 와중에도 정성껏 답해주신 점, 정말 감사드립니다. 선생님이 해주신 상황 분석과 조언들은 기본적으로 다 이해했어요. 하지만 몇 가지 좀 모호한 부분이 있어서 염치 불고하고 또 한 번 이렇게 가르침을 구합니다.

Q 선생님은 그녀가 아직도 저를 사랑한다고 하셨죠. 그런데 새 남자 친구가 생긴 것을 알고 제가 '아직 날 사랑하지 않느냐?'고 물었을 때 그녀는 분명히 지금 남자 친구를 사랑한다고 대답했습니다. 동시에 두 사람을 사랑할 수는 없다고도 했고요. 선생님은 왜 그녀가 아직도 절 사랑한다고 하셨는지, 그 이유를 알고 싶습니다.

A 두 사람을 동시에 사랑할 수는 없어도 호감을 느낄 수는 있지요. 게다가 그때 그녀가 다른 사람을 사랑한다고 한 건 일부러 당신을 화나게 하려고 그런 거예요.

Q 저는 여자에게 중요한 일은 늘 곁에 있으면서 버팀목이 되어주는 것이라고 생각합니다. 제가 긍정적으로 변한 모습이야 메신저나 SNS로 그녀에게 보여줄 수 있겠지만, 버팀목이 되어주는 부분은 어찌해야 할지 모르겠습니다. 말씀 드렸듯이 저희는 사는 곳이 다

르거든요. 또 다른 면에서 제가 보완해야 할 점은 없을까요?

A 꼭 곁에 있어야만 버팀목 역할을 할 수 있는 건 아니에요. 전화나 문자로 정신적인 버팀목이 되어주는 것도 중요하답니다. 또한 마음만 통한다면 서로 다른 곳에 사는 것 정도는 문제가 되지 않아요. 중간 지점에서 만날 수도 있고, 서로 사는 곳을 방문할 수도 있으니까요.

Q 가끔 연락하는 문제 말인데요. 지금 그녀는 새로운 남자 친구와 사귄 지 불과 한 달도 되지 않았기 때문에 한창 열애 중이라고 할 수 있거든요. 이런 상황에서는 제가 어떤 식으로 연락하고 접근해야 될까요? 섣불리 연락해서 관심을 표현했다가 그녀가 아예 물러설까 봐 겁납니다. 또 너무 연락을 안 하면 제게도 여자 친구가 생겼다고 오해할 것 같기도 하고요.

A 내가 말한 '연락'은 그녀에게서 연락이 올 경우 적극적으로 응대하라는 것이지, 먼저 연락하라는 게 아니에요. 혹시 연락을 주고받게 되더라도 그녀에게 이성적인 관심을 보이기보다는 최대한 즐거운 대화를 나누는 것에 중점을 두세요.

Q 그녀의 새로운 남자 친구에 대해 하신 이야기를 보고 든 생각인데요. 혹시 그녀가 그에 대한 고마움을 사랑으로 착각했을 가능성은 없나요?

A 아주 틀린 추측은 아니에요. 좀 더 정확히 말하자면 그녀가 당신에게 부족함을 느끼고 있을 때 그 부족함을 채우는 남자가 마침 나타난 거랍니다.

Q SNS나 블로그 등 다른 사람도 다 볼 수 있는 공간을 이용해서 '나는

여전히 노력하고 있다. 끝까지 너를 포기하지 않을 것이다'라는 점을 은연중에 표현해도 괜찮을까요? 어쨌든 지금 그녀가 만나는 사람은 제가 아닌데, 저의 이런 행동이 그녀에게 오히려 스트레스를 줄까 봐 걱정입니다. 저를 짜증스러워할까 봐 걱정도 되고요. 하지만 아무것도 안 하면 내가 자기를 포기했다고 오해하겠죠?

A SNS 등에는 당신이 지금 얼마나 열심히 노력하고 있는지, 얼마나 더 나은 사람이 되었는지 그것만 보여주세요. 그녀의 남자 친구보다 괜찮은 사람으로 보일 수 있으면 됩니다. 그녀를 포기하지 않겠다는 어필은 필요 없어요. 여전히 그녀를 사랑한다는 등의 말도 역시 필요 없습니다. 그저 더 나은 사람이 되기 위해 끊임없이 노력하고 경주하는 모습만 보여주면 돼요.

세 번째 메일

선생님, 안녕하세요? 저를 기억하실지 모르겠네요. 예전에 제게 전 여자 친구를 새롭게 유혹하는 방법에 대해 자세한 가르침을 주셨죠. 선생님 덕분에 많이 배우고 많이 깨달았습니다. 정말 감사드려요.

최근까지 조언해주신 대로 제 자신이 먼저 변화하고 개선되기 위해 열심히 노력하며 살았습니다. 그러면서 SNS나 메신저로 제가 노력하고 변화하는 모습을 그녀에게 꾸준히 보여줬고요. 물론 제가 먼저 연락을 하지는 않았어요. 그런데 어제 저녁, 그러니까 12월 17일에 그녀가 메신저로 먼저 연락을 해왔습니다. 실로 오랜만에 그녀와 대화를 나누었어요. 즐겁기도 하고, 느낌도 좋았어요. 그리고 아주 조금이지만 아직 그녀가 내 마음에 있다는 사실을 은근히 내비치기도 했습니다. 하지만 그녀에게 제대로 전달됐는지는 모르겠어요. 그래서 또다시 조언을 구하고자 이렇게 메일을 씁니다. 그녀가 지금 어떤 생각을 하고 있을지, 그녀의 마음속에 제가 어느 정도 위치에 있을지 대략적으로 분석해주실 수 있을까요? 또 다음에 다시 대화를 하게 된다면 어떤 점을 염두에 두고 주의해야 하는지도 알려주시면 정말 감사하겠습니다.

그녀가 또다시 연락을 해오면 말을 너무 많이 하지 마세요. 그녀가 화제를 이끌도록 두고, 적당히 맞춰주는 정도면 충분해요. 그녀에게 먼저 연락이 와서 들뜨고 기쁜 건 알지만 아직은 템포를 늦출 필요가 있답니다. 당신이 수동적일수록 그녀는 더욱 능동적으로 변할 거예요. 당신이 대화에 너무 적극적으로 임한다면 오히려 그녀는 더 이상 당신을 찾지 않을 수도 있어요. 먼저 그녀가 주도적으로 당신을 찾아오도록 만드세요. 그리고 몇 차례 연락이 오면 그때부터 조금씩 그녀를 향한 마음을 표현하세요. 아직도 그녀를 사랑하고 있다는 사실을 보여주는 거예요. 일상적인 대화만 나누다 보면 정말 보통의 친구 사이가 되어버린답니다. 서로의 감정을 이야기하는 방향으로 대화를 이끄세요. 처음 서로를 알아간다는 마음으로 '썸'을 타는 거예요. 단, 수다쟁이가 되면 곤란해요. 말을 많이 하지 않으면서 둘 사이에 묘한 분위기를 조성하는 게 중요하답니다.

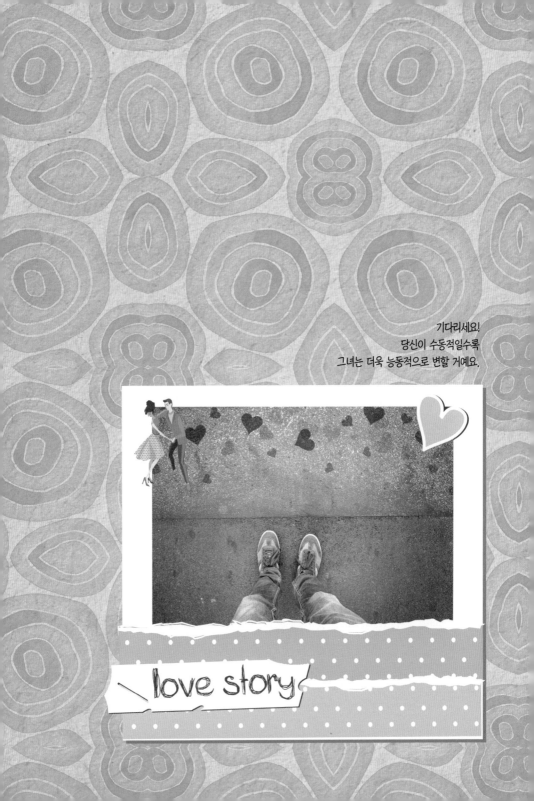

기다리세요!
당신이 수동적일수록
그녀는 더욱 능동적으로 변할 거예요.

love story

네 번째 메일

안녕하세요? 헤어진 후로 그녀가 제게 먼저 연락한 게 벌써 몇 번째인지 모르겠어요. 하지만 제가 대화 중에 그녀를 좋아하는 티를 조금만 내면 모르는 척 다른 이야기로 화제를 돌리거나 아예 답을 하지 않습니다. 그녀와 제가 함께 아는 친구가 있는데, 이번 성탄절에 인사도 할 겸 전화하다가 요새 새 남자 친구랑 잘 지내느냐고 살짝 물어봤대요. 그랬더니 너무 좋다고, 그와 함께 있으면 안정되고 편한 느낌이 들어서 그를 만난 것을 조금도 후회하지 않는다고 했답니다.

그러면서 지랑 대화힐 때는 제게 관심이 있는 사람처럼 이것저것 물어봐요. 여자 친구는 아직 안 생겼느냐, 언제 귀국하느냐, 그런 것들 말이에요. 심지어 저번에는 딱히 할 말도 없으면서 대화를 계속하려고 억지로 화제를 찾는 것 같더라고요. 또 제 문자에 바로 답하지 못했을 때는 왜 그랬는지 굳이 해명을 하고요. 그뿐만이 아니에요. 제가 선물을 하겠다거나 그녀가 기뻐할 만한 일을 준비하겠다는 식으로 말하면 거절하기는커녕 태연하게 좋다는 식으로 나와요. 그러다가도 제가 다시 만났으면 좋겠다는 뜻을 조금만 내비치면 바로 돌변하고요. 게다가 둘 사이에 묘한 분위기를 만들어보려고 애매한 말을 하면 답장을 안 해요. 선생님도 묘한 분위기를 조성하는 게 좋다고 하셨잖아요. 그런데 도무지 그럴 기회를 안 줘요. 이럴 때는 어떻게 해야 할까요?

또 그녀의 마음이 어떤지 도통 모르겠어요. 친구한테는 너무너무 행복하다고 했고 SNS에도 행복하다는 티를 팍팍 내는 걸 보면 정말 새 남자 친구가 좋은가 싶다가도 제게 계속 연락하는 걸 보면 또 아닌가 싶기도 해요. 정말 행복하다면 왜 계속 저를 찾는 걸까요? 제 마음이 담긴 선물은 좋다면서 왜 자꾸 거리를 둘까요? 시간이 되신다면 그녀의 마음 상태도 분석해주세요. 감사합니다.

먼젓번 메일에서 지나치게 적극적으로 나서지 말고 그저 열심히 노력하는 모습만 보여주라고 조언했었죠. 결과를 보니 안타깝게도 제 조언을 잘 따르지 않은 모양이네요.

관심을 표현할 때마다 그녀가 회피하는 이유는 당신이 아직은 현재 남자 친구를 넘어서지 못했기 때문이에요. 하지만 넘어설 수도 있다는 가능성이 보이기에 계속 연락은 유지하는 거죠. 지금 그녀는 누가 더 나은 상대인지를 끊임없이 저울질하는 중이랍니다. 만약 당신과 다시 만날 생각이 전혀 없었다면 지금처럼 먼저 연락하지도 않았을 거예요.

계속 여자 친구가 생겼냐고 물어보는 까닭도 같은 맥락에서 이해할 수 있어요. 당신이 정말 괜찮은 남자가 됐을 때 다른 여자에게 빼앗기게 될까 봐 계속 체크하는 거지요.

지금 그녀에게 당신은 늘 그 자리에 있는 사람이랍니다. 그래서 친구들에게 아무런 거리낌 없이 지금 남자 친구와 너무 행복하다고 할 수 있는 거예요. 그렇게 해도 당신은 언제까지고 자신을 기다려줄 것이라 믿는 거죠. 그녀가 이런 이기적인 믿음을 갖게 된 이유는 단 하나, 당신이 적극적이고 열정적으로 나서지 말라고 한 제 조언을 듣지 않았기 때문이에요.

다음에 그녀에게서 연락이 오면 차갑게 대하세요. 전화도 세 번까지는 무시하고, '무슨 일이냐, 지금 바쁘다'는 문자 한 통만 보내세요. 그녀는 아마 좀 화를 낼 거예요. 꼭 무슨 일이 있어야 연락할 수 있느냐고 할지도 모르죠. 혹은 또 전화를 걸어서 뭐가 그렇게 바쁘냐고 캐물을 수도 있어요. 제대로 설명하지 않고 지금은 바쁘니 끊자고 하면 아마 그녀는 더욱 알고 싶어 할 거예요. 그다음에도 계속 이런 식으로 대해보세요. 장담컨대 그녀는 점점 더 당신에게 애달아할 거예요. 물론 스스로 더 멋진 남자가 되기 위한 노력도 그쳐서는 안 되고요.

아직 그녀를 사랑하기 때문에 그녀의 전화를 받지 않거나 문자를 무시하는 게 생각보다 쉽지는 않겠지만 꾹 참으세요. 물론 계속 무시하라는 것은 아니고, 적어도 세 번 중에 한 번은 이렇게 하세요. 당신이 이미 잡아놓은 물고기가 아니라는 사실을, 언제든 잃을 수도 있는 존재라는 사실을 그녀에게 알려줘야 해요. 그래야 당신에게 더욱 매력을 느끼고 끌리게 만들 수 있답니다.

또 다른 사례를 보자.

안녕하세요! 여자 친구와는 두 달 정도 사귀었습니다. 동료의 소개로 만났고요. 그녀는 일을 시작한 지 얼마 안 돼서 저를 만났고 그전까지 연애 경험은 없습니다. 사귈 때는 주로 문자나 메신저, 전화로 연락을 했고 일주일에 두 번 정도 만났어요. 비록 사귄 기간은 짧지만 서로 정말 좋아해서 벌써 그녀의 가족은 물론 친구들도 만났습니다. 가족들도 저희를 좋게 봐주셨고요.

함께 있을 때는 늘 묘하고 애틋한 분위기였던 걸로 기억해요. 또 서로에게 헌신적이었고요. 그런데 제가 과거에 잘못된 길을 갔었던 일이 잠깐 문제가 된 적이 있었어요. 어쩌다 그녀의 부모님까지 알게 됐죠. 하지만 동료가 나서서 잘 해명해준 덕에 그 일은 무사히 넘어갔어요. 부모님도 괜찮다고 하셨고요. 진짜 문제는 사귄 지 두 달 되던 때 벌어졌습니다. 그날도 평소처럼 밥을 먹고 잠깐 산책하다가 무심코 그녀에게 농담을 던졌어요. 그때는 그녀의 표정 변화를 알아차리지 못했죠. 하지만 나중에 다른 친구에게 들어보니, 그녀는 그 농담이 마음에 걸렸던 모양이에요. 집에 가서 부모님한테까지 말할 정도로요. 그랬더니 부모님이 그렇게 마음에 걸리면 차라리 헤어지라고 하셨대요. 그래서 어떻게 됐냐고요? 헤어졌어요. 헤어지자고 하더라고요. 저와 헤어지고 난 후 그녀는 방에 틀어박혀서 몇 날 며칠을 울었대요. 친구가 연락을 해도 받지 않고, 하루 종일 말이죠. 저도 헤어지고 너무 괴로워서 참지 못하고 그녀에게 전화를 걸었어요. 그리고 날 좋아한 게 아니었냐고 물었죠. 좋아했대요. 함께 있으면 언제나 행복하고 즐거웠대요. 저는 제가 왜 그런 농담을 했는지 해명하고 사과한 뒤, 너무 심각하게 받아들이지 말라며 그녀를 위로했어요. 그랬더니 자기도 잘 생각해보겠다고 하더군요. 이틀 후, 그녀에게 연락하지 않고 집으로 찾아갔어요. 그녀는 딱딱하게 굳은 얼굴로 나오더니 이렇게 말했어요.

"부모님 말씀대로 자기랑은 헤어지기로 결정했어. 이제부턴 문자도, 전화도 하지 마. 부디 좋은 사람 만나."

전 그녀의 마음을 돌리기 위해 이런저런 방법을 써봤어요. 하지만 결과는 전부 실망스러웠지요. 그녀의 가장 친한 친구를 찾아가서 설득해달라고 부탁도 해봤지만 결국 그녀에게 더 큰 스트레스를 준 꼴만 됐어요. 친구의 말로는 그녀의 마음을 돌리기가 불가능할 것 같다고 하더군요. 전 거의 자포자기 상태가 됐어요. 그래도 그녀가 행복하기를 바랐기에 다음에 그녀가 다시 남자를 만나면 괜찮은 사람인지 꼭 먼저 확인해달라고 부탁했지요. 또다시 이상한 남자를 만나서 마음고생하지 않게요. 나중에 제가 그랬다는 이야기를 듣고, 그녀는 굉장히 마음 아파하며 많이 울었다고 하더군요.

그 전에 편지를 쓴 적도 있어요. 제 마음을 솔직하게 털어내면서 소통하고 싶었거든요. 하지만 돌아온 긴 자기를 기다리시 말라는 답뿐이었죠.

헤어진 후에도 우리는 가끔 연락을 했어요. 물론 모두 제가 먼저 했지만요. 그녀는 이틀에 한 번 정도 짧게 답문을 보냈어요. 아예 답문이 없을 때도 많았고요. 전화 통화도 한 번 했는데 태도가 좋지는 않았어요. 그리고 얼마 전부터는 제가 연락을 해도 전혀 답하지 않아요.

하지만 최근까지도 SNS나 메신저에서는 여전히 친구관계로 있어요. 절 삭제하지 않은 거죠. 전화번호도 바꾸지 않았고요.

전 그녀가 아주 좋은 여자라고 생각해요. 가치관이나 생활 습관 등도 저랑 잘 맞고요. 그래서 이대로 그녀를 놓치기에는 너무 아깝다는 생각이 들어요. 저희 사이를 만회할 가능성이 조금이라도 있을까요? 만약 있다면 구체적으로 어떻게 해야 할까요?

선생님은 헤어진 후에는 연락 횟수를 줄이고 먼저 자기 자신을 돌아보고 더 나은 사람으로 발전하는 데 시간을 투자하라고 하셨죠. 스스로 높은 가치를 지닌 남자가 되기 위해 노력하고, 그녀가 먼저 연락을 해올 때까지 기다리라고도 하셨고요. 이대로 따르면 될까요? 만약 연락을 한다면 얼마나 간격을 둬야 하고, 무슨 말을 하는 것이 좋은가요?

또 요즘 들어 그녀가 무슨 생각을 하고 있는지 헷갈릴 때가 많아요. 물론 인터넷 글 같은 것을 읽어보면 '여자의 마음을 함부로 추측하지 마라'고 하더라고요. 그녀의 머릿속을 궁금해할 시간에 자기 자신을 더 잘 보여줄 궁리를 하라고요. 아마 맞는 말이겠죠.

그래서 말인데 그녀와 연락하지 않는 동안 SNS에 제가 쓴 글이나 놀러 갔을 때의 사진을 올릴까 하는데요. 이런 식으로 하는 것도 그녀에게 제 자신을 보여주는 방법이 될 수 있는지요?

제가 여자를 잘 이해하지 못했다는 생각도 들어요. 이 부분에 대해서도 가르침을 주시면 정말 감사하겠습니다.

먼저 여자 친구가 왜 당신과 헤어졌는지부터 명확하게 알아둬야 다음 단계로 넘어갈 수 있겠네요.

당신이 생각한 대로 정말 농담 한마디 때문에 헤어지게 된 걸까요? 절대 그렇지 않아요. 당신과 헤어지고 난 뒤 그녀가 매일같이 울었다고 했죠? 그만큼 당신을 좋아했기에 헤어진 게 고통스러웠던 거예요. 그런 사람이 과연 농담 한마디 때문에 헤어지자고 할까요?

여자는 아는 사람의 소개로 만났다면, 특히 맞선을 통해 만난 경우에는 남자에게 어떤 점이 부족하다고 느끼거나 불만이 있어도 직접적으로 말하지 않아요. "나는(혹은 우리 부모님은) 당신이 키가 작아서(혹은 집이 없어서, 노력하지 않아서, 옷을 잘 못 입어서) 마음에 안 들어"라고 말하지 않는다는 거죠. 대신 "우리는 잘 안 맞는 것 같다"고 해요. 그래서 헤어지고 나서도 남자는 진짜 이별하게 된 이유를 끝까지 모르는 경우가 많아요.

한 여자와 두 번째 연애를 시작하려면 가장 먼저 왜 헤어졌는지 진짜 이유를 명확히 이해하고 이것부터 해결해야 해요. 그래야 다시 시작할 기회를 얻을 수 있어요.

예전 수강생 중 전혀 성실하지 않고 게임만 한다는 이유로 여자 친구에게 차인 경우가 있었어요. 헤어진 후 정신을 차린 그는 당장 게임부터 끊고, 열심히 노력하며 성실하게 인생을 꾸려가는 데 전념했죠. 그 모습이 친구들을 통해 그녀에게 전해지면서, 결국 얼마 안 가 그녀에게서 먼저 연락이 왔어요. 근본적인 문제를 해결하니 두 번째 기회가 찾아온 거예요.

지금 당신의 가장 큰 문제는 진짜 원인을 모른다는 점이에요. 그녀가 진짜 바라는 것이 무엇인지를 모르니, 헤어진 이유도 제대로 파악하지 못하는 거랍니다.

둘 사이를 만회할 가능성이 있느냐고 물었는데 솔직히 저도 모르겠어요. 당신이 헤어지게 된 진짜 이유를 모르는 이상, 도와주고 싶어도 도와줄 수가 없답니다!

Q 선생님은 헤어진 후에는 연락 횟수를 줄이고 먼저 자기 자신을 돌아보고 더 나은 사람으로 발전하는 데 시간을 투자하라고 하셨죠. 스스로 높은 가치를 지닌 남자가 되기 위해 노력하고, 그녀가 먼저 연락을 해올 때까지 기다리라고도 하셨고요. 이대로 따르면 될까요? 만약 연락을 한다면 얼마나 간격을 둬야 하고, 무슨 말을 하는

것이 좋은가요?

A 왜 헤어지게 됐는지 진짜 이유를 모르는데, 대체 어떤 것이 '더 나은 자신'인지 알 수 있나요? 어떤 방면의 높은 가치를 지녀야 그녀가 당신을 다시 보게 될까요? 그녀가 먼저 연락하게 만들려면 이런 점들이 확실히 파악되어야 하는데 당신의 글만 봐서는 전혀 알 수가 없네요. 그러니 해결책을 구체적으로 알려드릴 수가 없고요.

Q 또 요즘 들어 그녀가 무슨 생각을 하고 있는지 헷갈릴 때가 많아요. 물론 인터넷 글 같은 것을 읽어보면 '여자의 마음을 함부로 추측하지 마라'고 하더라고요. 그녀의 머릿속을 궁금해할 시간에 자기 자신을 더 잘 보여줄 궁리를 하라고요. 아마 맞는 말이겠죠.

A 누군지는 몰라도 그 말을 한 사람은 머저리가 틀림없어요. 여자의 생각을 모르는데 그녀가 당신에게 원하는 것이 무엇인지 어떻게 알겠어요? 당신은 배가 고파 죽겠는데 친구가 먹을 것 대신 책을 들이밀며 "이 책 진짜 좋아!"라고 열변을 토한들 당신의 귀에 들어올까요? 상대가 원하는 것이 무엇인지 알지 못하면 아무리 열심히 노력해봤자 전부 엉뚱한 짓일 뿐 아무 결과도 얻을 수 없답니다.

Q 그래서 말인데 그녀와 연락하지 않는 동안 SNS에 제가 쓴 글이나 놀러 갔을 때의 사진을 올릴까 하는데요. 이런 식으로 하는 것도 그녀에게 제 자신을 보여주는 방법이 될 수 있는지요?

A 아니요. 될 수 없어요. 이 부분에 대해서는 인터넷을 통해 자신을 보여주는 방법에 대해 이미 언급한 내용이 앞부분에 있으니 참고해보세요.

모두가 참고할 만한 연애의 과정

한 여자를 알게 된 이후부터 사귀게 될 때까지의 과정을 한눈에 볼 수 있도록 정리해두면 지금 자신이 어느 단계에 처했는지를 쉽게 알 수 있다. 일단 지금 당장 자신이 처한 위치를 알아야 기술도, 노하우도, 심오한 이론도 쓸모가 있는 법이다. 아무리 대단한 고수의 이론일지라도 현재 자신이 처한 단계와 맞지 않는다면 무슨 소용이겠는가?

만남에서 연인이 되기까지의 과정을 간단히 정리하면 다음과 같다.

만남 → 상호작용 → 첫 데이트 → 데이트 설계 → 데이트 화제 및 루틴 학습 → IOI → DHV → 두 차례에서 다섯 차례 정도 데이트 신청 → 두 차례에서 다섯 차례 정도 데이트 → 친숙함 쌓기 → 관계 확정

어느 단계에서 문제가 생겼는지 알게 되면 해결책도 쉽게 나온다. 예를 들어 DHV 단계에서 문제가 발생했다면 여성은 당신에게 큰 흥미를 보이지 않을 것이다. 이 경우의 해결책은 이미 앞에 제시한 바 있다. 또 세 번째

데이트에서 '좋은 사람' 딱지를 받았다면? 이 역시 어떻게 해결해야 할지 알 수 있을 것이다. 옳고 그름을 알고 자신이 어떤 부분에 문제가 있는지를 깨닫는다면 해결책을 찾고 개선하는 일은 어렵지 않다. 이는 간단해 보이지만 매우 중요하다. 첫 번째 인연은 몰라서 놓치더라도 같은 실수를 반복하지 않아야 두 번째, 세 번째 인연마저 놓치는 우를 범하지 않을 수 있기 때문이다.

고수들의 연애 이론은 잠시 내려놓고, 지금 당장 연애의 과정을 먼저 생각해보자.

여자를 밝히고 남자를 밝히는
본격 연애 심리서!

여자 심리
남자 생각

초판 1쇄 인쇄 2016년 6월 10일
초판 1쇄 발행 2016년 6월 17일

지은이 | 장야오징
옮긴이 | 최인애
펴낸곳 | 다연
주　소 | (413-120) 경기도 파주시 문발로 115 세종출판벤처타운 404호
전　화 | 070-8700-8767
팩　스 | 031-814-8769
이메일 | dayeonbook@naver.com
편　집 | 미토스
디자인 | 서진원

ⓒ 다연

ISBN 978-89-92441-81-0 (03320)